本书受国家社科基金重点项目资助
项目名称：生态文明建设和绿色发展理念背景下的
　　　　　国家气候传播的战略定位与行动策略
项目编号：19AXW006

从哥本哈根到马德里

——中国气候传播研究十年

郑保卫　主编

燕山大学出版社
·秦皇岛·

图书在版编目（CIP）数据

从哥本哈根到马德里：中国气候传播研究十年 / 郑保卫主编. —秦皇岛：燕山大学出版社，2020.5（2026.1重印）

ISBN 978-7-81142-789-9

Ⅰ. ①从… Ⅱ. ①郑… Ⅲ. ①气候学—传播学—研究—中国 Ⅳ. ①P46-05

中国版本图书馆 CIP 数据核字（2020）第 078783 号

从哥本哈根到马德里——中国气候传播研究十年

郑保卫　主编

出 版 人：陈　玉
责任编辑：孙志强
封面设计：刘韦希
出版发行：燕山大学出版社 YANSHAN UNIVERSITY PRESS
地　　址：河北省秦皇岛市河北大街西段 438 号
邮政编码：066004
电　　话：0335-8387555
印　　刷：廊坊市印艺阁数字科技有限公司
经　　销：全国新华书店

开　　本：700mm×1000mm　1/16　　字　　数：260 千字
印　　张：16.5　　插　　页：36
版　　次：2020 年 5 月第 1 版　　印　　次：2026 年 1 月第 2 次印刷
书　　号：ISBN 978-7-81142-789-9
定　　价：79.00 元

本书编辑出版机构组成人员

顾　问：赵启正　解振华　杜祥琬　马胜荣

主　编：郑保卫

副主编：王彬彬　张志强　付　敬　李玉洁　李文竹

统　筹：陈　玉

编　辑：徐　红　覃　哲　祁晓霞　鞠立新　杨　柳
李晓喻　赵新宁　王　青　尹延永　潘野蘅

2010 年首届气候传播研讨会

2010年5月16日，中国气候传播项目中心主办的“气候•传播•互动•共赢——后哥本哈根时代政府、媒体、NGO的角色及影响力研讨会”在中国人民大学举行。这是项目中心成立后举办的首次研讨会，第一次正式提出“气候传播”的概念，开启了我国气候传播研究的进程。

（相关内容见本书第 8 ～ 11 页。图片由项目中心提供）

出席研讨会的嘉宾

中心顾问、中国人民大学新闻学院院长赵启正致辞

郑保卫主任致辞

国家发改委应对气候变化司司长苏伟致辞

赵启正院长、何建坤主任、苏伟司长等在研讨会上

圆桌讨论（左起马胜荣、何建坤、赵启正、苏伟、费乐歌）

圆桌讨论（左起涂光晋、Marco Tulio Kabral、黎星、郑保卫、张建宇、Jonathan Watts、蒋晓丽

2013 气候传播国际会议

2013 年 10 月 11—13 日，项目中心与耶鲁大学共同举办的“2013 气候传播国际会议”在中国人民大学举行，包括 30 多位国外学者在内的 100 多名代表出席会议。此次会议是世界气候传播领域举行的规模最大、规格最高的研讨会，会议提出要使气候传播在中国乃至世界真正形成气候。

（相关内容见本书第 43 ～ 45 页。图片由项目中心提供。陈雨露校长照片由中国人民大学档案馆提供）

出席 2013 气候传播国际会议全体代表合影

出席会议发言嘉宾合影

杜祥琬院士作报告

出席会议的嘉宾（右起杜祥琬院士、赵启正院长、方汉奇教授、冯慧玲常务副校长、安东尼教授）

中国人民大学荣誉一级教授、新闻与社会发展研究中心学术委员会主任方汉奇教授出席会议

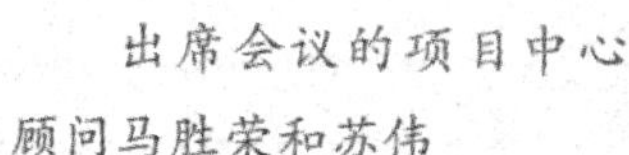

出席会议的项目中心顾问马胜荣和苏伟

陈雨露校长致辞

赵启正院长致辞

郑保卫主任致辞

共同主办方代表、耶鲁大学气候传播项目主任安东尼教授致辞

项目中心顾问委员会成立会

2012 年 6 月 2 日，中国气候传播项目中心顾问委员会第一次会议在中国人民大学举行。项目中心聘请赵启正、解振华和陈雨露为顾问委员会主任委员，聘请马胜荣、苏伟、迟福林、何建坤等 10 人为成员。他们后来给予项目中心工作大量指导和帮助。

（相关内容见本书第 26 ～ 29 页。图片由项目中心提供）

中国气候传播项目中心顾问委员会第一次会议召开

中国人民大学副校长杨惠林教授会见到会顾问委员会成员

到会部分顾问委员会成员合影

杨慧林副校长会见外籍顾问、联合国环境记者培训首席专家、英国广播公司前资深环境记者 Alex Kirby

项目中心专家委员会成立仪式

2013年10月11日，项目中心专家委员会成立仪式在中国人民大学举行。陈雨露校长会见到会专家委员会成员，并向他们颁发了聘书。杜祥琬院士和王浩院士被聘为主任委员。

（相关内容见本书第43～44页。图片由项目中心提供。陈雨露校长图片由中国人民大学档案馆提供）

中国人民大学校长陈雨露教授在会上致辞

陈雨露校长为杜祥琬院士颁发聘书

陈雨露校长与到会专家合影

专家委员会委员、中国气象局国家气候中心副主任巢清尘在成立大会作学术报告

2018 年广西大学首届气候与健康传播学术研讨会

2018 年 10 月 20—21 日，由中国气候传播项目中心、广西大学新闻传播学院、广西大学气候与健康传播研究中心共同主办的首届“气候与健康传播学术研讨会”在广西大学举行，研讨会提出要融通“气候”与“健康”传播，共建共享“美丽中国”和“健康中国”。

（相关内容见本书第 75 ～ 76 页。图片由广西大学新闻与传播学院提供）

参会全体代表合影

出席研讨会嘉宾

部分参会嘉宾与广西大学学生在一起

广西大学范祚军副校长致辞

广西大学新闻与传播学院院长、项目中心主任郑保卫教授致辞

联合国政府间气候变化专门委员会（IPCC）前副主席，比利时范·伊佩斯尔作主旨报告

比利时布鲁塞尔大区原环境部部长 Evelyne Huytebroeck 女士作大会发言

项目中心顾问、瑞典环保研究机构RISE高级顾问Dennis Pamlin作大会发言

项目中心顾问、中国国际民间组织促进会董事长黄浩明作大会发言

项目中心气候传播形象大使、中国气象局首席专家宋英杰作大会发言

中国气象局公共服务中心副主任潘进军作大会发言

2019年中南民族大学第二届气候与健康传播学术研讨会

2019年11月2—3日，由中国气候传播项目中心、中南民族大学文学与新闻传播学院和广西大学气候与健康传播研究中心共同主办的“第二届气候与健康传播学术研讨会”在中南民族大学举行，总结中国气候传播研究十年成果，研讨贯彻十九届四中全会生态文明建设、绿色低碳发展理念，提高应对气候变化国际话语权。

（相关内容见第81～84页。图片由中南民族大学文学与新闻传播学院提供）

参会全体代表合影

中南民族大学副校长段超教授(左三)、文学与新闻传播学院院长刘为钦教授（左一）和郑保卫主任（左二）出席研讨会

大会发言嘉宾

郑保卫主任致辞

中欧论坛创始人、全球事务与国际关系专家高大伟作主旨发言

武汉大学气候变化与能源经济研究中心主任齐绍洲作主旨发言

中国生物多样性保护与绿色发展基金会秘书长周晋峰作主旨发言

复旦大学健康传播研究所所长傅华教授作大会演讲

《中国中医药报》总编辑王淑军作大会演讲

中国台湾大学自然资源与环境管理研究所所长李坚明教授作大会演讲

武汉市发展和改革委员会资源环境处处长田雁作大会演讲

气候传播十年历程

从2009年项目中心核心成员付敬、王彬彬出席哥本哈根第15届联合国气候大会，到2010年项目中心成立后郑保卫主任首次作为观察员受邀参加坎昆第16届联合国气候大会，再到2019年项目中心在马德里第25届联合国气候大会举行“中国气候传播十年新闻发布会”，我国气候传播研究走过了步履蹒跚、砥砺前行的十年历程。

（图片由项目中心、乐施会及相关会议举办机构提供）

2008年3月，郑保卫教授出席中国环境文化促进会举办的大众传媒与环境保护研讨会

2009年，时任《中国日报》环境记者付敬赴美国纽约和匹兹堡报道联合国峰会和G20匹兹堡峰会

2009年，时任乐施会媒体官员王彬彬出席哥本哈根联合国气候大会

2010年，郑保卫主任首次出席坎昆联合国气候大会并主办首届气候传播边会

2011 年，项目中心在德班联合国气候大会举办气候传播边会

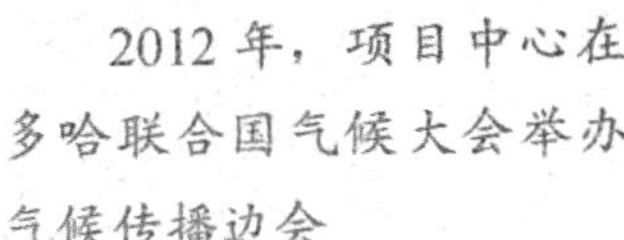

2012 年，项目中心在多哈联合国气候大会举办气候传播边会

2013 年，项目中心在华沙联合国气候大会举办气候传播边会

2014 年，项目中心在利马联合国气候大会举办气候传播边会，解振华、文步高、李俊峰等出席

2015 年，项目中心在巴黎联合国气候大举办会气候传播边会

2016 年，项目中心在马拉喀什联合国气候大会举办气候传播边会

2017 年，项目中心在波恩联合国气候大会举办气候传播边会

2018 年，项目中心在卡托维兹联合国气候大会举办气候传播边会

2019 年，项目中心在马德里联合国气候大会举办气候传播边会

2019 年，项目中心在马德里联合国气候大会新闻中心举行中国气候传播研究十年新闻发布会

2010 年 5 月，参加项目中心举办的首次气候传播研讨会的嘉宾在作学术交流

2010 年 11 月，项目中心在中国人民大学举办“通往坎昆——气候传播高级研修班”

2011年9月，项目中心在人民大学举办“走向南非——气候变化与气候传播国际研讨会”

2012年，项目中心在里约热内卢联合国可持续发展大会举办气候传播边会

2012年，“气候变化与气候传播‘进社区、进校园、进农村、进企业’活动启动仪式”在中国人民大学举行

2013年，项目中心举办气候传播国际会议，农民环保志愿者田桂荣女士作大会发言

2016年，项目中心在中国人民大学举办“绿色发展与气候传播研讨会”

2016年，中国传媒大学绿色低碳发展与品牌传播研究中心在“绿色发展与气候传播研讨会”上宣布成立并与天津精武镇开展战略合作

2016应对气候变化记录中国科普宣传活动启动仪式在乌鲁木齐举行

2017年，新乡学院组建中原气候传播研究所并举办气候传播研讨会

郑保卫主任气候传播十年重要活动

自 2010 年项目中心成立起，郑保卫主任作为观察员参加了从墨西哥坎昆到西班牙马德里的十届联合国气候大会和一届巴西里约热内卢可持续发展大会，举办过十多场气候传播国内和国际重要会议，并参加了一系列相关活动，经历了我国气候传播研究的整个十年历程。

（图片由项目中心、乐施会及相关会议举办机构提供）

2010 年，首次以观察员身份出席墨西哥坎昆第 16 届联合国气候大会

2011 年，出席南非德班第 17 届联合国气候大会

2012 年，出席卡塔尔多哈第 18 届联合国气候大会

2013 年，出席波兰华沙第 19 届联合国气候大会

2014 年，出席秘鲁利马第 20 届联合国气候大会

2015 年，出席法国巴黎第 21 届联合国气候大会

2016 年，出席摩洛哥马拉喀什第 22 届联合国气候大会

2017 年，出席德国波恩第 23 届联合国气候大会

2018 年，出席波兰卡托维兹第 24 届联合国气候大会

2019 年，出席西班牙马德里第 25 届联合国气候大会，在新闻发布厅作中国气候传播新闻发布

2008 年，首次应邀参加生态与环境保护研讨会

2012 年，访问耶鲁大学与安东尼教授商议开展科研合作事宜

2012年，在“四进”活动启动仪式上致辞

2012年，在巴西里约热内卢主持联合国可持续发展大会气候传播边会

2014年4月，出席欧洲学院研讨会作中国生态文明建设与气候传播发言

2014年12月，出席巴黎中欧论坛气候变化大会作大会发言

2016年，应邀在中国气象局举办的“应对气候变化·记录中国——走进新疆”活动启动仪式上致辞

2016年，与杜祥琬院士、宋英杰主播应邀作为顾问参加中国气象局组织的“应对气候变化·记录中国——走进新疆”环境生态考察活动

2018年，在中国（深圳）国际气候影视大会作气候正义问题学术报告

2018年，与张志强出席新乡学院中原气候传播研究所举办的“气候传播与美丽乡村建设研讨会”

2019 年，在中国（深圳）国际气候影视大会作生态文明建设学术报告

2014 年，受人民网强国论坛邀请就气候传播问题接受访谈

2014 年，在参加中欧论坛巴黎气候大会时接受法国电视台采访

2014 年，在参加中国气象局节目《直击天气——与科学家聊“天”》时接受中央电视台记者采访

项目中心顾问和专家活动

2010 年项目中心成立，聘请赵启正院长和马胜荣教授担任顾问，后来又于 2012 年成立了由赵启正、解振华、陈雨露为主任委员的顾问委员会，2013 年成立了以杜祥琬院士和王浩院士为主任委员的专家委员会。这些顾问和专家十年来对项目中心的工作给予精心指导和大力支持。

（图片由项目中心、乐施会及相关机构提供）

赵启正院长在 2010 年首届气候传播研讨会上回答问题

解振华主任在 2014 年利马气候传播边会发言

杜祥琬院士在 2015 年巴黎气候传播边会发言

马胜荣教授在 2010 气候传播国际会议发言

郑保卫主任与中心顾问委员会主任委员解振华主任2011年在北京

郑保卫主任与中心专家委员会主任委员杜祥琬院士2015年在巴黎

郑保卫主任与中心顾问委员会主任委员陈雨露校长2014年在比利时

郑保卫主任与中心顾问苏伟司长2011年在德班

中心顾问、国家气候变化专家委员会副主任、清华大学原常务副校长何建坤2012年在“四进”活动启动仪式上

中心顾问、国家发改委新闻中心主任文步高2012年在“四进”活动启动仪式上

中心顾问、时任国家气候变化战略研究与国际合作中心副主任邹骥2012年在“四进”活动启动仪式上

中心顾问、瑞典环保机构高级顾问丹尼斯在2011年德班气候传播边会发言，介绍《气候传播理论与实践研究》

中心顾问、国家发改委应对气候变化司司长苏伟2012年在多哈气候大会气候传播边会致辞

中心顾问、中国国际民间组织促进会原理事长黄浩明2018年在广西大学气候与健康传播学术研讨会发言

中心顾问、耶鲁大学气候传播项目主任安东尼2017年在波恩气候大会中国角发言

中心顾问、联合国环境记者培训项目首席专家、原BBC资深环境记者戈林2015年在巴黎气候大会中国角发言

国家发改委应对气候变化司副司长孙桢2011年9月在“走向南非——气候变化与气候传播国际研讨会”发言

中心气候传播形象大使、中国气象局首席专家宋英杰2018年在参加广西大学研讨会期间作气候传播讲座

国家气候变化战略研究中心主任李俊峰2013年在华沙气候大会气候传播边会发言

国家发改委应对气候变化司战略处处长田成川在2013气候传播国际会议发言

项目中心团队主要成员活动

从付敬、王彬彬2010年与郑保卫老师共同发起创建项目中心，李玉洁成为最初核心成员，到后来李文竹、李鹏、陈玉、杨柳、李晓喻、张志强等人的加入，团队力量逐步增强。特别是中国传媒大学、新乡学院、广西大学等高校相继组建气候传播研究机构后，徐红、祁晓霞、鞠立新、姜昕、覃哲等也进入团队，使得队伍日益壮大。这些成员为项目中心十年发展作出了重要贡献。

（图片由项目中心、乐施会及相关机构提供）

气候传播项目发起人之一、《中国日报》原环境记者付敬在2013气候传播国际会议上

气候传播项目发起人之一、乐施会气候变化原项目经理在2017年波恩气候传播边会发言

项目中心核心成员李玉洁在2012年多哈气候传播边会发言

项目中心核心成员、国家气候战略研究中心综合处副处长张志强在巴黎气候传播边会发言

郑保卫主任与王彬彬、李玉洁2012年受邀访问耶鲁大学受到安东尼教授欢迎

郑保卫主任一行同耶鲁大学气候传播团队专家在一起

郑保卫老师同参加2013年人民大学气候传播国际会议服务的人民大学新闻学院学生

郑保卫老师同参加2016年“绿色发展与气候传播研讨会”的项目中心成员在一起

付敬作为资深环境记者采访过许多欧美国家重量级人物，此为他在采访美国前副总统戈尔

王彬彬和安东尼教授2017年在波恩气候大会中国角会场

李玉洁和乐施会宋扬2010年在坎昆与郑保卫老师共同成功筹办了首届气候传播边会

郑保卫老师同张志强、王彬彬、李晓喻一起出席2016年马拉喀什气候传播边会

其他相关活动

本部分收入的是前几部分中没有涵括的一些有意义的照片。十年中数千个奋斗的日日夜夜，项目中心有很多活动都应该通过图片展示出来。面对大批照片，我们想尽可能地使所选照片的覆盖面更广些，代表性更强些，但挑来选去，还是留下了不少遗憾。

书稿中所选登照片大多是项目中心、乐施会，以及中国人民大学新闻学院及相关会议主办单位的老师和学生拍摄的，有几张陈雨露校长的照片是由中国人民大学档案馆提供的，在此一并致谢！

2013 年，郑保卫老师同杜祥琬院士文步高主任和付敬出席华沙气候大会

2013 年，华沙气候大会期间郑保卫老师同解振华、雷佳、俞岚出席中国角气候传播边会

自发组织河南第一个农民环保机构的田桂荣在 2013 年气候传播国际会议上发言受到好评

气候形象大使海清 2012 年在里约联合国可持续发展大会气候传播边会发言受到媒体关注

2011 年，郑保卫老师同海清及乐施会气候传播团队成员吕美、宋扬、李艾（左起）在德班气候传播边会上

2013 年，郑保卫老师同与项目中心长期合作的中新社经济部主任俞岚和记者周锐在华沙气候传播边会上

2017 年，在波恩郑保卫老师和张志强同孙桢副司长及深圳航都董事长陈素平和总经理刘晓婷在一起

2018 年，郑保卫老师同詹安玲、陈素平、覃哲出席卡托维兹气候大会

2014 年 12 月，郑保卫老师同出席中欧论坛巴黎气候大会的部分中国代表

2018 年，广西大学研讨会期间团队部分成员到会参加与学生交流活动

这是十年中最后一届国际边会：2019 年马德里气候传播边会发言嘉宾在中国角合影

这是十年中最后一场国内研讨会：2019 年中南民族大学第二届气候与健康传播学术研讨会部分发言嘉宾

十年再起步，让气候传播在中国和世界真正形成大气候
（代序）

郑保卫

2010年5月16日，由我们中国气候传播项目中心举办的“气候•传播•互动•共赢——后哥本哈根时代政府、媒体、NGO的角色及影响力研讨会”，在中国人民大学举行，这是我们首次对外正式公开使用“气候传播”的概念，打出“气候传播”的旗帜，因此在我国气候传播史上，它应该是一个标志性事件。从那时起，气候传播研究开始在我国正式起步，掐指算来，如今已经整整走过了十年风雨历程。

为什么要关注气候变化？为什么要做气候传播研究？2010年春天我们组建全国第一个气候传播研究机构——中国气候传播项目中心的初衷是什么？在迎来气候传播研究十年的时候，我想对这些年我们所走过的道路和所开展的工作作些回顾。

我们所说的“气候传播”，亦可称为“气候变化传播”。它指的是将气候变化信息及其相关科学知识为社会与公众所理解和掌握，并通过公众态度与行为的改变，以寻求气候变化问题解决为目标的社会传播活动。简言之，气候传播是一种有关气候变化信息与知识的社会传播活动，它以寻求气候变化问题的解决为行动目标。因此，它既是解决气候变化问题不可缺少的一种舆论表达方式，也是人们在应对气候变化过程中可以借助的一种无以替代的信息传播手段。

作出这样的定位和解释，是基于我们对气候变化及其传播问题所作的充分调研和思考。

在过去的一个多世纪中，科学技术日益更新，经济财富急速增长，可以说人类创造了比以往任何一个时代都要充足的物质财富。然而人们发现，就在许多人惊叹并享用着这些财富的同时，一个个过去不曾遇到的社会风险也接踵而至。特别是近几十年中，气候变暖、环境污染、冰山融化、海平面上升，以及物种灭绝等，一系列由气候变化造成的极端天气、生态危机和社会风险频频出现，严重威胁到了人类生存的地球家园。这些屡屡发生的气候与生态灾难事件，让人触目惊心，叫人防不胜防，也使人深思警醒！

无数事实告诉我们，气候变化同人类的生存与生活、同经济社会的存续与发展联系越来越紧密，同时与人类所经受的社会风险也越来越难脱干系。气候变化对人类造成的负面影响是巨大的，而且是全球性的，没有一个国家可以置身事外，因此需要世界各国共同参与应对，并作出自己相应的贡献。正是在此背景下，自1979年第一次世界气候大会提出气候变化议题以来，气候变化问题逐渐成为世界范围内人们所共同关注的热点问题和焦点话题。

随着气候变化问题的逐步升温，人们对以传播气候变化信息、服务应对气候变化行动为主旨的气候传播也越来越关注，这使得气候传播成了继科学传播、健康传播、风险传播之后兴起的又一应用性公共传播领域。

气候传播不仅吸引了新闻学、传播学、社会学、心理学等社会科学研究者的目光，也吸引了大量气象学、环境学、生态学、地质学、森林学等自然科学者的注意，从而促使气候传播逐渐成为学术界，乃至全社会关注的一个热门话题。

我国最早与此相关联的环境新闻传播研究已有几十年的历史，但真正以“气候传播”为名的专门性研究，严格说应该从2009年算起。那年在哥本哈根举行的第15届联合国气候大会，是我国新闻与传播界开始关注气候传播的重要节点。如果从那时算起，中国气候传播研究迄今已经进入第十一个年头。而如果从2010年4月我们首次提出“气候传播”概念，组建起我国同时也是发展中国家第一个气候传播研究专门机构——“中国气候传播项目中心”，并在5月举办首次研讨会算起，已经整整十年时间。

十年，在历史的长河中不算太长，但是就气候传播来说，特别是对中国的气候传播来说，却是从零开始、扬帆起步，筚路蓝缕、砥砺前行，由小到大、逐渐成长的十年。

如前所述，我国的气候传播研究缘起于2009年的哥本哈根联合国气候大会。

那次大会被视为国际社会共同遏制全球变暖行动的一次重要会议，全球媒体高度关注，中国媒体也第一次较为集中地出现在国际气候谈判舞台，采访气候谈判、报道会议消息、传递中国声音。时任国务院总理温家宝亲赴哥本哈根参加会议，会上会下奔波忙碌，做了大量工作。可以说这是我国政府代表团、新闻媒体和NGO组织首次在联合国气候大会上整体性“闪亮登场”，也是我国气候传播的一次“集中演练”，一次国际“大练兵”。

令人遗憾的是，这次大会的结果却与人们预先的期待相距甚远。会议最终没能通过一个令人满意的、具有法律约束力的文件。这一结果出乎人们意料，让许多人感到失望。然而令人匪夷所思的是，一些西方政治人物和媒体却无视事实，采取“污名化”和“甩锅”手段，把责任推到了中国头上，有家西方媒体的报道公开说“中国‘劫持’了哥本哈根会议”。

面对这种无端指责，我国政府和媒体也发出了一些声音，阐释了自己的立场和态度，可是效果却不明显，西方的一些负面舆论依然在扩散、蔓延，我国政府面临着巨大的国际舆论压力。

当时我也在关注会议进程，这一结果引起了我的思考。到底该如何评价我国政府、媒体和NGO在这次会议上的表现？到底该怎样总结其中的经验与教训？到底该从哪些方面改进我们的工作，提升政府的谈判技巧以及政府、媒体和NGO应对国际谈判、处理气候传播领域各种问题的能力？作为教育部所属人文社会科学重点研究基地中国人民大学新闻与社会发展研究中心的负责人，我觉得我们需要介入，开展这方面的研究。

而正在此时，记得是在2010年春节后不久，刚从哥本哈根气候大会现场采访归来的，我在新华社中国新闻学院任教时的学生，时任《中国日报》环境记者付敬，带着同样参加了哥本哈根会议的乐施会媒体官员王彬彬，来到人民大学同我商谈合作开展气候变化传播研究的问题。

出于共同的认识和责任担当，我们顺利达成了合作协议，决定以研究哥本哈根会议期间中国政府、媒体和NGO的角色及影响力为内容设置一个研究项目，借此来总结哥本哈根会议的经验和教训，并加以理论概括与阐释。

就这样，我们关于气候传播问题的研究项目“后哥本哈根时代政府、媒体、NGO的角色及影响力研究”很快便正式启动，并在5月中旬举办了首次国际学术研讨会。与此同时，我们中国人民大学新闻与社会发展研究中心与乐施会共同组建起了我国第一个气候传播项目机构——中国气候传播项目中心。自此之后，我们从总结哥本哈根气候大会我国政府、媒体和NGO气候传播的经验与教训入手，开启了我国气候传播研究的进程。

特别是从2010年开始，我们气候传播项目中心团队的核心成员从墨西哥坎昆、南非德班、卡塔尔多哈、波兰华沙、秘鲁利马、法国巴黎、摩洛哥马拉喀什、德国波恩、波兰卡托维兹，直到去年的西班牙马德里，连续参加了十届联合国气候大会，见证了世界各国代表团在实现气候变化全球治理道路上所走过的艰难历程和所表现出的聪明智慧，特别是看到了我们中国代表团在联合国气候大会上从“参与者”到“贡献者”，最后到“引领者”的全过程。这使我们感到无比幸运和自豪。而我们的气候传播研究团队也在实践中成长，在奋斗中前行，为应对气候变化，为实现气候变化全球治理作出了自己的贡献。

项目中心这十年的工作一直是秉持“两路并进、双向使力”的思路和原则进行的。

在国际层面，我们始终以开阔的国际视野关注联合国气候大会及其相关活动，团队成员从2010年开始连续在联合国气候大会举办地主办过十场气候传播国际边会，2012年在联合国可持续发展大会举办地巴西里约热内卢也举办了一场气候传播国际边会，为促进气候变化全球治理、做好气候传播作出了不懈努力。特别是2013年10月，我们项目中心同耶鲁大学共同在北京举办了世界气候变化领域首届大规模的“气候传播国际会议”，把气候传播正式推上了国际学术前沿，引起了国际社会的关注，形成了很好的国际影响。去年12月，我和团队核心成员王彬彬、张志强在马德里联合国气候大会新闻发布厅，举行了中国气候传播十年新闻发布会，介绍了十年来我们所做的工作，受到了媒体的关注，中国中央电视台作了报道，产生了积极效果。

在国内层面，我们始终以务实的细致工作坚持面向社会与公众的工作导向，努力做好社会发动和公众动员工作。我们主动联合新闻媒体、NGO，以及政府部门和企业单位，积极开展公众调查和社会推广活动。2012年我们在中国人民大学举办了“气候变化与气候传播进社区、进校园、进企业、进农村活动”启动仪式。通过这些有效的气候变化与气候传播活动，让更多人认识气候变化，增强低碳意识，树立生态理念，践行绿色发展，使气候变化与气候传播成为社会共识，让更多群众投入到减缓、适应和应对气候变化的行动之中，做一个自觉的参与者、践行者和贡献者。

十年中，我们项目中心通过提交调研报告和咨询报告（先后在2012年和2017年组织过两次“全国公众气候变化与气候传播认知状况调查”，以及2015年组织的“全国公众低碳意识及行为调查”），以及举办各种研讨会、工作坊、主题边会和媒体记者培训班等形式，为政府、媒体、NGO、企业在国际气候谈判舞台上开展有效的气候传播提供策略建议和理论支持，受到政府部门、新闻媒体、NGO和一些企业的肯定与好评。

同时，我们还系统地开展气候传播理论研究，撰写出版了国内第一本该领域的专著《气候传播理论与实践——气候传播战略研究》，发表气候传播方面的研究论文百余篇，成功申报了国家社科基金重点项目“生态文明建设和绿色发展理念背景下我国气候传播的战略定位与行动策略”，初步建立起了气候传播学的理论框架，为深入研究气候传播，建构科学的气候传播学理论和知识体系奠定了基础。

此外，我们还率先在国内将气候变化与疾病健康相联系，“气候传播”与“健康传播”相融通，美丽中国建设与健康中国建设相统一，与广西大学共同组建了气候与健康传播研究机构，不仅拓展了气候变化与气候传播的研究领域，而且从民生和健康的角度，吸引更多民众关注并参与到应对气候变化的行动中来。

这些年我们一直在积极倡导构建政府、媒体、NGO、企业、公众“五位一体”应对气候变化行为主体的行动框架，并努力推动“五位一体”的行动框架更好地发挥作用。我们的目标是要使在气候变化和气候传播中作为“主导者”的政府更加主动，作为“引导者”的媒体更加尽心，作为“推助者”的NGO更加积极，作为“担责者”的企业更加尽力，作为“参与者”的公众更加自觉，总之要让气候传播真正成为社会共识和全民行动。

十年中，我们通过学术研讨、科研合作、人才培养、队伍建设等方式努力凝聚各方力量，力图形成研究合力，不断壮大研究队伍，扩大学术影响，尽力促使气候传播花开遍地，在我国逐渐形成气候。如今，在我们的联络与推动下，全国气候传播研究的队伍像滚雪球一样越滚越大，在北京、在中原、在广西的一些高校、科研单位、社会组织组建起了专门的研究机构，投入到气候传播理论研究和行动推广之中，并已取得积极成效。

过去十年中我们的工作之所以能够得到不断发展，取得一些成绩，离不开方方面面领导和朋友的指导与帮助。我们不会忘记国家发改委、生态环境部、中国气象局、中国农业科学院、中国社会科学院、国家林业局、国家气候战略研究中心、能源基金会、乐施会、中国国际民促会等政府部门、科研机构和社会组织给予我们的大力支持与帮助。

特别是我们聘请国家发改委原副主任、联合国气候谈判中国代表团团长解振华（后为国家气候变化事务特别代表），国务院新闻办原主任、中国人民大学新闻学院院长赵启正，中国人民大学原校长陈雨露担任我们项目中心顾问委员会的主任委员；聘请中国工程院原副院长、国家应对气候变化专家委员会主任杜祥琬院士（现为名誉主任）担任我们项目中心专家委员会的主任委员；聘请新华社原副社长兼常务副总编辑马胜荣、国家发改委应对气候变化司原司长苏伟、清华大学原常务副校长何建坤等一些领导和专家担任我们项目中心顾问委员会和专家委员会成员，他们都给予我们许多真诚鼓励与具体指导。

在此，我们要向他们表示深深的敬意和由衷的感谢。十年中还有很多领导、同事和朋友对我们的工作给予热情关心和大力扶持，可以说这是我们项目中心能够不断克服困难、开拓前进、取得进步的不竭动力。

2013年我们在北京举办气候传播国际会议期间，作为共同主办方的耶鲁大学气候传播项目主任安东尼教授曾说过："中国气候传播工作只用了三年就赶上了国际水平。"美国朋友的赞誉让我们很受鼓舞，也让我们感受到所肩负责任之重大。现在十年过去了，我们希望能够通过编辑出版此书来总结十年工作，展望未来发展，为做好新时代气候传播积蓄更多智慧和力量，作出更大努力和贡献。

此书以时间为序，以我们团队核心成员参与和经历的从丹麦哥本哈根到西班牙马德里11届联合国气候大会为主线，回顾我们中国气候传播项目中心组建十年来所经历的重大事件，展现项目中心在不同阶段所走过的路程和所取得的成绩。大家通过此书，可以看到我们对气候传播事业的热爱与执着，以及对应对气候变化的责任与担当。此书既是对过去十年工作的回顾与总结，更是对未来气候传播的展望与规划。我们希望有更多的同行，特别是希望有更多的青年人能够加入气候传播理论研究和行动推广的队伍之中，与我们一道携手并进、奋力前行，去为减缓、适应和应对气候变化，为推动生态文明、绿色发展，为建设美丽中国与美好世界贡献自己的智慧和力量！

本书作者都是中国气候传播项目中心工作团队的核心成员，他们为了共同的事业和志向，在本职工作之外抽出时间完成了自己所承担的写作任务。王彬彬为全书统筹协调和编辑统稿做了大量细致工作；付敬为此书编辑出版出谋划策，并担负了部分写作任务；其他成员分担了各章节的内容，作为主编我感谢他们为此所付出的辛勤劳动和所贡献的思想智慧。

愿我们的气候传播十年之后再出发，我们会把气候传播的旗帜举得更高，工作做得更好，队伍练得更强，声音传得更响，让气候传播之花遍地开放，在中国，乃至世界真正形成大气候，为促进美丽中国和健康中国建设，为实现气候变化全球共治的美好愿景作出更大贡献！

2020年5月16日

（作者郑保卫系中国气候传播项目中心主任、中国人民大学新闻与社会发展研究中心原主任、广西大学新闻与传播学院院长、教育部社会科学委员会学部委员兼新闻传播学科召集人）

目　录

第一章　扬帆起步（2009—2010）

2009 年和 2010 年，在我们中国气候传播项目中心发展史上是值得永远记忆的两个重要年头。正是在 2009 年，我们与哥本哈根结缘，从关注哥本哈根联合国气候大会期间中国政府、媒体和 NGO 的传播实践及其效果开始，开启了气候传播研究的大门，由此扬帆起步，走上气候传播理论研究和社会推广之路。而在 2010 年春天建立的“中国气候传播项目中心”，则是我们十年来一直在坚守的科研平台，也是我们始终寄托着理想与希望的精神家园。这一年我们在通往墨西哥坎昆的大道上，开始了连续十年参加联合国气候大会并举办国际边会，参与气候传播的历程。

第一节　结缘哥本哈根

“哥本哈根”地处丹麦西兰岛东部，是丹麦王国的首都，政治、经济、文化和交通中心。“丹麦”，在当地语言中是“商人之港”的意思。自公元12世纪时洛斯基勒的阿布萨隆重主教在此筑起要塞，经过岁月磨砺，哥本哈根逐渐发展成为欧洲北部最大的港口城市，有“北欧大门”之称。

哥本哈根是世界上著名的历史文化名城。作为城市标志的美人鱼雕像是一张最流行的“名片”，每年吸引着来自世界各地络绎不绝的游客，到这里寻觅安徒生留给自己心中的最美好的童话世界。哥本哈根还是世界上著名的大都会，许多重要国际会议都选择在这里举行。而与本书有关的故事就与10年前在这里举行过的一个重要国际会议有关。

这个会议即“哥本哈根世界气候大会”，全称为“《联合国气候变化框架公约》第15次缔约方会议暨《京都议定书》第5次缔约方会议”。会议于2009年12月7—18日召开，超过85个国家元首或政府首脑，192个国家的环境部长和其他官员出席会议，其主要任务是商讨《京都议定书》一期承诺到期后的后续方案，即2012—2020年的全球减排协议。这将是继《京都议定书》后又一具有划时代意义的全球气候协议书，对地球今后的气候变化走向会产生决定性影响。因为如果哥本哈根气候大会不能在缔约方会议上达成共识，并通过一个具有约束力的决议，那么在2012年《京都议定书》第一承诺期到期后，全球将没有一个共同文件来约束温室气体的排放，这将导致遏制全球气候变暖的行动遭到重大挫折。因此，哥本哈根气候大会被喻为“拯救人类的最后一次机会”的会议。人们正是怀着这样的期待来到哥本哈根，参加此次气候大会的。

虽然最终这次大会没有达成理想的协议，给国际社会留下不少遗憾，但对于全球气候治理进程来说，却发挥了一些意想不到的作用，即促进了国际社会的警醒，提升了各国公众的气候变化意识，推动了全球共同应对气候变化的行动，这其中也包括催生了一个新的理论与实践研究方向——气候传播。

我们气候传播项目中心也正是在关注和跟踪哥本哈根联合国气候大会的过程中开始气候传播研究的。从这一意义上说，气候传播项目中心的组建，以及后来所做的气候变化与气候传播研究都缘起于哥本哈根气候大会。

一、关注哥本哈根联合国气候大会

哥本哈根联合国气候大会的召开，吸引了全世界的目光。根据联合国对参会人员的界定，缔约方会议或者京都议定书缔约方会议会重点邀请三类人员：政府代表、监督组织和媒体。2007年在巴厘岛举行第13届联合国气候大会有将近11000名参会者，其中3500名的政府官员，超过5800名来自联合国机构组织，政府间和非政府组织的代表，以及将近1500名官方媒体人员。2008年在波兹南举行的第14届联合国气候变化大会参加人员人数达到9300人[①]。而这次哥本哈根第15届联合国气候变化大会则史无前例地吸引了25000人参会。与往届大会相同的是，参会代表均来自政府、以非政府组织（NGO）为代表的监督组织及媒体。这三方在国际气候谈判舞台上通过各种形式、利用各种渠道进行传播，使气候变化前所未有地为全世界所关注。

我国政府前所未有地派出逾百人的代表团前往哥本哈根，其中包括来自发改委、外交部、财政部、科技部、环保部、气象局等相关部委的官员，以及相关研究机构的50多人的法制团队，是中国参加气候变化国际谈判史上规模最庞大的阵容。参加会议报道的中国记者多达几十人，这也是历史上从未有过的。从哥本哈根气候大会开始的第一天起，中国人民大学新闻学院郑保卫教授就开始通过媒体报道密切关注大会进展。郑保卫教授回忆说：当时给我的感觉，哥本哈根会议第一周相对风平浪静。

12月7日，时任香港乐施会媒体官员王彬彬飞抵哥本哈根。这是她参加的第一次联合国气候大会。加入乐施会之前，王彬彬曾在中央电视台新闻中心工作，具有丰富的媒体从业经验。联合国哥本哈根气候大会第一周，王彬彬观察到，中国政府积极开放，主动召开新闻发布会，对待国外媒体的提问不卑不亢；

---

① 《“哥本哈根联合国气候变化大会”知多少》，搜狐网绿色频道编译，2009 年 11 月 23 日发表，http://green. sohu. com/20091123/n268392874. shtml。

参与报道这次大会的中国媒体记者绝大多数是第一次参会，对气候变化议题了解不多，信息源主要依赖政府；而参会的社会组织可以分成国际和本土两类，其中国际组织经验相对丰富，本土组织对议题相对陌生。而三方之间存在的一个突出问题是，缺少沟通与交流。谈判进入第二周，时任政府总理温家宝飞抵哥本哈根。时任《中国日报》环境记者付敬作为随行记者与温总理同机抵达。

第二周的谈判逐渐白热化，温家宝总理在短短的三天时间里，展开了频繁的外交活动。他密集地会见了许多国家元首和政府首脑，其中既包括发达国家的，也包括发展中国家的，既有大国领导人，也有人口只有几十万的小国领导人，同他们深入交换意见。为缩小分歧，促进共识，他不辞辛苦地做各方工作，每天睡眠时间仅有4小时。在会议的最后阶段，越来越多的人开始感觉到会议面临的巨大困难，担心谈判可能难以取得任何结果而最终会以失败告终。在这一危急关头，温家宝总理亲临一线做工作，最终同一些国家领导人一起，就谈判中的不少核心难点问题达成共识，为促成哥本哈根气候大会避免无果而终，发挥了建设性作用。

最终大会还是通过了一个协议，即《哥本哈根协议》。然而，这个协议同多数人预先的期待存在较大差距，为此各种舆论纷纷而起。英国《卫报》在谈判结束后第一时间发表署名文章，将哥本哈根会议的失败归因于少数国家的“劫持”，并用第一人称方式描述作者在会场内观察到的“真相”，将哥本哈根失败的原因直指中国等少数国家。在大多数媒体没有发声的情况下，《卫报》的文章成为一颗“重磅炸弹”，将全世界发泄不满的矛头对准以中国为代表的少数国家。

遗憾的是，在这样的紧急关头，中国政府和媒体没有能够在第一时间作出回应。直到12月24日，新华社发表长篇署名文章《青山遮不住　毕竟东流去——温家宝总理出席哥本哈根气候变化会议纪实》[①]，以随行记者的身份回溯温家宝总理在参与哥本哈根峰会期间，为推动哥本哈根协议的达成作出的种种努力。但是因为时间上的滞后，这篇文章未能及时扭转中国政府的负面形象。以至于在2010年3月全国人民代表大会闭幕后的记者招待会上，温家宝总理面对美国

① 《青山遮不住　毕竟东流去——温家宝总理出席哥本哈根气候变化会议纪实》，新华网，2009年12月24日。

《时代周刊》记者咄咄逼人的提问和“中国代表团表现傲慢”的无端指责，来澄清事实真相。许多人都会想：“这是怎么回事？”“当时到底发生了什么？”“真相究竟是怎样的？”“我们为什么没有及时回应？”

其实，从12月16日至12月18日，温家宝总理在出席哥本哈根气候变化大会的近60个小时内，与有关国家（包括发达国家、“金砖”国家、发展中国家、太平洋小岛国）领导人展开了密集的会谈与协商，力推谈判进程不断向前。他以诚意、信心、决心和卓有成效的努力，充分展示了中国谋发展、促合作、负责任的大国形象。特别是在许多人都担心会议最终会“无果而终”的紧急关头，温家宝总理迎难而上，积极行动，以最大的政治意愿和耐心，不顾疲劳地在与会各方中穿梭斡旋，沟通协调，尤其在会议面临可能无果而终的关键时刻，亲自出面与有关方面做了大量艰苦细致的工作，最终推动了《哥本哈根协议》的达成①。然而，这些事实没有得到有效传播，事实的真相被西方一些媒体的报道给掩盖了。

二、组建中国气候传播项目中心

哥本哈根气候大会是中国政府、媒体、NGO在国际气候谈判舞台上的第一次集体亮相。相比西方国家在发挥三者合力做好新闻与信息传播方面的丰富经验，我国政府、媒体和NGO由于在经验和技术方面的欠缺，所以在与发达国家的舆论博弈中陷于被动地位。从哥本哈根气候大会可以看出，政府、媒体、NGO如何通过互动与合作，做好沟通与传播，以实现共赢目标，这方面还有很大的提升空间。而这方面的能力和水平，对于我们更好地参与全球气候治理意义重大。于是，一个前所未有的思路应运而生。

在哥本哈根现场共同见证了中国政府、媒体、NGO所付出的努力和最终“出人意料”的结果的付敬和王彬彬，不约而同地希望能够设计一个研究项目，促进政府、媒体和NGO间的对话，以实现互相理解，彼此借力，合作推进气候治理进程。在中国人民大学，同步在关注这次气候大会的郑保卫

---

①《青山遮不住　毕竟东流去——温家宝总理出席哥本哈根气候变化会议纪实》，新华网，2009年12月24日。

教授也正有此意。

三个有共同意愿的人很快走到了一起。2010年3月，付敬约王彬彬一起来到中国人民大学新闻学院，拜访他在中国新闻学院（1986年由新华社创办）时的老师郑保卫教授。付敬对郑老师说，这次参加哥本哈根大会觉得“很憋屈”，中国政府和媒体都很尽心，也很努力，但却没有收到好效果，被人家“污名化”了。他提出，“郑老师，您能否设立一个研究项目，研究一下在联合国气候大会这样一个国际平台上，政府、媒体和NGO组织如何发声，如何把控话语权”。王彬彬则表示，她们愿意提供研究经费，共同开展这方面的研究。经过商量，三人一拍即合，决定组建一个气候传播研究机构，开展理论研究。

2010年4月，郑保卫教授以中国人民大学新闻与社会发展研究中心主任的身份，在香港乐施会的支持下组建了“中国气候传播项目中心”，这是中国，也是发展中国家第一个专门从事气候传播理论与实践研究的智库机构。郑保卫教授担任项目中心主任、王彬彬任执行主任，郑保卫教授的博士生兼学术秘书李玉洁担任副主任。中国的气候传播研究自此启航。

项目中心成立后立即启动了“后哥本哈根时代政府、媒体、NGO角色及影响力研究”项目（简称“后哥本哈根项目”），希望从气候传播的独特视角反思哥本哈根会议，以哥本哈根气候大会的参与方政府、媒体、NGO为研究对象，通过研究三方的角色和影响力，搭建三方坦诚交流、互信合作的沟通互动平台，为接下来中国参与气候变化及更多议题的国际谈判提供立足中国整体形象的传播策略建议及客观真实、切实可行的工具箱，为中国政府、媒体、NGO制订当年将在墨西哥举行的气候大会的传播方案提供依据和决策参考，以帮助政府、媒体和NGO实现有效气候传播，更好地搭建国际间平等对话的平台，同时也为推动国际气候谈判取得积极进展作贡献。

“后哥本哈根项目”按照“历史—现状—未来”的逻辑线索，主要关注在应对气候变化这个人类共同性问题中，政府、媒体、NGO的作用发挥及其影响力和效果。在历史部分中，主要梳理在人类共同性问题上政府、媒体、NGO的角色与作用，总结成功经验和失败教训；在现状部分中，结合哥本哈根会议期间我国政府、媒体、NGO的角色定位和发挥作用的情况，分析当前在人类共同性问题上三者存在的问题与不足；在未来部分中，根据现代社会发展趋势，探讨如何更好地发挥政府、媒体、NGO三者不同角色的功能、作用及影响力，为解决人类共同性问题作出贡献。

“后哥本哈根项目”于2010年4月中旬正式启动，中心聘请了国务院新闻办原主任、时任中国人民大学新闻学院院长的赵启正教授和新华社原副社长兼常务副总编辑、重庆大学新闻学院院长马胜荣教授担任项目顾问。项目组通过对参与哥本哈根气候大会的中国政府、媒体、NGO及其他国家政府机构进行访谈，形成四份分报告和一份总报告，并计划在5月初召开学术研讨会。这是一个基于实践总结基础上的反思性项目，长期目标则是要通过研究参与哥本哈根气候大会的中国相关方（包括政府、媒体、NGO）的角色和影响力，为接下来参与气候变化及更多议题的国际谈判提供立足中国整体形象的传播策略建议及客观真实、切实可行的工具箱。

后哥本哈根项目
七步战略安排

按照项目设计，在项目期限内，项目组将凝聚各方资源，针对政府、媒体和NGO这三个目标群体，设计七步安排以实现目标，具体活动包括：

3月15日，访谈8家媒体（包括国内和国际，其中，国际媒体由付黻牵头负责）中与课题相关人员，4月20日，形成关于媒体的1份分报告，内容包括完整的访谈录音整理及相关分析。

3月15日至4月15日，对8家NGO（包括国内和国际，全部由李玉洁牵头负责）进行访谈，4月20日，形成关于NGO的1份分报告，内容包括完整的访谈录音整理及相关分析。

3月15日至4月15日，采访国家发改委、外交部、商务部、国家环境保护总局和国务院新闻办公室五部门中参与哥本哈根会议，关注气候变化的执行层官员各1名，在此基础上，于4月20日提交关于政府的1份分报告，内容包括部分的访谈录音整理及相关分析。

3月15日至4月15日，对相关国家政府（如美国、欧盟等发达国家驻华使馆、G77集团发展中国家驻华使馆等）和国际组织（如联合国UNDP等）进行访谈，以听取第三方对中国对外传播策略的建议。在此基础上，于4月20日提交此部分的1份分报告，内容包括部分的访谈录音整理及相关分析。

5 月初召开国际研讨会。邀请 30 位左右来自政府、媒体和 NGO 的参与哥本哈根气候大会或关心气候报道的专业人士参加“后哥本哈根时代政府、媒体、NGO 的角色及影响力研究”学术研讨会，以实现三者的沟通和对话，从而更好地发挥三者合力以推动中国作为一个整体形象，更好地掌握在气候传播等全球化问题上的主动权。

形成此课题的总报告。根据上面五次活动积累的丰富资料，课题组将于 6 月 30 日提交正式的课题研究报告。

7 月，研究报告由课题组提交政府相关方，包括国家发改委、外交部、商务部、国家环境保护总局和国务院新闻办公室，以及相关媒体和 NGO，供其作为工具箱及参考。

三、举办后哥本哈根气候传播研讨会

正式启动后哥本哈根项目之后，几路采访人马推进顺利，四份分报告陆续出炉。在此基础上，2010年5月16日，中国气候传播项目中心联合中国人民大学新闻与社会发展研究中心和新闻学院在北京举行了“气候・传播・互动・共赢——后哥本哈根时代政府、媒体、NGO的角色及影响力研讨会”，共同探讨在气候传播中政府、媒体、NGO三者如何有效沟通互动，实现共赢。这次研讨会是中国气候传播项目中心召开的第一次大型学术会议，初步提出了气候传播需要政府、媒体、NGO和企业共同参与的“四位一体”的框架结构。郑保卫教授用四个词来概括会议主题，即“气候•传播•互动•共赢”。

一是“气候”：“气候”一词是哥本哈根会议的核心词。人类影响气候，气候也影响人类。短时间的气候变化，特别是极端的异常气候现象，如干旱、洪涝、冰冻、沙尘暴等，往往会造成严重的自然灾害，给人类社会带来毁灭性的打击。全球气候变化深刻地影响着人类的生存和发展，这是世界各国共同面临的重大挑战，需要大家齐心协力地去解决。

二是“传播”：如何使世界各国在气候变化问题上达成共识，使人们更多地去关注气候变化，保护我们的环境。这就需要“传播”来实现。“传播”是一种交流、沟通，是参与传播者之间的一种互动。政府需要通过传播来推行应对气候变化的策略，实现节能减排的目标，表达气候谈判的立场；媒体需要借助传播来表达政府应对气候变化的立场、观点，反映各种不同的声音，展示气候谈判的动态和过程，加强国际社会对中国的了解；NGO需要借助传播来阐释气候议题的重要性，以吸引更多的公众关注气候变化，践行“绿色”“低碳”的理念。

三是“互动”：政府、媒体和NGO的气候传播，不能各自为战，需要通过“互动”来增进相互间的沟通与了解，这样才能形成合力，建立起以政府为主导，媒体和NGO为辅助力量的气候传播机制，发挥出最大的影响力，以推动气候谈判的顺利进行。其实，在传播互动中还需要加进企业这个角色，因为这样才能够成为一个完整的互动体系。企业在应用绿色能源、开发环保技术、践行节能减排等目标上的责任和贡献是不可忽视的。

四是“共赢”：只有这四者“互动”起来，加强合作，才能实现在应对气候变化议题上的“共赢”。良好的互动不仅能够完善气候谈判的传播机制，有效地表达中国的立场，树立中国政府的良好形象，推动谈判的进程，而且能够从更深的层面上为解决人类面临的气候问题作出自己的贡献，从而改善人们的生活环境和质量，使人类生活在一个绿色的、和谐的、美好的环境中。

这次研讨会的参与者包括参加过哥本哈根气候大会的各方代表，他们共同回顾了哥本哈根气候大会期间中国政府、媒体和NGO在气候传播中的经验与教训。受时任国家发改委副主任、哥本哈根会议中国代表团团长解振华的委托，前来参加研讨会的时任气候谈判中方首席代表、国家发改委应对气候变化司苏伟司长，在谈到政府、媒体和NGO三方表现时表示，在哥本哈根会议上扮演不同角色的中国政府代表团，中国的媒体和NGO都做出了积极的努力，体现了三者的互动与配合，是以政府为主导、媒体和NGO发挥辅助作用共同开展中国气候传播的一次有力尝试。

在谈到如何在气候传播的过程中提升中国整体形象时，项目中心顾问、全国政协外事委员会主任、中国人民大学新闻学院院长赵启正先生将气候传播提升到“公共外交”的层面，他表示：“政府与政府之间的往来是政府外交，民众对民众之间的交往是民间外交，政府对民众，或民众对政府，都是公共外交的一部分，应该尝试以多元化的公共外交来加强中国在国际谈判中的话语权。”

代表NGO发言的国际扶贫与发展机构乐施会策略总监费乐歌女士，同时身兼菲律宾气候变化谈判国家代表团顾问，她向与会嘉宾澄清了NGO在国际谈判中的作用："有一种观点认为，NGO在国际谈判中只会抗议和游行，这种理解是片面的。专业的国际NGO有由各类专家组成的团队，大部分时间是在跟踪谈判，分析进展，并通过媒体与普通公众保持跟进，一起对发达国家施加压力，保证谈判达成公正协议。"

而针对在即将开始的新谈判中如何做好气候传播工作，国家气候变化专家委员会副主任何建坤教授建议：下一步的工作关键在于媒体和NGO要全面理解和正确把握中国在应对气候变化重大问题上的立场和看法，因为很多问题是非常复杂的，要全面地来看待。

通过专家的深入研讨，"气候传播"概念得到了进一步阐释，并强调了传播在气候应对中的重要作用。研讨达成的共识认为，应该建立以政府为主导、媒体和NGO为辅助力量的气候变化传播机制。这次会议奠定了中国气候传播项目中心今后几年的工作方向，产生了广泛的社会影响，是项目中心发展初期的一次具有里程碑意义的会议。

此次研讨会还有一个重要成果，即正式提出了"气候传播"的概念，亮出了"气候传播"的旗帜，开启了中国气候传播研究之路。郑保卫教授在为研讨会确定了"气候·传播·互动·共赢"的主题后，让李玉洁从互联网上搜到了在美国、德国和英国都有类似的气候传播研究，特别是美国耶鲁大学就有一个"气候传播项目"，这就为项目中心加强与国外相关气候传播研究机构的交往与合作提供了前提条件。

"后哥本哈根时代政府、媒体、NGO的角色及影响力研究"项目成效评估

该项目通过对参与哥本哈根气候谈判的中国政府、媒体、NGO及其他国家政府机构进行调研访谈，形成三份分报告；

于2010年5月16日召开"气候传播互动共赢——后哥本哈根时代政府、媒体、NGO的角色及影响力研讨会"，邀请中外媒体、NGO和政府等多方人士参与共同探讨气候传播中政府、媒体、NGO的角色、影响、策略及方法。

在此基础上，形成总报告一份，提交中宣部、发改委、国新办等相关职能部门。

3篇研究成果在学术期刊发表。

综合评估，“后哥本哈根时代政府、媒体、NGO的角色及影响力研究”研究项目取得了较大社会影响，不但为中国政府、媒体、NGO三者之间在气候变化议题上的沟通交流提供了平台，而且为中国政府、媒体、NGO更好地在国际气候变化谈判舞台上发挥自己的角色与影响提供了资源库的作用。

第二节 通往坎昆

坎昆，是位于加勒比海北部，墨西哥尤克坦半岛东北部的一座三面环海的美丽城市。“坎昆”，在玛雅语中意思是“挂在彩虹一端的瓦罐”，被当地人认为是“欢乐与幸福”的象征。距坎昆130公里的图伦遗址，是墨西哥保存最完好的闻名世界的玛雅和特尔多克人古城遗迹。2010年11月29日至12月10日第16届联合国气候大会在坎昆举行。

坎昆气候大会是继2009年哥本哈根气候大会之后，中国政府、媒体、NGO又一次集体亮相国际舞台，190多个国家的代表及相关人士出席了这届大会。同时，这也是中国气候传播项目中心主任郑保卫教授首次以观察员身份走出国门，出席联合国气候大会，并独自主持气候传播国际边会。因此，通往坎昆之路是不寻常的，它在项目中心十年发展历程中有着特殊意义。

一、举办媒体高级研修班

为了巩固后哥本哈根时代项目研究的成果，将其应用于实践，中国气候传播项目中心通过实施一系列行动，以提高参与国际气候谈判的政府、媒体与NGO的气候传播能力，帮助其认识自身的角色定位以发挥更大影响力，推动气候谈判取得实质性进展，掌握熟练的气候传播技巧与方法，进而为借助舆论推动气候谈判提供可能。同时，也为了做好准备，使我们的气候传播项目能够顺利参加年底在坎昆举行的第16届联合国气候大会。项目中心与乐施会和中国人民大学新闻与社会发展研究中心决定联合举办研修班，邀请长期参与谈判的政府人士、关注谈判的NGO人士及有经验的媒体记者作为嘉宾，与即将进行坎昆报道的媒体记者交流经验。

2010年11月10日，“通往坎昆气候传播高级研修班”在北京开班。乐施会项目经理梅家永在致辞中表示："在中国，气候变化议题越来越受到公众的关注，但却很少有人关注气候传播问题。事实上，在气候谈判与气候变化的议题上，气候传播发挥的作用越来越重要，正是看到了这一点，乐施会支持中国人民大学新闻与社会发展研究中心开展相关项目，推动气候传播理论研究和行动实践。"

项目中心主任郑保卫教授在致辞中介绍了气候传播的两个目标：一是提高公众对气候变化科学知识及解决方案的理解力和参与度；二是通过气候传播使普通公众、政府部门，以及企业界、学术界、NGO和媒体人士能形成合力，共同应对气候变化。郑保卫教授强调："在政府、NGO和公众之间，媒体应该起到沟通作用，形成合力以共同应对气候变化。"

项目中心顾问、新华社原副社长兼常务副总编辑、重庆大学新闻学院院长马胜荣表示："实际上，政府跟媒体之间的互动非常重要，我希望我们的政府机构、主管部门能够善于运用中外媒体来传播我们的声音。这是一个需要认真研究的问题。"他同时建议中国媒体要避免落入俗套，关注会议背后的故事、相关的背景，多写分析和解释性稿件。

时任国家发改委应对气候变化司副司级巡视员孙桢则介绍了20年可持续发展进程中的气候变化问题。同时他也提出建议："媒体要继续关注国际谈判的热点，同时从业务角度要回顾一下过去。2012年将是里约联合国可持续发展大会举办20周年，我们要关心这件事情，提前做好报道准备。"

时任《中国日报》驻布鲁塞尔首席记者付敬，时任乐施会中国部传播统筹王彬彬也分别发言，介绍了气候变化报道的相关经验、技巧以及NGO与媒体合作的策略。研修班还设有两轮圆桌讨论，由媒体记者和NGO人士介绍气候报道的经验与沟通技巧。

来自中国新闻社、《南方周末》、《新世纪周刊》、《第一财经日报》、《南方都市报》、新浪网、腾讯网、网易等30余位从事气候变化媒体报道的记者参加了研修班。

二、出席坎昆联合国气候大会并举办首次气候传播国际边会

2010年12月初，联合国气候大会在墨西哥坎昆举行。郑保卫主任走出国门，

首次以观察员身份出席联合国气候大会，并于12月5日在坎昆主持了以“基础四国与墨西哥气候传播边会”为主题的边会。中国新闻社在报道中称“这次边会是中国高校首次在国外举办此类会议，也是中国科研机构第一次在国际舞台上启动气候传播议题研究”[①]。

第一次国际边会以“基础四国与墨西哥气候传播”为主题，主要是考虑到基础四国作为气候变化的受害者在国际气候谈判中受到来自发达国家的压力，而本次联合国气候大会的主办国是发展中国家墨西哥，所以将墨西哥也包含在内。基础四国和墨西哥在气候传播方面起步较晚，几个国家的人民受气候变化负面影响冲击的事实很少通过各种渠道传播。郑保卫主任在致辞中说，中国气候传播项目中心举办这次边会就是为了促进“基础四国与墨西哥”气候传播的发展，以便让更多公众和媒体了解气候变化对这些国家带来的负面影响，并吸引更多发展中国家同行加入气候传播的队伍中来。

时任国家发改委能源研究所能源环境与气候变化研究中心主任徐华清、《今日中国》拉美分社社长吴永恒、乐施会墨西哥地区项目协调员Emilia Ramírez、印度人民科学活动国家召集人Soumya Dutta、中国农业科学院农业环境与可持续发展研究所研究员许吟隆、日内瓦环境NGO代表 Christina Stuhlberger等参会并分别发言，介绍了墨西哥、中国、印度等国受气候变化影响的情况及应对的措施。来自基础四国和墨西哥的NGO、学者、媒体代表参加了此次边会。

在此次边会召开之前，中国气候传播中心尚未在国外举办过国际边会，而这次会议时间紧，人手也有限，会议能否按时举办，面临着许多不确定因素。但是郑保卫主任在李玉洁和乐施会宋旸，以及当地大学生志愿者的支持帮助下，最终克服各种困难，成功举办了此次边会，在国际舞台树立起了中国气候传播的旗帜，成为中心“走出去”战略中的关键一步。

① 李洋：《中国高校在坎昆举行边会研讨“基础四国”气候传播》，中国网络电视台网站，2010 年 1 月 6 日，http://news. cntv. cn/20101206/110677. shtml。

第二章　快速发展（2011—2012）

2011年和2012年，是我们气候传播项目在起步之后取得快速发展的两年。2011年，我们出版了第一本研究专著《气候传播理论与实践研究》，建构了气候传播学基本理论框架和知识体系，为深入开展气候传播理论研究提供了基础性条件。该书在2011年年底，项目中心在南非德班第17届联合国气候大会期间主办的气候传播国际边会上举行了首发式，受到了与会国内外专家的好评。

这一年我们还在北京举办了"气候传播战略国际研讨会"，与美国耶鲁大学等国外高等院校和科研机构建立联系，确定了国际和国内两个层面"两路并进，双向使力"的工作方向。

2012年是项目中心最为忙碌和收获最大的一年。这一年我们正式启动了"气候变化与气候传播进社区、进校园、进企业、进农村活动"，把项目中心的工作开始转向"两路并进，双向使力"的方向。这一年，我们还进行了首次大规模的公众调查，即"中国公众气候变化与气候传播认知状况调查"，调查报告以中英文两个版本分别在国内和当年的多哈联合国气候大会上发布，受到了中国政府的好评和国际社会的关注，被多家国际机构、媒体和科研单位引用。

也是在这一年，中心主任郑保卫教授来到巴西里约热内卢，出席了在这里举行的联合国可持续发展大会，并在大会中国角举办了气候传播国际边会，从国家和人类可持续发展的角度宣传气候变化与气候传播。

这一年，我们还与美国耶鲁大学通过互访建立了正式科研合作关系，并且在多哈与耶鲁大学气候传播项目的朋友相聚，出席第18届联合国气候大会，联合举办"中美印三国公众气候变化认知状况比较研讨会"，开启了项目中心国际科研合作的进程，为提升项目研究的国际化水平积累了经验。

还是在这一年，我们组建了项目中心顾问委员会，聘请国务院新闻办原主任、中国人民大学新闻学院院长赵启正，国家发改委副主任、气候谈判中国代表团团长解振华和中国人民大学校长陈雨露担任主任委员，为指导我们项目中心工作提供了有力保障。

第一节　走向德班

“德班”是南非夸祖卢-纳塔尔省的一个海滨城市，风景秀丽，是著名的国际会议之都，德班人口300万，在当地语言祖鲁语中，即为“在海港”的意思。19世纪末，随着特兰士瓦省金矿和敦提煤矿的发现，铁路建设得以发展，德班的港口地位不断提升，德班港逐渐成为非洲最大的海港。2011年第17届联合国气候大会在此举行。

2011年11月28日开幕的德班气候大会将讨论决定实施《京都议定书》第二承诺期并启动绿色气候基金，这一基金将承诺到2020年发达国家将向发展中国家提供至少1000亿美元，帮助后者适应气候变化。200多个国家和机构的代表及相关人士出席本届大会。

2011年，我们项目中心的工作亮点之一是出席南非德班第17届联合国气候大会，并成功举办第二场气候传播国际边会。德班会议期间，我们在举办气候传播国际边会的同时，还举行了由项目中心主任郑保卫教授主编的《气候传播理论与实践》一书首发式，在联合国气候大会的舞台上阐述了我们对气候传播理论内涵及实践策略的理解，为气候传播学研究的国际性拓展开启了道路。

一、出版第一部气候传播学术著作

自中国气候传播项目中心成立以来，以中心主任郑保卫教授为核心的研究团队，围绕气候传播的理论与实践开展研究，发表了一系列学术论文，但尚未有一本系统的研究著作出版。2011年11月，由郑保卫教授主编，凝聚着项目中心研究人员集体智慧的《气候传播理论与实践——气候传播战略研究》（中英文对照本）一书，由人民日报出版社出版。这本书是我国第一本有关气候传播研究的专著，填补了我国新闻学与传播学研究在这一领域的空白。

该书对气候传播的产生与发展、内涵与类别、原则与理念、受众与效果、技巧与方法等进行了全面、系统的论述，并通过一系列案例对中国政府、媒体、NGO及其他社会组织近年来的气候传播实践作了总结和概括，既具有重要理论价值，又具有很强的实践意义。

郑保卫教授在书中第一次对“气候传播”作出定义：“气候传播是一种将气候变化及其相关议题的科学知识转化为大众理解的知识，并通过公众态度和行为的改变，以寻求气候变化问题解决为目标的传播活动。简言之，气候传播是一种有关气候变化信息的传播活动，它以寻求气候变化问题的解决为行动目标。”

时任全国政协外事委员会主任、国务院新闻办原主任、中国人民大学新闻学院院长、中国气候传播项目中心顾问赵启正教授为此书作了评介。他指出：“20世纪以来人类向大自然高强度的、无止境的索取导致了地球气候变化加剧，人类对生存环境的忧虑再也不是‘杞人忧天’了。正当人类总人口达到70亿之际，此书作为中国第一部气候传播研究专著出版了，它将推动有关气候变化信息与知识的社会传播活动，从而促进公众支持本国政府和国际社会寻求解决气候变化问题的行动。”

《气候传播理论与实践——气候传播战略研究》一书的出版，将气候传播提升到系统研究层面，标志着中国气候传播项目中心的研究工作进入扎实推进的阶段。

二、举办气候传播战略国际研讨会

为进一步扩大交流，推进工作，项目中心2011年9月25日在中国人民大学举办了“气候传播战略国际研讨会”。研讨会不仅邀请了项目中心顾问、新华社原副社长兼常务副总编辑马胜荣和国家发改委应对气候变化司原副司长孙桢等国内专家，还特意邀请了美国耶鲁大学气候传播项目主任安东尼教授。

会上，孙桢提出建议，希望项目中心在关注国际气候谈判传播策略研究的同时，能够将目光转向国内，使气候传播研究实现“内在化”，尤其要在吸引公众关注气候变化、参与气候传播上下功夫。安东尼教授则介绍了他们坚持开展公众气候变化认知状况调查，深入研究公众气候变化认知与其行为改变关系的做法及经验，为项目中心实行工作转向，采取“两轮驱动、双向使力”的策略，做好气候变化与气候传播的社会发动与公众动员起到了推动作用。耶鲁大学环境学院安东尼教授率领的气候传播项目团队（Yale Program on Climate Change Communication）是美国高校中气候传播研究的领军者，他们长期坚持开展公众调查，取得不少研究成果，引起了我们的关注。我们邀请安东尼教授参加此次研讨会，一方面是为了向他们取经学习，另一方面也是为了加强沟通联系，开展科研合作。为此，项目中心还特意让在美国密苏里新闻学院访学的项目中心副主任李玉洁前往耶鲁大学访问学习，建立起双方直接的沟通渠道。

三、出席德班联合国气候大会举办气候传播国际边会

2011年12月第17届联合国气候大会在南非德班举行。2日上午，由中国气候传播项目中心与乐施会和中国人民大学新闻与社会发展研究中心共同主办的气候传播国际论坛在德班举行。时任中国代表团副团长、中国应对气候变化谈判首席代表苏伟出席论坛，与来自联合国相关机构，以及美国气候与能源方案中心、GCCA全球气候行动网络、ENJ地球新闻网络和乐施会国际联会的代表出席边会，共同探讨了气候传播在推动国际谈判和全球共同应对气候变化中的积极作用，用实际行动展示了中国政府集合多方力量共同推动谈判取得积极进展的决心。

苏伟首先强调了与NGO、媒体交流的重要性。他说：“举办这场边会非常重要也非常及时。从我个人的谈判经验上来看，我认为媒体和NGO在给谈判方压力，以及促成共识方面的作用非常重要。我们会继续保持与NGO和媒体的对话。”

苏伟同时介绍中国政府在气候传播方面开展的工作：“自哥本哈根那年起，我们就在谈判期间每天与媒体交流，每天给媒体介绍情况，我认为这是中国政府在气候传播问题上很重要的一步。去年在坎昆，我们安排了专门的新闻官员；此次在德班，还有专门的团队，与媒体和NGO交流。我们还将努力形成气候传播战略。”

乐施会政策顾问蒂姆·戈尔介绍了乐施会在气候传播方面的角色和作用："气候变化是一个非常复杂、专业性很强的话题，但是正影响着千百万贫穷人的生活。作为乐施会，我们要用容易理解的语言将相关信息传播给普通公众，让他们了解气候变化正在影响贫穷人的生活。"

"大多数美国人都不认为气候变化是个问题，对此持怀疑态度，很难向公众解释这个问题。从传播的角度讲，在美国现阶段最重要的就是要聚焦于多数人都认同的话题，在此基础上展开对话。"美国气候与能源方案中心Timothy Juliani介绍了气候传播在美国的情况。

作为全球300多家机构联盟的全球气候行动网络的总监Kelly Rigg说："在网络上，气候怀疑论的文章远远多于那些陈述事实的文章，所以尽管97%的科学家都认可气候变化，但是公众却认为气候变化是有争论的，所以需要向公众传播明确的信息，来实现公众对这个议题的关注和行动支持，这是一个长期的工作，而我们主要就是做300多家机构在这方面的策略联合和协调工作。"

在谈到气候传播的发展时，联合国全球契约政策顾问Dennis Pamlin指出："气候传播是不断改变的。第一阶段，1997年之前，即前《京都议定书》阶段的气候传播；第二阶段，《京都议定书》和后哥本哈根之后的气候传播；第三阶段，后哥本哈根阶段的气候传播。政府、企业、NGO在每一阶段提供的可持续发展解决方案和应对气候变化的行动都不相同，气候传播也因此而有所不同。"

作为传播的媒介，媒体在气候传播中起到关键的桥梁作用。地球新闻网络执行总监James在这方面深有体会："媒体的职责就是要让气候变化这个议题更加通俗易懂和吸引人，从而让更多的普通人真正关注气候变化这个议题。"

在气候传播中，公众是重要的参与者与推动者，而明星在公众中有很大的影响力和号召力，对气候传播起着不可低估的作用。中国影星、乐施会气候大使海清在论坛上分享了她在这方面的经验："在走访甘肃受气候变化影响的社区后，我在各种场合向身边的朋友、媒体等介绍自己的访问经历，让更多人开始了解和关注这个议题。"

郑保卫教授在总结中指出："2010年年初，我们成立了中国气候传播项目中心，在中国率先启动了气候传播研究。"郑保卫表示，两年来，项目中心多次举办气候传播研讨会，组织媒体培训，搭建起了政府、媒体、NGO在气候变化领域的交流平台，发挥了积极作用。他表示，今后中心将会侧重在提升公众气候变化意识、自觉投身应对气候变化行动方面多下功夫。

此次到德班后，郑保卫主任和海清等人一起考察了当地一些社区，对这些社区的民众自觉组织起来，积极参与保护生态环境，应对气候变化的做法和经验留下了深刻印象。

在边会上，中心还举行了《气候传播实践与理论——气候传播战略研究》（中英文对照本）一书的发布活动，向国际社会介绍了气候传播在中国的理论发展与实践案例，受到了与会国外专家的积极评价。

四、与耶鲁大学建立科研合作伙伴关系

项目中心自创立以来，始终注重加强与国际同行的交流与合作，而与耶鲁大学气候传播项目中心的友好交往与真诚合作是中心发展史上值得书写的重要一笔。

耶鲁大学气候传播项目中心是美国最早开展气候传播研究的高校科研机构之一，在进行公众气候变化认知状况调查和开展气候变化知识社会普及等方面积累了十多年的经验。

2012年4月2—3日，中国气候传播项目中心主任郑保卫教授同项目中心执行主任王彬彬、副主任李玉洁应邀访问耶鲁大学，与该校气候传播项目主任安东尼（Anthony Leiserowitz）教授、副主任丽萨（Lisa Fernandez）商谈科研合作问题。双方交流了近年来气候传播研究的做法及经验，以及今后的研究方向及思路，重点探讨了开展科研交流与合作问题。乔治·梅森大学气候传播研究中心研究员赵晓泉副教授也应邀参会，并介绍了该中心的研究情况。

经过协商，双方就在气候传播研究领域开展交流与合作问题达成许多共识，形成了一些合作意向。双方还就开展中国公众气候变化与气候传播认知状况调查的一些细节问题进行了深入探讨和协商，正式确立起了加强气候变化与气候传播科研交流合作的伙伴关系。

五、郑保卫主任出席欧盟-中国绿色世界合作伙伴关系研讨会

2012年4月19日，项目中心主任郑保卫教授应邀出席在布鲁塞尔召开的“欧盟-中国绿色世界合作伙伴关系研讨会”。

此次研讨会由欧洲学院主办，来自中国、比利时、英国、法国、德国，以及欧盟组织相关机构的官员、学者200余人出席会议。参加本次会议的中国专家主要来自国家发改委宏观经济研究室、中国环境与发展国际合作委员会、中国人民大学、同济大学等单位。研讨会由欧洲学院院长保罗·德马雷特主持。

在19日上午开幕式上发言的有联合国政府间气候变化专门委员会（IPCC）副主席让-帕斯卡尔·范伊佩尔塞勒，欧盟委员会能源委员办公室主任迈克尔·科勒，欧盟委员会气候行动司负责人、欧盟气候谈判代表梅兹格Artur Runge-Metzger，发改委宏观经济研究室主任孙学工等。中国驻欧盟使团团长吴海龙向大会发来贺电。

郑保卫主任受邀在会上介绍了中国气候传播项目的实施状况、研究思路及取得的成果，并就气候传播的内涵作了理论阐释，同时回答了有关如何看待联合国气候谈判决议执行情况及效果，以及如何看待应对与适应气候变化关系等问题。

郑保卫主任在比利时期间还访问了新华社欧洲总分社。社长刘江、副社长姜岩、采编主任张崇仿等会见了郑保卫主任，并听取了郑保卫主任关于气候传播项目及参会情况的介绍。

六、郑保卫主任访问乐施会国际联会驻布鲁塞尔办公室

2012年4月20日上午，中国人民大学新闻与社会发展研究中心主任、中国气候传播项目中心主任郑保卫教授在比利时参加“欧盟-中国绿色世界合作伙伴关系研讨会”期间，应邀访问了乐施会国际联会驻布鲁塞尔办公室。乐施会国际联会政策总监瑟琳·莎菲蕾亚特、欧盟议题政策顾问里斯·科瑞奈斯特、传播官员安吉拉·科贝伦代表乐施会国际联会会见了郑保卫主任。

郑保卫主任介绍了中国人民大学新闻与社会发展研究中心与香港乐施会，

自2010年4月开始合作的中国气候传播项目的基本情况和取得的成绩，强调了在乐施会的大力支持下，中国气候传播项目组已经分别在2010年的联合国坎昆气候变化峰会和2011年的联合国德班气候变化峰会上成功召开了两次气候传播主题边会，为政府、媒体、NGO搭建起交流和沟通的平台。郑保卫主任说，边会得到了中国政府的支持，中国代表团首席谈判代表苏伟亲自参加了在德班举行的国际气候传播边会，并对边会举办的意义作出充分肯定，这对我们进一步加强同乐施会的合作提供了经验。

乐施会国际联会政策总监瑟琳·莎菲蕾亚特对中国人民大学新闻与社会发展研究中心两年多来对乐施会工作的支持表示感谢。瑟琳指出，乐施会在全球的使命是消除贫穷，促进发展。与中国人民大学合作的中国气候传播项目旨在让政府、媒体、NGO等相关方全面理解气候变化议题，调动更多力量应对气候变化，从而消除气候变化带来的负面影响。在过去两年多时间里，中国气候传播项目已经超越了单纯学术层面的意义，取得了积极广泛的社会影响，乐施会愿意继续为该项目提供各种国际交流平台，支持中国气候传播研究工作的进一步开展。

香港乐施会传播经理王彬彬、《中国日报》驻布鲁塞尔首席记者付敬陪同访问。

第二节 来到里约

里约热内卢（简称“里约”），是仅次于圣保罗的巴西第二大城市，全国经济中心，1763—1960 年曾为巴西首都。“里约热内卢”，在葡萄牙语中，意为“一月的河”。城市位于巴西东南部沿海地区，濒临大西洋，是巴西乃至南美的重要门户，也是巴西及南美经济最发达的地区之一。里约热内卢港是世界三大天然良港之一，矗立在里约热内卢科科瓦多山顶的基督像是该市的标志，被称为“世界新七大奇迹”之一。

在这十年中，我们项目中心在国际层面作气候传播理论研究和社会推广工作的主要平台是联合国气候大会，而 2012 年 6 月郑保卫主任受邀来到巴西里约热内卢，参加在这里举行的联合国可持续发展大会(又称“里约+20 峰会”)，并且举办了主题为“可持续发展战略下的公众参与新路径”的边会，这是我们项目中心所进入的宣传和推广生态环境保护、开展气候传播的第二个国际平台。因此，来到里约，有着一种特殊的心情与感受。

郑保卫主任在里约举办的边会是在中国代表团展馆（即“中国角”）举行的，这是项目中心在国家发改委的支持和帮助下，首次在中国角举办边会。到了当年年底的多哈联合国气候大会，项目中心再次在中国角举办气候传播边会。由此，我们的气候传播边会纳入了中国代表团在中国角主办的系列边会序列，每年都会在中国角举办一场边会。

一、出席里约联合国可持续发展大会并举办国际边会

2012年6月，联合国可持续发展大会在巴西里约热内卢举行。此次会议与1992年在里约热内卢召开的“联合国环境和发展大会”正好时隔20年，因此也被称为“里约+20峰会”。包括100多位国家元首和政府首脑在内的共约1.2万人

参加了正式峰会，还有约3万人参加了将近3000个有关的边会和活动。这次会议被时任联合国秘书长的潘基文称为联合国历史上最重要的会议之一。

中心主任郑保卫教授应邀出席此次大会，并于里约时间6月20日（此次大会开幕的当天）下午在中国代表团展馆（“中国角”），主持了由中国气候传播项目中心、乐施会和中国人民大学新闻与社会发展研究中心共同主办的，主题为“可持续发展战略下的公众参与新路径”的边会。时任中国国家发改委地区经济司司长、联合国可持续发展大会中国筹委会秘书长范恒山在边会开幕致辞中表示：“这场边会是中国政府在中国角举办的10场边会中唯一一场由高校和非政府组织主办的边会，具有独特的价值和重要的意义。”

推动公众参与，促进可持续发展已成为各国共识。早在1992年世界环境与发展会议通过的《21世纪议程》，就明确规定实现可持续发展的一个必要前提条件就是广大公众参与决策，同时也鼓励公众参与形式的创新。只有公众的热烈响应和积极参与，才能真正实现可持续发展的战略目标。郑保卫主任在致辞中表示：“中国代表团将这场由高校科研机构和非政府组织的边会安排在里约峰会开幕当天举行，充分体现了中国政府重视、支持社会力量与公众参与可持续发展工作的决心和行动。”他强调，作为高校科研机构的代表，将进一步发挥媒体与传播在推动公众参与方面的作用，搭建更多传播和沟通的平台，普及应对气候变化及实现可持续发展的相关知识，推动更多公众参与到可持续发展的事业中来。

中国国家发改委地区经济司司长范恒山、中欧社会论坛总监于硕、中国公益研究院院长王振耀、乐施会国际联会Stephen Hale、中英瑞气候变化适应项目总监Rebecca Nadin、乐施会气候变化形象大使海清、中国国际民间组织合作促进会秘书长黄浩明、俄罗斯环境与可持续发展中心主任 Olga Ponizova、巴西驻华大使馆科技及可持续发展处主管马卡劳等嘉宾作了发言。参加“里约+20峰会”的50余位各国代表出席了本次边会，传达了全世界公众参与可持续发展战略的积极意愿。

第三节　相聚多哈

多哈，地处西亚，是卡塔尔的首都和最大城市，全国政治、经济、文化、交通中心，也是波斯湾沿岸的著名港口，一座国际化的大都市。多哈以盛产石油和天然气闻名，许多石油、天然气公司的总部都设立在这里，因此，成为卡塔尔的经济命脉。

2012年年底，第18届联合国气候大会在多哈举行，这次大会是中国气候传播项目中心参加的一次重要会议，郑保卫主任及团队核心成员王彬彬、李玉洁参加了此次会议并举办了两场气候传播边会。

多哈气候大会期间，中美印三国气候传播学者相聚在一起，共同举办了“中美印三国公众气候变化认知状况比较研究”，这是项目中心团队与耶鲁大学气候传播项目团队在国际平台上的首次合作。

经过两年的工作，我们逐渐认识到，在国际气候谈判中，中国的一举一动已成为世界焦点，中国的声音也格外受到国际社会的关注。如何让世界听懂、认识并了解中国，从而为推进全球气候治理作点贡献，成为我们中国气候传播项目中心必须认真思考和对待的重要问题。

一、启动“气候变化与气候传播‘进社区、进校园、进企业、进农村’活动”

经过前期的积累，项目中心开始尝试国际、国内“两路并进、双向使力”的行动策略，推动气候传播的社会推广与公众发动工作。具体采取的办法之一就是启动气候变化和气候传播的“四进”活动。

2012年6月2日，由中国气候传播项目中心、中国人民大学新闻与社会发展研究中心、乐施会、中国人民大学新闻学院和中国人民大学环境学院共同主办的“气候传播与气候变化‘进社区、进校园、进农村、进企业’活动”启动仪式暨中国气候传播项目顾问委员会成立会议在中国人民大学举行。来自政府部门、新闻媒体、研究机构、NGO组织，以及中国人民大学新闻学院、环境学院、农业与农村发展学院、公共管理学院、统计学院的师生代表共300余人参加了启动仪式。

项目中心主任郑保卫教授在致辞中指出：“应对气候变化问题，要靠社会的关注和公众的投入，今天的‘四进’活动启动仪式在中国人民大学举行，选择以校园作为活动的起点，希望大家能够真正行动起来，做到从我做起，从现在做起，从身边的小事做起，为应对气候变化、为建设绿色家园贡献一份力量。”

时任中国人民大学副校长杨慧林在致辞中对启动仪式和顾问委员会第一次会议的举行表示祝贺，希望中国气候传播项目在气候变化与气候传播研究领域做出更好的成绩。

会上还宣读了全国政协外事委员会主任、中国人民大学新闻学院院长赵启正和中国人民大学校长陈雨露教授发来的贺信。

国家发展和改革委员会应对气候变化司司长苏伟在致辞中指出：“长期以来，我们高度重视应对气候变化的宣传教育和公众参与工作，并且将加强宣传教育和公众参与纳入国家发改委进一步加强工作力度的重要方面。因为真要把应对气候变化的事情做好，最主要的还是要靠全社会、全民的行动。”

对于“四进”活动的意义，苏伟评价说：“中国人民大学和乐施会联合组织开展‘四进’活动，深入社会基层，宣传和普及应对气候变化知识，是一个非常有意义的创举。”苏伟还对“四进”工作的开展提出了四点建议：一是要真实地反映全球和我国气候变化面临的形势，增强社会各界的认同感、责任感和紧迫感；二是要注重需求引导，在宣传产品、设计和组织开展相关宣传活动的时候，要充分考虑社区、校园、企业、农村对气候变化需求的不同，增强宣传的针对性；三是要加强互动和反馈，把宣传活动和汇集民智结合起来，不断改进工作；四是要采取多种手段，充分发挥报纸、广播、电视、网络、手机等多种媒体的作用。

耶鲁大学环境与森林学院教授、耶鲁大学气候传播项目主任Anthony Leiserowitz先生和联合国环境记者培训首席专家、英国广播公司前资深环境记者Alex Kirby先生分别就如何开展气候变化公众调查，如何有效传播气候变化知识，以及记者应该如何做好气候报道等问题作了发言。

启动仪式上还宣读了题为“应对气候变化 我们一起行动”的大会倡议书，呼吁社会与公众关注气候变化影响、传播气候变化知识、积极参与气候变化应对。

启动仪式结束后，项目中心组织到会的耶鲁大学气候传播项目主任Anthony Leiserowitz先生和联合国环境记者培训首席专家、Alex Kirby先生，以及巴西驻华大使馆科技及可持续发展处主管马卡劳一起围绕“应对气候变化框架下的公众参与路径”的议题进行了圆桌讨论。

乐施会传播官员王彬彬介绍了NGO在公众参与方面这些年所做的努力。乐施会的社会推广项目从设计到实施都强调公众参与，都是在互动中完成的，既能保证项目质量，又能提升公众的能力，是发动公众参与应对气候变化行动的有效路径。

为了借助各领域专家的智力支持，提升气候传播项目专业性发展的水平，我们在启动仪式期间还举行了项目中心顾问委员会成立会，向中心聘请的顾问委员会专家颁发了聘书。

我们组建的中国气候传播项目中心顾问委员会由下列人员组成：

顾问委员会主任：

全国政协外事委员会主任、中国人民大学新闻学院院长赵启正

国家发展和改革委员会副主任、中国气候谈判代表团团长解振华

中国人民大学校长陈雨露

顾问委员会委员：

新华社原副社长兼常务副总编马胜荣

国家发展和改革委员会应对气候变化司司长苏伟

中国改革发展研究院院长迟福林

国家气候变化专家委员会副主任、清华大学原常务副校长何建坤

国家发展和改革委员会新闻办公室主任文步高

国家应对气候变化战略研究与国际合作中心副主任邹骥

乐施会政策倡导总监孙学兵

耶鲁大学气候传播项目负责人安东尼（Anthony Leiserowitz）

联合国环境记者培训项目首席专家、BBC原资深环境记者戈林（Alex Kirby）

联合国全球契约政策顾问丹尼斯（Dennis Pamlin）

这些顾问委员会专家，后来在项目中心的理论研究和实践推广工作中给予很多及时有效的指导，成为我们各项工作取得发展与进步的坚强后盾。

二、组织首次中国公众气候变化认知状况调查

我国是世界上受气候变化不利影响最大的国家之一。我国地域广大，地理环境复杂，气候条件较差，气象灾害频发，其灾域之广、灾种之多、灾情之重、受灾人口之众，在世界上是少有的。特别是近几十年来，气候变化对我国自然生态和经济社会发展带来的危害已越来越明显。同时，我国又是世界最大的发展中国家，人口众多，能源资源匮乏，尚未完成工业化和城镇化的历史任务，发展还很不平衡，至今全国仍有一亿多贫困人口，发展经济、消除贫困、改善民生的任务十分艰巨。从人均碳排放量和历史碳排量来说，我国与发达国家之间仍有相当大的差距。不能忽视的是，在过去几十年经济快速发展的过程中，我国成了全球最大的温室气体排放国和能源消费国。

在上述背景下，尽管我国是受气候变化影响较大的国家，是人口最多的发展中国家，但温室气体排放总量居世界第一的事实，导致我国在联合国气候变化谈判中备受压力。而在国内，如何积极应对气候变化，推动节能减排，发展绿色经济，我们也面临着艰巨而又迫切的任务。

我国政府已经深刻认识到气候变化问题的复杂性及其影响的广泛性，高度重视气候变化问题，把积极应对气候变化作为关系经济社会发展全局的重大议题，纳入经济社会发展中长期规划之中。

应对气候变化不仅需要政府的积极引导和努力工作，也需要广大公众的积极参与。政府各项应对气候变化政策和措施的执行，要落到实处都需要公众的参与，需要公众在日常生活中践行低碳节能的生活方式、消费方式和行动方式。

为了更好地了解和掌握中国公众对气候变化及相关议题的认知状况，2012年7—9月，项目中心实施了第一次全国性较大规模的公众调查。调查人员采用随机抽样方法，样本量为4169人，涵盖中国境内（港、澳、台除外） 332个地

级行政单位（包括284个地级市、15个地区、30个自治州、3个盟）和4个直辖市。这项调查旨在调查和分析我国公众对气候变化问题的认知度、对气候变化影响的认知度、对气候变化应对的认知度、对应对气候变化政策的支持度、对应对气候变化行动的执行度，以及对气候传播效果的评价六个方面的情况。

项目中心希望通过这次调查，能够掌握较为准确的公众认知信息，以便为唤起公众的气候变化意识、提升公众对气候变化的适应能力、促使公众参与应对气候变化的行动提供可靠的数据支持，同时也为政府和有关部门制定构建资源节约型和环境友好型社会、提高减缓与适应气候变化的能力、保护全球生态等决策和措施提供参考依据。

鉴于气候变化问题和我国国情的双重复杂性，一次调查很难全面反映公众对于气候变化的认知全貌，加上人们对于气候变化议题的多元态度会导致对调查结果作出准确判断的复杂性，但是此次调查可以为相关政府部门、学术界以及其他机构多维度地了解和认识我国公众的气候变化认知状况提供一些有用的信息。

2012年11月1日，项目中心在北京发布《中国公众气候变化与气候传播认知状况调查报告》，这是中国第一份全面展现中国公众气候变化与气候传播认知状况的报告。调查结果显示，中国公众对气候变化问题的认知度高达93.4%，而有77.7%的中国公众对气候变化的未来影响表示出担忧。

国家发展和改革委员会副主任解振华为报告撰写了序言，充分肯定了这次调查的作用和价值，认为“本次调查工作很有意义，调研结果对于各方及时掌握公众应对气候变化意识现状，制定有针对性的政策措施具有重要参考价值”。

解振华在序言中强调，中国气候传播项目中心做的这次全国调查“以第三方独立视角在中国内地开展公众对气候变化问题认知状况的调查，客观、公正地展现了中国公众对这一问题的认识程度、看法和意见；同时，从本次调查的问卷可以看出，该调查也从科学、经济、社会等全方位角度理解并覆盖了气候变化这一复杂而综合的议题”。

解振华主任序言全文：

气候变化是21世纪人类所面临的一项极为严重的挑战。近年来全球的酷暑、干旱、洪涝等极端天气气候事件频发，气候变化的影响日益显现。长期以来，中国高度重视气候变化问题。中国是一个人均资源匮乏、生态环境脆弱、自然灾害多发的发展中国家，也是遭受气候变化影响最为严重、应对气候变化能力相对较弱的发展中国家。

针对气候变化，中国政府把积极应对气候变化作为中国促进经济发展方式转变和经济结构调整的一项重大的机遇，采取了一系列的减缓和适应气候变化的重大的政策措施。2011年，全国人大审议通过了关于国民经济和社会发展的第十二个五年规划纲要，提出要坚持全面协调可持续的科学发展，加快经济发展方式转变，进一步将积极应对气候变化和推进绿色低碳发展作为重要的政策导向。

制定、贯彻和落实可持续发展战略与每一个人息息相关，需要全社会公众和社会各界力量的参与和响应。应对气候变化需要公众的参与，只有公众关注气候变化问题，从自己做起，从身边的点滴做起，才能真正把解决之道落到实处。鼓励公众的参与，需要了解公众的态度和诉求。中国气候传播项目中心做的这次全国调查，覆盖了332个地级单位，样本量逾4000个，以第三方独立视角在中国内地开展公众对气候变化问题的认知状况的调查，客观、公正地展现了中国公众对这一问题的认识程度、看法和意见；同时，从本次调查的问卷可以看出，该调查也从科学、经济、社会等全方位角度理解并覆盖了气候变化这一复杂而综合的议题。

本次调查为政府、科研机构、媒体和非政府组织开展气候变化相关工作提供了非常有参考价值的信息。在此，也期待中国气候传播项目中心能够继续开展这方面的工作，与社会各界合力，为持续推动气候变化问题的应对和解决作出贡献。

项目中心主任、中国人民大学新闻与社会发展研究中心主任郑保卫教授介绍："开展这次调查是为了更好地了解和掌握中国公众对气候变化及相关议题的认知状况，从而为政府及有关部门制定构建资源节约型和环境友好型社会、提高减缓与适应气候变化的能力、保护全球生态等决策和措施提供依据，同时也为新闻媒体加强和改进气候变化报道提供参考。当然，我们的最终目的是唤起公众的气候变化意识、提升公众对气候变化的适应能力、促使公众参与应对气候变化的行动。"

项目中心顾问、时任乐施会政策倡导部总监孙学兵在谈到开展公众调查这一工作的重要性时表示："这是一个'种子型'项目，乐施会资助并参与这次调查，希望以这次调查为起点，开展多方合作，在气候变化减缓、适应和公众意识提升三个方面做更多深入的工作。”

项目中心执行主任王彬彬介绍了调查的主要结果：“这次的调查结果显示，中国公众对气候变化问题的认知度很高，达到93.4%，大多数公众认为气候变化正在发生，主要是由人类活动引起的，而且中国已经受到了气候变化的危害，这种危害对农村地区居民的影响更大。”

在应对气候变化问题上，76.3%的受访者同意“人们如果不改变自己的行为，将很难应对气候变化带来的挑战”，多数公众愿意为应对气候变化支付更多成本。约有26.6%愿意多支付一成的成本购买环保产品，所占比例最大；其次是多支付二成的成本，约有26.2%；而多支付三成、三成以上的受访者分别为17.2%、17.0%；不愿多支付成本购买环保产品的受访者为13.0%。相比于女性，有更多男性愿意为低碳环保产品支付更多成本。

在支持气候变化相关政策方面，受访者普遍支持和肯定中国政府的低碳政策，有88.2%的受访者同意“政府部门应该高度重视气候变化问题”。调查结果还显示：公众了解气候变化、获取气候变化信息的最主要渠道为电视（93.8%），其次是手机（66.1%）和网络（65%）。

联合国开发计划署高级气候变化顾问黄梅真、国家发改委应对气候变化司副巡视员孙桢从不同角度对调查报告进行了点评。

黄梅真查阅了美、英和国际各方面的相关主题调研报告，认为这个报告“做得非常详细，样本也非常多”。在谈到具体的调查报告结论时，黄梅真指出：“60%的受访者认为气候变化主要是人类活动引起的，这显示中国公众在这方面知识更丰富一些，也更相信人类做的一些事情会引起气候变化。事实上，这几年来中国在低碳、节能环保上做得也非常好。”

黄梅真还对中国气候传播项目中心下一步工作提出了有价值的建议：一是可以加强不同国家间的气候变化认知度比较研究；二是可以给媒体提供专业的气候变化政策和科学信息，协助媒体科学地开展气候变化传播工作。

时任国家发改委应对气候变化司副巡视员孙桢认为调查报告的发布是气候变化、传播学和统计学三个学科协同创新的结果，对这三个学科以后进一步加强协同创新具有启示性作用。孙桢认为，政府有责任让公众了解更多气候变化的知识，他认为：“现在是一个气候变化科普的时代，这项工作在中国已经真正开始了。今年9月19日，国务院决定要设立‘全国低碳日’，其实就是一个‘气候变化日’的活动。今后我们既要加强气候变化的教育，同时也在传播策略上有一些改进。”

成效评估

- ✓ 作为世界范围内第一份样本量相对较全的中国气候变化公众认知状况调查，其结果被多家国际媒体和学界引用。
- ✓ 2012 年 10 月，国家发改委发布《中国应对气候变化的政策与行动》年度报告，报告中介绍了本次调查活动。

三、出席多哈联合国气候大会并举办气候传播国际边会

2012年12月1日，郑保卫主任出席在多哈举行的第18届联合国气候大会，期间在联合国气候大会会场所在地卡塔尔国家会议中心中国角主持了“公众参与全民行动应对气候变化”边会。边会上发布了《中国公众气候变化与气候传播认知状况调查报告2012》（英文版）的主要结论，并邀请来自美国、瑞士、中国等国嘉宾就如何更好地推动公众参与气候变化应对问题进行了专题研讨。

中心主任郑保卫教授在致辞中强调了公众在应对气候变化中的重要性。他说：“公众是应对气候变化的起点和落脚点。一方面，全球应对气候变化，起点就是为了给全人类创造一个‘天蓝、地绿、水净的美好家园’，让我们的地球更加绿色和美丽。另一方面，全球应对气候变化的落脚点也在于公众。这是因为应对气候变化是一项社会性工作，除了政府的积极努力，以及企业、媒体、非政府组织等中间机构的行动以外，也需要社会与公众的广泛参与。”他还介绍了中国气候传播项目中心所进行的中国公众气候变化与气候传播认知状况调查的背景及目的。

多哈气候变化大会中国代表团副团长、首席谈判代表、国家发展改革委应对气候变化司司长苏伟先生出席边会并致辞。他强调：“公众认知不但对全世界所有国家的低碳发展非常重要，而且对推动气候变化谈判进程也相当重要，因此感谢中国气候变化项目中心、中国人民大学新闻与社会发展研究中

心和乐施会进行的这次中国公众气候变化认知状况调查。”他指出“中国政府高度关注公众气候变化认知的提升，从政府层面来说，中国政府的“十二五”规划中就有专门一章论述气候变化，而其中公众的认知和参与非常重要。”苏伟表示：“《中国公众气候变化与气候传播认知状况调查报告》的发布，不仅对联合国气候变化大会具有重要性，而且将对政府决策过程产生影响，因为我们需要公众的广泛参与和实际行动。”苏伟最后谈到，“很希望项目中心能够继续加强提升公众应对气候变化认识的工作，并期望能对世界各国的公众产生广泛的影响。”

项目中心执行主任王彬彬介绍了《中国公众气候变化与气候传播认知状况调查》(英文版)报告的主要结论，包括93%的受访者认为气候变化正在发生，55%的受访者认为气候变化是人类活动引发的，78%的受访者对气候变化问题非常担忧等。该报告的中文版已在多哈气候大会之前发布，国家发改委发布的《中国应对气候变化的政策与行动2012年度报告》中也有专门介绍。

中国国家应对气候变化战略研究及国际合作中心副主任邹骥，“21世纪新前线”项目组负责人、联合国全球契约政策顾问丹尼斯·帕姆兰(Denis Pamlin)作为专家对报告结论进行了点评。

邹骥指出，中国对公众气候变化知识的认知传播和教育还有很长的路要走，比如调查报告中受访者对于气候变化原因的认知还不高(认为是人为导致的比例只有55%)，还有38%的受访者认为气候变化是由环境的自然变化引起的。另外，针对68%的受访者认为政府应在应对气候变化扮演主要角色，而只有16%的受访者认为公众应发挥主要作用这一数据，邹骥认为政府确实应该担任主角，但公众的角色也很重要，应该对公众加强传播和教育，让他们意识到自身也是主要角色，依靠政府是不能完全应对气候变化的，而是需要所有的人都行动起来。对于公众这种认识上的沟壑，我们应该进一步思考怎样让公众行动起来，让公众认识到这是自己的事情，而不是其他人的事情。

丹尼斯·帕姆兰认为气候变化问题较为复杂，在日常生活中应对气候变化尽管有行动的意愿，但是现实的行动力如何，是否能在日常生活中践行绿色生活方式？也许公众会追随邻居和朋友的生活方式，会将他们看作是“领袖”而模仿其生活方式。另外，他还谈到了媒体在短期议题和长远议题方面报道的不同，很多媒体关注当前生活议题，而对于气候变化这类长期的议题关注不够。

在“公众参与在应对气候变化中的重要性”专题研讨环节，四位嘉宾分享了各自的经验。

耶鲁大学气候传播项目负责人安东尼·莱丝洛威茨（Anthony Leiserowitz）介绍了美国公众气候变化认知度调查结果在实践中发挥的作用，他指出要进行气候变化传播，首先是要了解受众，了解公众对于气候变化的理解和误解。他还以耶鲁大学气候传播项目完成的“美国公众对于气候变化的六种态度”报告为例，分析了公众气候变化调查的重要性和关注点。安东尼最后强调：“中国气候传播项目中心是发展中国家第一家从事气候传播研究的机构，希望中国在气候传播领域发挥带头作用，帮助更多发展中国家开展气候传播方面的工作。”

乐施会国际联会政策顾问蒂姆·戈尔（Tim Gore）与大家分享了乐施会在世界各地农村地区提升公众应对和适应气候变化意识的经验。乐施会在埃塞俄比亚、菲律宾、秘鲁、巴基斯坦多次举办“气候听证会”，邀请农村地区气候变化直接受害者讲述他们的遭遇，以唤起政府的重视和更多公众的支持。乐施会也帮助社区利用手机等新媒体发布天气预报、分享粮食种植知识和灾害预警等信息。与此同时，乐施会还通过组织南非农村妇女大会，开展东非粮食安全倡导项目，为气候变化直接受害者提供帮助。

美国环保协会中国代表张建宇则以“绿色出行”为例，介绍了如何提升城市公众低碳意识及如何动员其参加低碳行动。来自创绿中心的李莉娜介绍了中国NGO推动公众参与应对气候变化的实践与挑战。

这场边会由中国气候传播项目中心、中国人民大学新闻与社会发展研究中心、乐施会和中国国家应对气候变化战略研究及国际合作中心四家机构共同主办，是中国政府代表团在多哈“中国角”组织“应对气候变化高峰论坛”18场系列边会之一。

12月2日，项目中心趁热打铁，与耶鲁大学气候传播项目中心在多哈国际展览中心共同举办了“中美印三国气候变化公众认知状况与气候传播”边会。项目中心主任郑保卫在致辞中表示：“尽管三个国家国情不同，遭受气候变化影响的程度不同，公众的认知也各有特色，但开展公众调查的目的是一致的，都是为了了解公众的气候变化认知状况，为提升公众气候变化意识，推动公众参与应对气候变化提供数据参考。从调查结果看，中美印三国公众均支持政府应对气候变化，这就为开展比较研究奠定了基础。”

耶鲁大学气候传播项目连续五年对美国公众气候变化认知状况进行跟踪调查，结果显示，美国公众对气候变化真实存在的认知从2010年的57%增长到了2012年的70%。此外，2012年有77%的美国人认为美国政府应该高度重视气候变化问题。耶鲁大学气候传播项目负责人Anthony Leiserowitz教授在发言中解释了美国公众对气候变化认知的变化规律并分析了背后的原因："美国公众气候变化认知度的波动与极端天气事件、美国经济和失业状况及公众认知度对政府制定气候变化政策的影响程度等都是直接影响因素。"谈到如何解读美国在谈判中的消极态度与公众期待的差距时，Anthony Leiserowitz说："虽然美国公众认为美国政府应该高度重视气候变化问题，但在政府应该重视的问题优先排序中，应对气候变化又被排在了发展经济、减少失业率等问题的后面，所以应对气候变化不是美国政府的当务之急。"

中国气候传播项目中心执行主任王彬彬，在介绍了《中国公众气候变化与气候传播认知状况调查报告》的主要发现（前面已有陈述）后解释说："越来越多的中国公众认识并感知到中国已经受到气候变化的严重影响，但是对于具体问题的认知还不够，比如对气候变化影响粮食安全的认知度就比较低。此外，多数民众认为政府应高度重视气候变化问题，但应对气候变化不只是政府一家的事，需要全民行动，进一步提升公众认知和自觉行动意识，应该是气候传播相关工作下一步的重点。"

与会三国专家还对中美两国公众气候变化认知状况进行了对比分析，两国公众的相同之处在于大多数人都认为气候变化正在发生，都支持政府应对气候变化的行动。不同之处在于中国公众认为自身经历过气候变化的比例为60%，而美国公众认为自己经受气候变化影响的比例只有38%。另外，中国公众认为自己当前已经受到了气候变化影响的比例更高，同时还认为气候变化将会引发更多灾难。王彬彬分析说："相比美国的现代化和城市化，大多数中国人仍生活在农村地区，靠天吃饭，气候变化导致的极端天气事件增多，对他们生产、生活产生很大影响，生活在农村地区的贫穷人更是气候变化的直接受害者，从这个角度说，中国公众认为自己已经受到气候变化影响和认为自身经历过气候变化的比例高于美国是完全可以理解的。"

会上，印度学者Jagadish Thaker介绍了印度开展公众认知状况调查的情况。调查显示，72%的印度受访者相信气候变化正在发生，61%的受访者对气候变化表示担心，54%的受访者认为政府需要尽最大努力应对气候变化。Jagadish Thaker特别解释说："由于这次印度公众气候变化认知度调查偏重城市，不是全国范围的抽样调查，因此不能直接拿来跟中国和美国的公众调研进行对比，并不具有可比性。"

来自中国、美国、印度、英国、澳大利亚、菲律宾、乌干达、也门等国家的60余位嘉宾参加了此次边会。与会专家就美国政府应采取积极行动参与国际气候谈判和应对气候变化、中美两国要加强气候传播领域的合作等问题与发言嘉宾进行了热烈交流。

这是中国气候传播项目中心第一次通过与耶鲁大学气候传播项目联合发布中美印公众气候变化认知状况调查报告的形式，将三个国家的调查数据带到联合国气候变化大会上，以期推动谈判朝着积极方向进一步发展。

耶鲁大学气候传播项目负责人Anthony Leiserowitz教授现场发出感慨："中国气候传播项目中心用三年的时间赶上了我们做了十年的工作，并且融入了更多智慧！"

综上所述可以看出，2012年是我们项目中心工作最忙碌，也是成果最丰硕的一年。在这一年中，我们连续在里约热内卢联合国可持续发展大会和多哈联合国气候大会举办了两场气候传播边会，扩大了我们在国际领域的影响。同时，我们开始实施"两路并进、双向使力"的策略，在国内启动了"四进"（即气候变化与气候传播进社区、进校园、进企业、进农村）活动，开展了公众气候变化与气候传播认知状况调查，并在国内外分别发布了中英文调查结果，这就为项目中心在2013年起进一步实现"双向拓展、全面推进"奠定了坚实基础，使得项目中心的整个工作进入了一个重要的"全面推进"的稳定发展期。

成效评估

- ✓ 时任国家发改委副主任解振华在联合国多哈气候大会期间多次引用调查数据，向国际社会介绍中国积极应对气候变化工作得到了广泛民意支持。
- ✓ 时任联合国气候变化框架公约秘书处执行秘书长Christiana Figueres在多哈联合国气候大会期间引用中国气候传播项目中心的调研数据，鼓励中国政府在全球气候治理中发挥更加积极的作用。

第三章　全面推进（2013—2015）

2013—2015年这三年，是项目中心工作全面推进的三年。

2013年，我们配合国家设立的第一个“低碳日”，组织开展了“中国城市公众低碳意识及行为调查”，并发布了《四类低碳人：中国城市公众低碳意识及行为调查报告》，首次将中国城市公众的低碳意识进行分类研究，并在此基础上提出了行动计划与传播建议。

这一年我们还联合耶鲁大学共同在北京举办了世界上迄今为止规模最大、层次最高的气候传播国际会议，即“2013 气候传播国际会议”，百余名国内外气候传播研究领域的专家学者齐聚中国人民大学，就气候传播所涉及的一些重要理论与实践问题进行深入探讨，取得不少共识，为中外气候传播研究学者加强联系、开展合作搭建起了一座友谊之桥。

在这次国际会议期间，我们还组建了以国家应对气候变化委员会专家委员会主任、中国工程院原副院长杜祥琬院士为主任委员的项目中心专家委员会。在后来的工作中，顾问委员会和专家委员会的专家们都给予我们热情指导和有力支持。

从2013年至2015年，郑保卫主任及团队成员王彬彬、李玉洁、吕美等先后出席华沙、利马和巴黎联合国气候大会，并举办气候传播国际边会，使得中国气候传播的旗帜出现在了欧洲和美洲的大地上。

特别是项目中心团队核心成员2014年和2015年两进巴黎，经历了《巴黎协定》签署前后的一段重要历程。这其中，郑保卫主任受中欧社会论坛委托牵头起草的《中欧民间社会应对气候变化共识文本》（以下简称《共识文本》），反映了中欧民间社会在气候变化问题上的共识，提出了缩小中、美、欧分歧并寻找解决思路的倡议，为2015年在巴黎举行的第20届联合国气候变化大会提供了参考建议，可以说为《巴黎协定》的最后达成作出了自己的一份贡献。

第一节 你好华沙

华沙，地处东欧，是波兰人民共和国首都，政治、经济、文化中心和第一大城市，属于欧盟成员国。城市位于维斯瓦河两岸，是一座现代化的大都市。在第二次世界大战中，华沙遭受严重破坏，经过战后几十年修复成了一座美丽的城市。当年作为东欧社会主义国家波兰人民共和国的首都，其美丽与繁荣给世人以深刻印象。

华沙是世界上绿化最好的城市之一。全市共有绿地面积 1.26 万公顷，约占城市总面积的 27%，整个城市掩映在绿荫花海之中。第 19 届联合国气候变化大会于 2013 年 11 月 11—28 日在华沙举行，出席大会的代表们漫步华沙街头，感受绿色的美丽，很自然地会意识到应对气候变化的重要性与紧迫性。

郑保卫主任一行出席了此届会议。大会在延后两天后最终就德班平台决议、气候资金和损失损害补偿机制等焦点议题签署了协议。

2013 年，气候传播项目中心配合国家设立的第一个“低碳日”，组织了“中国城市公众低碳意识及行为调查”，同时与美国耶鲁大学等单位合作，共同主办了“2013 气候传播国际会议”，为年底的华沙联合国气候大会做了前期准备工作。

一、组织公众低碳意识及行为调查

2013年6月17日是我国设立的第一个“低碳日”，这是一个旨在唤起全民关注低碳的活动日。项目中心为迎接第一个“低碳日”的到来，组织实施了“中国城市公众低碳意识及行为调查”，20个城市的2000名群众接受了调查。这次调查是项目中心继2012年完成“中国公众气候变化与气候传播认知状况调查”后的第二次全国性调查。通过对调查数据的分析，在测量“低碳概念认知”“低碳政策认知”“低碳付费意愿”和“低碳行为”四个核心问题认知的基础上，我国城市公众在低碳意识和行为上可以显著地分为四个类别，即“低碳乐活族”“低碳意愿族”“低碳行动族”和“低碳潜力族”四类。我们最后形成并发布了《四类低碳人：中国城市公众低碳意识及行为调查报告》，首次将中国城市公众的低碳意识进行分类研究，并在此基础上提出了行动计划与传播建议。

国家发改委副主任解振华为报告撰写了序言，充分肯定了这次调查的作用和价值，认为本次调查对于及时掌握城市公众的低碳意识和行为取向，进而制定有针对性的政策措施具有重要参考价值。

6月21日，中国气候传播项目中心受国家发改委气候司邀请在北京钓鱼台国宾馆“全国低碳日”主会场发布《四类低碳人：中国城市公众低碳意识及行为调查报告》。

“6月17日是中国第一个‘低碳日’，这在全世界是一个创举，再次表明了中国应对气候变化的坚定决心。从气候传播角度分析，这是一个里程碑式的事件，是一个转折点。”中国气候传播项目中心主任郑保卫教授表示：“以往说低碳，更多感觉是政府政策和媒体宣传的事，离普通老百姓比较远。‘低碳日’的设立让低碳意识真正落到民间，深入人心，相信从现在起，通过各方共同努力，会有越来越多的老百姓意识到低碳和自己生活密切相关并行动起来，真正实现‘人人低碳’。”

郑保卫教授说：“我们选在第一个低碳日前开展这次调研，希望通过我们的调查来掌握普通老百姓对低碳的了解程度，以便为政府、媒体、企业和社会组织等各相关方，同时也包括老百姓自己提供一个认知的基线，来定位当下状况，并衡量今后的阶段性成效。”

调查显示，“低碳乐活族”在四个核心问题中的表现均优于总体均值，对低碳政策的了解度最高；“低碳意愿族”在“低碳付费意愿”上表现最优，82.1%的“低碳意愿族”愿意为自己产生的碳排放买单；“低碳行动族”在低碳生活行为方面的表现优于总体均值，68.2%的“低碳行动族”经常选择步行、自行车和轨道交通出行，经常减少家电能耗的占73.3%，经常减少食物浪费的占88.7%；“低碳潜力族”在四个核心指标的表现上均低于总体均值，但总体呈年轻化趋势，在核心指标的表现上具有巨大潜力。

项目中心执行主任王彬彬介绍："通过这次调查我们发现，中国城市公众总体而言对低碳的认知已经有了一定基础，这与我国勤俭节约的优良传统和过去几年政府、媒体的大力宣传推动有直接关系。但是也要清楚地认识到，这次的分类是相对总体均值而言的，四类低碳人在不同方面仍有较大提升空间。"

针对四类低碳人，调查报告给出了具体的行动建议。"低碳乐活族"在继续提升对低碳意识和行为认知的同时，可发挥自己的影响力，积极担当"低碳传播者"的角色，带动更多人积极行动；"低碳意愿族"则应该在现实生活中找到对应的方式让"意愿落地"，比如可以通过中国绿色碳汇基金会购买个人森林碳汇，抵消掉自己排放的二氧化碳，实现碳中和；"低碳行动族"已经在践行低碳，可以通过进一步了解国家政策，使自己的行为更有针对性，及时享受到各类低碳惠民政策；"低碳潜力族"则须从转变意识开始，积极加入低碳达人的行列中。

二、举办"2013气候传播国际会议"

2013年，对项目中心来说最重要的一件大事就是与耶鲁大学共同举办气候传播国际会议。这是我们在国内举办的最重要的一次国际研讨会，也是世界上迄今为止规模最大、层次最高的一次气候传播国际会议。

会议于10月11—13日在中国人民大学举行。来自联合国和欧盟组织相关机构、国内外高等院校、研究机构、新闻媒体、非政府组织、企业界的100余名国内外专家学者与会，其中来自海外的气候变化与气候传播专家达30多人。会议由中国气候传播项目中心、耶鲁大学气候传播项目中心、中国人民大学新闻与社会发展研究中心、乐施会、中国人民大学新闻学院共同主办，中国人民大学环境学院、中国人民大学统计学院、欧洲学院、联合国气候变化与环境主题工作组、中国新闻出版研究院协办。研讨会分中文专场和国际专场两部分进行。

11日举行了中国气候传播项目中心专家委员会成立仪式暨中文专场会议。来自国家发改委、中国工程院、中国社科院、中国农业科学院、中国水利水电科学研究院、国家林业局、国家气候战略研究中心、国家疾控中心、中国能源研究会、中国国际民间组织合作促进会以及中国人民大学的不同学科和不同领域的多名专家受聘为中国气候传播项目中心专家委员会的成员，中国工程院原副院长杜祥琬院士和中国水利水电科学院王浩院士被聘为主任委员。

会议主席、中国气候传播项目中心主任、中国人民大学新闻与社会发展研究中心主任郑保卫教授在12日的国际会议上谈到，此次会议是世界气候传播领域首届大规模的会议。会议的目的，一是要为各国专家学者提供学术交流平台，打造气候传播研究的学术共同体和人际网络；二是要分析基本理论，探讨气候传播理论和知识体系的建构思路；三是要研究政府、媒体、NGO、企业、公众等传播主体的角色定位及其传播策略和方法。他希望此次会议能够为关注气候变化和气候传播的学者及各界人士搭建学术平台，交流研究心得，汇聚学术队伍，凝聚社会力量，让气候传播能够在中国乃至全世界真正形成气候，成为社会与公众关注的议题，以推动应对气候变化的行动，共同为实现节能减排、绿色发展、建设美丽中国和美好世界献策献力。

12日举行的国际研讨会由项目中心执行主任王彬彬主持，来自国外的30多位专家，包括耶鲁大学气候传播项目中心主任Anthony Leiserowitz、英国伦敦大学学院气候科学教授Chris Rapley、乔治·森大学气候传播中心主任Edward Maibach、斯坦福大学伍兹环境研究所社会科学研究院Susanne Moser、俄亥俄州立大学传播与政治科学助理教授Erik Nisbet、科罗拉多大学科学与科技政策中心助理教授Maxwell Boykoff、墨西哥国立大学心理学院教授Javier Urbina Soria等，围绕气候传播研究的现状与趋势气候变化的科学阐释、气候传播中的各方角色、气候传播中的策略、受众研究等议题与中国专家和学者进行了深入研讨，并且在许多问题上达成了共识。

项目中心主任郑保卫教授在闭幕式上总结概括了在此次研讨会上大家进一步明确的10个认识：气候变化正在发生；气候变化主要是由人为因素造成的；气候变化归根到底是个发展问题；气候变化需要共同应对、全球治理；气候变化的治理和应对离不开媒体与传播；气候传播要把握好五大行为主体；气候传播的核心主体是公众；气候传播要掌握技巧、注重效果；要让气候传播研究渐成气候；借助气候传播的纽带建立友谊加强联系开展合作。他希望这些认识能够成为与会者的共识，能够为以后的气候传播研究扫清认识上的一些障碍，能够为中国同国内外朋友加强联系、建立友谊、开展合作奠定基础。

耶鲁大学气候传播项目主任Anthony Leiserowitz教授表示，希望大家把本次会议作为一个开始，集思广益，考虑下一步的行动。他表示，在面临新挑战时，我们需要逐步摸索和学习。这次会议带给我们许多重要信息，我们期待接下去能够继续这一旅程。

这次国际会议不仅规模大、规格高，而且内容丰富、成果丰硕，与会专家就气候传播所涉及的一些重要理论与实践问题进行了较为深入的探讨，取得了不少共识，它预示着气候传播作为一门新兴学科，不但在中国，而且在世界上都在逐渐形成“气候”。更为可喜的是，它为中外气候传播研究学者加强联系、开展合作搭建起了一座友谊之桥。

三、出席华沙联合国气候大会并主办气候传播国际边会

2013年第19届联合国气候大会在华沙举行。由中国气候传播项目中心与中国人民大学新闻与社会发展研究中心、国家应对气候变化战略研究和国际合作中心、乐施会共同举办的“气候传播战略研究”边会，于11月21日在联合国气候大会中国角举行。出席此次边会的有来自国内外政府部门、研究机构、NGO组织，以及新闻媒体人士，大家共同就气候传播战略的相关理论与实践问题展开了充分研讨。

郑保卫主任在致辞中提出，各国都要重视和加强气候传播战略研究。他认为这种研究不应该拘泥于一国的研究，而应该寻求国际合作与经验分享，以提升各国气候传播的能力，增强气候传播的效果，真正让气候变化信息能为各国公众所接收，从而促使他们积极地参与到应对气候变化的行动之中。他希望各位嘉宾能够发表真知灼见，进行精彩的案例分享，共同使气候传播在中国，乃至在全世界都能够渐渐形成气候！

国家应对气候变化战略研究和国际合作中心主任李俊峰在致辞中表示气候变化和低碳发展等理念得到公众的认知并采取行动，都需要传播界的支持。边会邀请到各方专家共同探讨传播战略问题，希望能将气候传播推进到一个新的高度。

中国工程院原副院长、国家气候变化专家委员会主任委员、中国气候传播项目中心专家委员会主任委员杜祥琬院士在讲演中希望新闻媒体在气候传播

方面发挥更大作用，并提出要对气候变化的科学问题作通俗化表达，要将气候传播与公众关心的民生问题相结合，要认识气候变化问题的深刻性，要进行从内到外和从外到内的传播等具体的气候传播策略，以更好地实现气候传播的效果，讲述好中国应对气候变化的故事。

全球气候变化行动网络执行主任Kelly Rigg女士同大家分享了NGO在国际气候传播中的成功案例，她认为NGO在气候变化应对、公众意识提升中发挥着重要角色及作用。她提出要注意传播策略，讲好气候变化故事；要把气候变化问题提升到精神与道德层面来提高公众的认识；要把气候变化问题提高到发展高度，而不应当仅仅停留在环境的层面上。

国家应对气候变化战略研究和国际合作中心培训处副处长张志强作了题为“气候传播战略和公众参与”的讲演。他回顾了中国政府在气候变化的传播、教育、培训方面所做的工作，提出了气候传播战略的基本框架与行动目标，其中包括要认识公众对气候变化信息传播的需求；要建立权威、及时、多样、互动的传播渠道；要提升新闻媒体气候变化报道的专业性；要加强同各类气候传播渠道的合作；要加大对外气候传播的力度等。

美国环保协会中国负责人张建宇从国际NGO角度介绍了对气候传播策略的认识。他认为气候传播要正视在气候变化问题上存在不同观点的现实，要采取不同的传播策略，特别要注意争取那些对气候变化问题既不支持也不反对的人士，不要把他们推到反对者的行列中，要争取实现双赢的效果。

英国气象局哈德莱中心区域气候变化研究负责人Richard Jones博士，阐述了有关极端天气事件信息传播的策略。他提出要向公众传达清楚气候变化的原因，让他们认识到并非所有的极端气候事件都跟气候变化相联系，要注意将极端天气事件放在气候变化的历史记录中去分析，从而给公众提供理解的语境。

时任《中国日报》驻布鲁塞尔首席记者付敬提出要充分认识当前世界各国经济形势的变化，以及这种变化给国际领域问题，其中包括气候变化问题的解决所带来的新挑战，要从国家战略发展的高度来认识气候传播的重要性等。

第二节 相约利马

利马，是南美洲国家秘鲁的首都，建于 1535 年。全市分旧城和新城两个区域，旧城区的街道以居于中央的“武器广场”为中心辐射四周，通向各个角落，周围建有天主教堂、政府大厦、商业大楼等。因为历史上曾是西班牙的殖民地，因此是秘鲁西班牙文化的重地，许多建筑带有欧洲风格，加上自身的南美风情，别有一番景致。

2014 年联合国气候变化大会 12 月 1—14 日在利马举行。来自全球 190 多个国家的近万名政府官员、专家学者、NGO 代表、媒体记者、企业家、民间环保人士参加了此次大会。大会将力争就碳排放量达成一个全球性的协议，继而为明年将在巴黎举行的第 21 届联合国气候大会作些铺垫和准备。计划中的巴黎气候大会将正式签署人们期盼的全球共同应对气候变化的具有法律约束力的《全球气候变化协议》，即《巴黎协定》。

据有关国际机构提供的材料，2013 年是北极自 20 世纪初有气温记录以来的第七个“热年”，而在南极，主要由南极大陆崩解到洋面的海冰面积则连续第二年创新高，2013 年 10 月 1 日达 1950 万平方公里，超出 2012 年的最高值 0. 7%。当年年底，南极还观测到自 1957 年有气温记录以来的最高温度。这些信息为参加利马气候谈判的各国代表带来压力和紧迫感。

中国气候传播项目中心为 2014 年举行的利马气候大会做了一系列前期准备工作，包括主持起草《中欧民间社会应对气候变化共识文本》、出席巴黎第四届中欧社会论坛气候变化大会、参加“2014 中国低碳发展战略高级别研讨会”、接受人民网强国论坛访谈等。11 月，中心主任郑保卫教授一行出席了利马联合国气候大会，并主办了气候传播国际边会。

一、参加中国气象局世界气象日“天气和气候：青年人的参与”活动

2014年3月23日是世界气象日，今年世界气象日的主题是“天气和气候：青年人的参与”。2014年3月20日，受中国气象局的邀请，项目中心主任郑保卫教授作为访谈嘉宾参加了中国气象局气象宣传与科普中心和公共气象服务中心等单位共同组织的《直击天气：与科学家聊“天”》电视节目录制。节目由中国气象台《天气预报》节目著名主持人宋英杰主持。郑保卫主任与其他访谈嘉宾就青年人如何认识天气和气候，如何增强气候变化意识，如何参与减缓、适应和应对气候变化的行动等问题展开了讨论，并同参与现场活动的记者和公众代表进行了互动。

郑保卫主任在发言中谈到，青年人是国家的未来，也是民族的未来，在社会中应该起到表率的作用。在应对气候变化当中，青年人同样应该当好表率，当好引领者。要让青年人更多地认识气候变化，更好地投入减缓、适应和应对气候变化的行动之中，自觉地为节能减排、保护环境、建设美丽家园作贡献。

二、出席欧洲学院“中国的改革对欧盟和世界的影响”研讨会，就生态文明建设和绿色低碳发展作主题演讲

2014年4月1—2日，中心主任郑保卫教授应邀到欧洲学院（欧盟高级干部学校）访问，并出席“中国的改革对欧盟和世界的影响”研讨会。

此次研讨会是欧洲学院为迎接中国国家主席习近平访问而举办的，由欧洲学院中欧研究中心主办，中国改革发展研究院协办。来自欧盟相关机构和中欧高校、研究机构、新闻媒体、NGO、企业的代表，以及欧洲学院的师生100余人参加了研讨会。

研讨会开幕式由欧洲学院中欧研究中心主任门镜主持，欧洲学院院长耶尔格·莫纳尔、中国驻欧盟使团公使张立荣、中国改革发展研究院院长迟福林、《中国日报》传媒集团副总裁康兵，以及赞助商代表刘景瑞先后致辞。前世贸组织总干事帕斯卡尔·拉米和中国前驻法国大使吴建民在开幕式上作了主旨

演讲。

在研讨会上，与会者分“中国改革走向及全面深化改革总体布局”“经济增长和可持续发展，技术创新和生态”“贸易、金融和投资”“教育、文化和社会”四个单元进行了研讨。

中国气候传播项目中心主任、中国人民大学新闻与社会发展研究中心主任郑保卫教授在“教育、文化和社会”单元作了《全面深化改革背景下的中国生态文明建设》的主题发言，论述了在全面深化改革背景下中国生态文明建设的意义、目标，以及存在的问题和实现的路径，提出了树立“五位一体”（即经济、政治、文化、社会和生态）的大生态文明建设观，以及全社会生态文明建设观和生态文明建设传播观的观点。郑保卫主任在发言中还介绍了中国气候传播项目中心的工作情况。

研讨会开幕之前（4月1日上午），全体代表应邀出席了习近平主席在欧洲学院的演讲会。习主席对中国改革发展进程的历史回顾和关于中欧关系的深刻论述，为研讨会确定了方向和基调，使与会者，特别是中国与会学者深受鼓舞。

三、出席巴黎第四届中欧社会论坛气候变化大会

自2014年上半年开始，中欧对话会议暨第四届中欧社会论坛大会筹备会议开始启动。该论坛倡导中欧各界共同撰写一份《中欧民间社会应对气候变化共识文本》（以下简称《共识文本》），旨在寻找中欧社会在气候与低碳问题上的差异与共识，从民间社会和公民责任角度，提出缩小中、美、欧分歧并寻找解决思路的倡议，并为2015年的联合国气候变化巴黎大会提供参考建议。

中国气候传播中心郑保卫主任与中山大学地球环境与资源学院周永章教授受邀作为《共识文本》起草委员会总指导，率领团队担任《共识文本》的起草撰写工作。《共识文本》的初稿由“气候变化与全球应对”“从气候变化反思全球发展模式”“中欧民间社会应对气候变化的立场与行动方案”和“贡献名单”四部分组成。按计划，该《共识文本》在第四届中欧社会论坛大会通过后，将提交2014年年底在利马举行的第20届联合国气候大会。

2014年12月2—5日，郑保卫主任应邀出席在巴黎举行的“应对气候变化反

思社会发展模式共建公民伦理暨中欧社会论坛第四届大会”。来自中国和欧洲的政府官员、专家学者、NGO从业者、知名企业家、青年代表、媒体记者，以及公民志愿者代表共300余人出席了在巴黎第四区市政府举行的开幕式。

此届论坛以气候变化为主题，由中欧社会论坛发起，作为中法建交50周年和2015巴黎联合国气候变化大会（COP21）的系列活动之一，得到了欧盟委员会、法国政府和梅耶人类进步基金会等机构的特别支持。

论坛致力于为中欧民间社会就气候变化、可持续发展、人类总体发展模式等问题提供对话平台，并就已撰写完成的关于上述议题的《共识文本》进行讨论，力争为中欧社会积极寻求并切实施行可持续发展战略达成共识。此文本获大会通过，并提交给12月在利马举行的联合国气候大会。

郑保卫主任在开幕大会发言中以《共识文本》起草委员会总指导和文本撰写主持人的身份，介绍了该文本的起草过程及其主要内容，强调了中欧民间社会协作合力应对气候变化的重要性。他指出，《共识文本》是中国人民大学气候传播团队与周永章教授率领的中山大学地球环境与资源团队，受中欧社会论坛的委托，在充分了解、征集和汇聚中欧民间社会各方意见的基础上形成的，是集体智慧的结晶，它凝聚了中欧民间社会关于应对气候变化的共识。

郑保卫主任特别指出，应对气候变化离不开媒体与传播，特别是在信息化时代，要有效发挥媒体的信息传播和舆论引导功能，为国际社会共同应对气候变化提供信息和舆论支持。此外，他强调应对气候变化要建构政府、NGO、媒体、公众和企业共同参与、互动共赢的“五位一体”的社会行动框架，即要发挥政府的主导作用、NGO的推助作用、媒体的引导作用，同时要吸引公众积极参与和企业主动担责，只有这五大利益相关方取得共识，协同行动，才能真正有效地推动减缓、适应和应对气候变化的工作。

郑保卫主任认为，以此次中欧社会论坛巴黎气候变化大会为契机，中欧民间社会开始进入共同应对气候变化的新时间。在到2015年巴黎联合国气候变化大会召开的一年时间里，中欧双方在气候变化领域应齐心协力采取一系列建设性行动。

会议期间，郑保卫主任作为第七场分论坛（主题为“低碳意识教育传播与公民个体行为”）中国主办方的代表同法国主办方代表、法国4D协会执行主任Vaia Tuuhia女士共同主持了该场研讨会。在分论坛上，郑保卫主任作了题为“加强气候变化信息传播推进应对气候变化社会行动”的主题演讲，强调要通过加强气候变化信息传播，增强公众的气候变化意识，推进全社会的应对气候变化行动。

四、接受人民网强国论坛访谈

2014年8月12日，中国人民大学新闻与社会发展研究中心主任、中国气候传播项目中心主任郑保卫教授应邀做客人民网强国论坛，就“中国气候变化传播与公众参与”问题接受访谈。

此次访谈是中欧社会论坛同人民网共同组织的2014年巴黎气候大会中欧对话系列访谈节目之一。参与12日访谈的还有中国工程院原副院长、国家应对气候变化专家委员会主任，也是中国气候传播项目中心专家委员会主任杜祥琬院士，他的访谈题目是“气候变化的科研共识，减缓和适应是关键”。

郑保卫主任在访谈中围绕我国公众气候变化的认知现状、加强对公众的气候变化教育与传播、我国气候传播理论研究与社会实践的现状、中国气候传播项目中心今后的努力方向及目标、提升民众应对气候变化参与度的经验及国外应对气候变化可借鉴的做法与经验等几个方面发表了看法。

郑保卫教授提出要形成政府主导、媒体引导、NGO推助、公众参与、企业担责的“五位一体”的应对气候变化行动框架，并希望在社会上推广“从我做起、从现在做起、从身边小事做起，人人都参与”的应对气候变化的公益性行动，大家齐心协力，共同为节能减排、环境保护、绿色发展和应对气候变化，为建设生态文明的美好家园和美丽中国作出自己的贡献。

五、参加“2014中国低碳发展战略高级别研讨会”

2014年8月30—31日，中心主任郑保卫应邀出席了“2014中国低碳发展战略高级别研讨会”，并作为点评嘉宾参加了“社会治理与体制创新”专场研讨会。本次研讨会由国家气候战略中心主办，国家发展改革委副主任解振华、国务院发展研究中心主任李伟、国务院扶贫办主任刘永富、清华大学校长陈吉宁等出席研讨会开幕式并致辞。国家发展改革委气候司司长苏伟主持开幕式。

在上午的主题论坛上，中国工程院原副院长、国家气候变化专家委员会主任、“中国低碳发展宏观战略研究项目”专家委员会主任杜祥琬院士作了《低碳发展为了可持续发展的未来》的主题发言。国务院参事、原科技部副部长、“中国低碳发展宏观战略研究项目”专家委员会委员刘燕华作了《应对气候变化与经济转型》的主题发言。中国气象局原局长、中国科学院院士秦大河作了《气候变化与低碳发展》的主题发言。清华大学教授、清华大学原常务副校长、国家气候变化专家委员会副主任何建坤作了《我国CO_2排放峰值的条件与目标》的主题发言。北京师范大学教授李晓西作了《绿色经济与绿色发展讨论》的主题发言。国家发展改革委能源所研究员周大地作了《中国绿色低碳能源发展战略》的主题发言。

解振华在开幕式致辞中指出，近年来，中国政府采取了一系列重大政策和行动积极应对气候变化，综合运用优化产业结构、节能提高能效、优化能源结构、增加森林碳汇、推进低碳试点等手段，实现2013年单位国内生产总值二氧化碳排放比2005年下降28.56%，相当于少排放二氧化碳25亿吨，为应对全球气候变化作出了重要贡献。

为努力探索以低碳为特征的可持续发展道路，解振华强调，下一步要将低碳发展的要求融入经济社会发展的各方面，加快转变发展方式，推进能源生产和消费革命，坚决控制能源消费总量，继续加大节约能源、提高能源利用效率力度，大力发展可再生能源，控制非能源活动温室气体排放，努力增加森林碳汇，加强碳排放管理和考核，研究建立碳排放总量控制制度，逐步实现碳排放强度和总量“双控”，加快建立全国碳排放权交易市场。

郑保卫教授在点评中谈到了“低碳发展社会治理”问题的重要性。他认为，在现代社会任何一项社会性事业，任何一项社会性工作，要想最终取得成效、达到目的，都要搞社会推广和社会治理，都要有社会的投入和公众的参与，低碳发展也是这样。他强调，要建构政府、媒体、NGO、企业、公众“五位一体”的低碳发展社会治理的行为主体，同时要形成“政府主导、媒体引导、NGO推助、公众参与、企业担责”的“五位一体”的行动框架。他指出，从目前情况看，这五个行为主体中都存在着思想认识不足、行动力度不大、实践效果不好的问题，需要全社会群策群力共同形成一股促进和推动低碳发展的合力，积极投入到低碳发展的社会治理和应对气候变化的行动中去。

本次研讨会共有一个主题论坛和七个分论坛。主题论坛是“2050年的低碳中国”；七场分论坛分别围绕低碳发展与经济转型、低碳发展与产业和科技革命、国际气候体制与国际政策、低碳发展与新型城镇化、社会治理与政策创新、碳交易与市场机制创新、低碳发展与地方实践等问题进行了深入研讨。来自国内的200多名气候变化领域的政府官员、专家学者、NGO、企业代表参与了本次研讨会。与会专家、学者及各界人士围绕议题，系统总结和评估我国低碳发展的现状及存在问题，并按照应对气候变化和低碳发展目标要求，集思广益、创新思路，从多个视角为我国推进低碳发展建言献策，发挥智囊团作用。

应对气候变化、推进低碳发展是一项系统工程，需要从战略高度、宏观层面、各个领域作好长远谋划。为作好中国低碳发展的顶层设计，国家发展改革委会同财政部等有关部门于2012年启动了中国低碳发展宏观战略研究项目，集中38家权威研究机构、知名专家学者近300人，从宏观理论、重点领域、政策保障、典型案例等不同方面，对我国到2020年、2030年和2050年的低碳发展总体趋势进行分析判断，提出我国低碳发展的目标任务、实现途径、政策体系以及保障措施，为我国制定经济社会中长期发展战略规划提供决策支持和重要参考。

“2014年中国低碳发展战略高级别研讨会”作为中国低碳发展宏观战略项目研究的阶段性成果之一，邀请项目各课题负责人及国内外相关领域专家学者、政府官员共同聚焦我国低碳发展思路，向全社会宣传和展示最新研究成果，探讨低碳发展涉及的重要领域和关键问题，是一次有着重要理论价值和重大实践意义的学术会议。

六、出席“世界青年论坛气候变化分论坛——绿色未来与青年创新”和利马联合国气候变化大会青年代表团出征仪式并致辞

2014年11月1日，“世界青年论坛气候变化分论坛——绿色未来与青年创

新”和利马联合国气候变化大会青年代表团出征仪式”，在中国人民大学逸夫会议中心举行。中国气候传播项目中心主任、中国人民大学新闻与社会发展研究中心主任郑保卫教授出席活动并作开场致辞。

郑保卫主任在致辞中说：“气候变化是一个全球共同关注的话题，它关系到人类的生存和发展，关系到世界的前途和命运。青年人是世界的未来，是社会公益行动的主体，也是应对气候变化的主力军。在当前气候变化问题日益严峻的情况下，每个青年人都应该关注气候变化议题，都应该成为传播环保理念和践行低碳行动的先锋。”郑保卫主任希望通过这次论坛活动，各位青年朋友能够共同研讨“气候变化与全球治理”的议题，展示“绿色时代青年创想家”的风貌，为更好地应对、减缓和适应气候变化作出青年人应有的贡献。他希望更多的青年朋友能够尽快行动起来，积极投入到应对气候变化的事业之中，为实现绿色发展、为建设美好生态，为保护我们美丽的地球家园作出自己的贡献。

国家应对气候变化战略研究和国际合作中心主任李俊峰在发言中提出，要从创新角度来理解气候治理问题。他指出，低碳发展、保护生态文明、应对气候变化，需要增强节能领域的创新——提升节能效率、利用新技术发现更加清洁的能源。他说回顾人类创新的历史，青年始终是创新的未来，他希望青年朋友从自身做起，着眼未来，依靠技术创新，助力中国成为创造强国，为人类绿色发展作出更大的贡献。

主题发言后，论坛举行了“利马联合国气候变化大会青年代表团出征仪式”。郑保卫主任和李俊峰主任应邀对代表团发表寄语。郑保卫主任在寄语中希望代表团能够充分利用利马联合国气候变化大会平台，展示中国青年的形象，发出中国青年的声音，传播和推广好气候变化“共识文本”，为世界各国深入了解中国青年在气候变化领域的努力，搭建起沟通的桥梁。

李俊峰主任期待代表团脚踏实地，在大会期间增长见识、开阔思维，用自身行动为中国添彩。

此后，论坛分别就“气候变化与全球治理”“绿色时代的青年创想家”两个议题展开讨论，并就由郑保卫主任带领的中国人民大学团队与周永章教授带领的中山大学团队合作完成的中欧社会论坛《共识文本》，进行了专题研讨。

本次论坛活动由世青创新中心、中欧社会论坛、中国气候传播项目中心和中国人民大学新闻与社会发展研究中心共同主办。

七、出席利马联合国气候大会并主办气候传播国际边会

2014年第20届联合国气候大会在秘鲁首都利马举行，这是国际社会所期待的2015年巴黎第21届联合国气候大会之前的一次重要会议。参会者都希望通过努力能够为明年的巴黎大会成功举行创造好的氛围和条件。中国气候传播项目中心也带着这一期待再次举办气候传播国际边会。

12月8日上午，由中国人民大学新闻与社会发展研究中心、中国气候传播项目中心、国家气候变化战略研究中心和中新社共同举办的题为“气候传播与公众意识主题边会”在中国角举行。中国代表团团长、国家发改委副主任解振华应邀出席。边会由中新社经济部主任俞岚主持。国家气候变化战略研究和国际合作中心主任李俊峰、国家发改委新闻办公室主任文步高、国家发改委应对气候变化司战略处处长田成川，以及来自中外政府部门、研究机构、新闻媒体、NGO组织、企业单位的数十名嘉宾出席了边会。

解振华在会上发表重要讲话。他肯定了中国媒体在报道气候变化大会方面专业化的提升和进步，希望媒体能够把握好方向，发挥更加积极有效的传播作用。他强调，气候谈判要在“全人类的共同利益和各国的核心利益之间找到平衡，要坚持走合作共赢的道路”。如果追求零和，一方或一个集团完全胜利，另一方或另一个集团完全不满意，这个多边机制就是失败的。他认为，各国应根据各自国情和历史责任采取行动，作出各自的贡献。针对部分国家提出的“减排目标要增加透明度”，解振华说，中国的目标是“科学、客观、实在”的，有信心实现，“经得起时间、实践和公众的评价”，而一些国家“要求别人做得更多，自己恰恰没有做得更好”。

郑保卫主任在致辞中谈到，气候变化的形势日益严峻，应对气候变化已成为迫在眉睫的事情，需要全球共治，要建立起政府、NGO、媒体、企业和公众“五位一体”的行动框架。他强调作为一项需要公众广泛参与的社会性活动，提高公众认识，调动其参与积极性十分重要，而增强公众的环境意识和低碳意识是做好应对气候变化工作不可或缺的重要环节。

郑保卫教授在会上还作了题为“公众心理与气候传播”的主题发言。他分析了公众在接受气候变化信息方面的心理特征，阐述了对具有不同心理特征的公众所需采取的不同传播策略，强调气候传播要重视受众对气候变化信息的收受偏好，建构符合公众心理认知的内容传播框架，畅通传播渠道，提升传播艺术，讲求传播技巧，注重传播效果，要力求精选内容，使其有助于增进各方思想共识；要做到传播有度，不宜过度诉诸恐惧，引发不良后果；要掌握传播技巧，避免受众产生心理麻木；要力求做到通俗传播，考虑受众的理解能力和接受效果，唯此才能获得公众认可，才能取得好的传播效果。

《中国改革报》总编辑高富源、中国国际民促会秘书长黄浩民、瑞士发展与合作署气候变化与环境网络高级政策分析专家丹尼尔·马瑟里、国家发改委能源研究所研究员周大地、美国环保协会中国项目负责人张建宇、阿拉善SEE生态协会副秘书长王利民、《中国日报》记者蓝澜、国家气候变化战略研究和国际合作中心信息与培训处副处长张志强先后作了发言，围绕如何改进媒体报道、提升公众低碳意识、促进低碳消费方式，以及如何发挥NGO在推进公众应对气候变化行动等进行了论述。

利马联合国气候大会期间，郑保卫主任作为《中欧民间应对社会气候变化共识文本》的撰稿人代表中欧社会论坛向联合国气候大会官员递交了《共识文本》，表达了中国和欧洲的公众愿意为促成2015年巴黎联合国气候大会成功举行，推进气候变化全球治理的意愿和决心。

八、出席利马联合国气候大会分享会

2015年1月5日，由中国人民对外友好协会、绿色低碳发展智库伙伴、中国民间气候变化行动网络联合主办的“联合国利马气候大会分享会”在中国对外友协举行。来自外交部、中国人民大学、新闻媒体和NGO等亲历利马大会的代表，从不同角度对本次利马气候大会的成果及谈判过程进行了分享与交流。清华大学能源环境经济研究所、中华环保联合会、欧美同学会、世界自然基金会，以及一些媒体代表参加会议。

项目中心主任郑保卫教授应邀出席会议，并作了题为“全球应对气候变化进入新时间——从巴黎到利马的见闻和体会”的大会发言。郑保卫主任在发言中谈了他先后参加巴黎中欧社会论坛气候大会和利马联合国气候大会的见闻与体会，并结合近年来我国政府、媒体和NGO在联合国气候大会上的行动实践，强调做好气候传播需要构建起政府主导、媒体引导、NGO推助、公众参与、企业担责的“五位一体”应对气候变化的行动框架，同时建议加强政府、媒体与NGO的互动，大力推动气候传播工作的开展。他还提出了“全球应对气候变化进入新时间”的观点。他认为，如果以2014年12月份的巴黎会议和利马会议作为一个节点，作为一个时间段来看，此后一年时间全球应对气候变化面临着一个全新的形势。2015年这一年是非常重要和关键的节点和时间段，需要大家共同努力，为促成2015年巴黎第21届联合国气候变化大会能够达成一个具有法律效应的协议文件贡献自己的智慧和力量。

外交部气候变化特别代表高风司长介绍了利马气候大会的谈判进程，就谈判成果进行了解读。他指出，利马气候大会为于2015年举行的“巴黎气候大会”打下良好基础，基本实现了会议的预期目标。大会最终通过的气候行动倡议进一步明确了2015年新协议的要素和预期国家自主贡献（iNDCs）所涉及的信息，就提高各国2020年前行动力度做出了进一步安排，这是一项非常重要的成果。

第三节 再会巴黎

巴黎，是法国首都和最大城市，全国政治、经济、文化和商业中心，也是世界著名大都会。巴黎位于法国北部，塞纳河从城中流过，两岸风景如画，是世界著名旅游城市。巴黎建都已有1400多年历史，它不仅是法国，也是西欧的政治、经济和文化中心。第21届联合国气候大会于2015年11月30日至12月11日在这里举行，会址设在距巴黎市区约10公里的布尔歇展览中心。

这届大会有来自190多个国家的代表，包括80多个国家的元首和政府首脑出席，会议把通过一个囊括各国减排承诺、具有法律约束力的《全球气候变化协议》(即《巴黎协定》)作为目标，因此是联合国气候变化框架公约(UNFCCC)组织的一次极为重要的会议。

2014年9月，法国气候变化大臣爱德华·戴维在筹备第21届联合国气候大会时说："15个月内，世界将汇聚巴黎，确保囊括各国减排承诺、具有法律约束力的《全球气候变化协议》出台。如果巴黎磋商失败，我们将气候变化限制在可控范围内的机会就在减少，未来的行动成本将会上升。"

正因为有这样的期待，会前国际社会作了充分准备，会议期间，与会者也投入了极大耐心，付出了艰苦努力。特别是中国政府更是有效发挥了推动和引领作用。习近平主席出席大会，并在会上作了精彩发言，阐明了中国政府的立场，提出了促成大会成功的中国方案，为《巴黎协定》的最终签订发挥了积极作用，作出了重要贡献。

中国气候传播项目中心主任郑保卫教授与团队核心成员张志强、王彬彬、付敬出席了此次会议。这是郑保卫主任自2014年参加中欧论坛组织的巴黎气候大会后，他希望能够在这里见证《巴黎协定》的签订，因此，心中有着格外的期待。

一、举办应对气候变化媒体课堂

在2015年联合国气候变化巴黎大会召开前一年，中国气候传播中心已在国内开始筹备相关活动，包括组织起草《中欧民间社会应对气候变化共识文本》，参与2014年北京中欧对话会议，出席巴黎第四届中欧社会论坛气候变化大会等，从而为2015年再次相会巴黎，出席第21届联合国气候大会预热，展开了一系列相关准备工作。

2015年4月28日，中国气候传播项目中心联合国家发改委国家气候战略中心、中国碳汇基金会、中国气象局公共服务中心，在中国科技会堂共同举办2015年度“应对气候变化媒体课堂”，组织媒体记者参加集训和研讨。国家发改委新闻处李义举处长、中国气候传播项目中心郑保卫教授、中国碳汇基金会李怒云理事长、国家气候战略中心张志强副处长，中国气象局陈瑾女士分别致辞，并为2014年获奖记者颁发证书。

郑保卫教授在致辞中希望新闻工作者提升水平和能力做好气候传播工作，更好地为实现气候变化全球共治的目标贡献力量。他强调，气候传播需要充分发挥政府、企业、NGO、媒体和公众的各自功能，新闻媒体作为其中的重要组成部分，对于传播气候变化的科学知识和政府的政策措施，有效推动企业、NGO和公众的积极参与可以发挥重要的桥梁作用。

本届媒体课堂活动是对2014年度应对气候变化新闻报道的一次总结，也是对为今后进一步做好气候变化报道的一次演练和充电。会议期间还举行了新闻评奖活动，评委会专家通过双盲方式对参评新闻报道进行了评比，这是我国媒体报道气候变化以来，相关机构组织的第一次评奖活动。

二、出席宋庆龄基金会气候变化国际圆桌会议

6月24日，郑保卫主任应邀出席宋庆龄基金会气候变化国际圆桌会议，作《气候变化、气候传播与气候正义》大会发言，指出气候正义关乎全球气候治理的实现与国际气候制度的建立，因此必须做好气候正义传播；提出媒体要搭建公共讨论平台，探讨最具合理性的气候正义原则，并且要善于掌控话语权，

提升传播力，为建立符合气候正义的国际气候制度贡献智慧。

郑保卫教授强调，气候正义概念引入气候变化与气候传播领域，将有利于促进全社会，包括整个国际社会认识气候变化问题形成的历史，认清当前气候谈判中的症结所在，促进气候变化行为主体主动承担自己应该承担的历史与现实责任，推动气候变化领域的社会公平与正义产生积极作用。

此后，郑保卫教授先后在多所高校作《气候变化与气候正义》的学术报告。

三、出席巴黎联合国气候大会并主办气候传播国际边会

巴黎第21届联合国气候大会是自1999年哥本哈根第15届联合国气候大会以来，国际社会期盼值最高的一次会议，有80多个国家的元首和政府首脑出席大会，来自195个国家的一万多名各界人士参加会议，其中非政府组织有2000多个机构参会，人数超过万人，注册的媒体记者达3000多人。大家都希望通过与会各国及各方的共同努力，这次大会能够通过一个具有法律效应的文件，推进气候变化全球治理工作。中国气候传播项目中心主任郑保卫教授带着同样的期待出席了这次会议，并参加了12月2日由中国人民大学、中国新闻社、国家气候战略中心在巴黎联合国气候大会中国角共同主办的“气候传播与公众参与”气候传播国际边会。

这次气候传播国际边会称得上是一次盛会，其规模之高，参加人数之多，在历届边会中都是不多见的。国家应对气候变化专家委员会主任、中国工程院原副院长杜祥琬院士、广电总局电影局原局长刘建中等出席会议并讲话，来自中外媒体、高校、研究机构、国际组织及有关政府代表共聚一堂，就如何发挥媒体作用、提高气候传播效果、推动气候变化社会共治与全球治理展开了深入研讨。

杜祥琬院士在题为“应对全球变化　建设命运共同体”的主旨发言中指出，气候变化是全球共同面对的安全挑战，没有国家可以独善其身。应对气候变化最根本的途径是转变发展方式，从资源密集型的高碳方式转向绿色、低碳的生态文明之路。

他强调应对气候变化与国内经济转型的内在要求是高度一致的，并且为国

内经济转型提供了一个长期的视角和推动力。他呼吁人类居住在同一个星球，并被相同的挑战和利益捆绑在一起。各国应树立“命运共同体”的理念，扩大合作共赢的基础，携手创造美好的未来。他建议，各国可以从能源低碳化、应对气候变化、“一带一路”、创新国际合作项目四个方面着手，推动全球绿色低碳发展，共同探索人类可持续发展的途径。

刘建中围绕利用科教影视加强气候传播作了发言。他指出，当前社会与公众对气候变化的认知不足且存在误区，应通过科教影视加大宣传普及气候变化相关知识，让应对气候变化和绿色低碳发展意识深入人心。他建议，中国气候传播还需努力形成“气候”，应进一步投入人力和财力，有计划、多角度、多方位、多形式地进行宣传普及，引导大众自觉践行低碳、节能减排的生活生产方式。

中心主任郑保卫教授在会上作了题为“绿色发展与气候传播”的发言。他指出，从哥本哈根到巴黎，中国已经成为全球应对气候变化的中坚力量。应对气候变化重在社会与公众的参与，要建构包括政府、媒体、NGO、企业、公众在内的“五位一体”的行动框架，尤其要调动企业和公众的参与积极性，引导其自觉投入节能减排、保护环境、应对气候变化、维护生态文明的行动之中。

他指出，要有效应对气候变化，必须秉持“气候正义”的理念，即“因气候所带来的利益和福祉公平地分配给全体社会成员；全体社会成员无论种族、肤色、性别、国籍，均享有平等参与气候变化事务的权利。气候变化所带来的不利后果，也应由全体社会成员公平承担”。这是项目中心第一次在联合国气候大会上提出并阐释“气候正义”的概念。

中国民间组织国际交流促进会副秘书长岳阳花肯定了中国政府应对气候变化和实现绿色低碳发展的强烈意愿和积极行动。她认为，全球气候变化处在重要的历史时刻。中国民间组织要通过自身能力的提升，充当好参与者、民意表达者和谈判推动者，发挥好独特作用，同时加强与企业和媒体的沟通交流，形成推动绿色低碳发展的合力。

美国前副总统戈尔创建的气候现实项目总裁肯尼斯·柏林分享了该项目在全球培训气候变化工作领导者方面的经验。他表示，气候变化正日益严峻，鉴于中国在全球气候治理中的重要作用，该组织计划在明年开设中国办公室，扩大在中国的业务。

国家气候战略中心信息与培训部副主任张志强在发言中指出，公众参与是气候变化治理的重要内容。政府、媒体、公众、企业和智库等应发挥各自的作用，实现功能共治，推动社会公众对气候变化的理解和参与力度，使气候变化成为全民行动的自觉内容。

在国际社会的共同努力下，巴黎联合国气候大会经过激烈争论，在延期一天之后最后终于通过了人们期待已久的《巴黎协定》。正如当时的法国总统奥朗德所说的，《巴黎协定》获得通过不仅是此次大会的胜利，也是国际社会的胜利。从此，国际社会有了一个可以依托的、具有法律效应的文件，来引领和约束各国政府自觉履行按照协定自己应该承担的节能减排任务，共同为减缓、适应和应对气候变化，保护我们的地球家园贡献自己的力量。

第四章　茁壮成长（2016—2019）

从2009年的哥本哈根气候大会到2015年的巴黎气候大会，我们项目中心在前进，在发展，在不断成长。特别是《巴黎协定》的签署，让我们有了一种走向成熟的感觉。

当然，我们也知道，《巴黎协定》的签署还仅仅是个开始，要使协定的相关条款能够落到实处，国际社会还须付出很大代价，我们作为国际社会应对气候变化队伍中的一员也还要做许多工作。而特朗普代表的美国政府不负责任、不合时宜、违背常理地宣布退出《巴黎协定》，给实现《巴黎协定》确定的目标增加了困难和风险，这就需要世界各国政府和公众拿出诚意与决心，克服艰难险阻，去为实现气候变化全球共治的目标努力奋斗！

从2016年到2019年的四年中，我们以促进《巴黎协定》的落实为主要目标，进一步深化气候传播理论研究和社会推广工作，从摩洛哥的马拉喀什、德国的波恩，到波兰的卡托维兹，再到西班牙的马德里，我们一路走来，队伍在茁壮成长，事业在不断壮大，气候传播之花从京华初放，到花落中原，再到飘香桂苑，花开四野，可谓“一片兴旺景象”。

这几年项目中心的工作在不断拓展，影响在日益增强。我们先后举办了“绿色发展与气候传播研讨会”；宣传了“气候正义”的理念；融通了“气候”与“健康”两个领域，倡导组建了气候与健康传播研究机构；申报了国家社科基金重点项目；总结了气候传播理论研究和社会推广的十年工作；在马德里联合国气候大会新闻发布厅举行了“中国气候传播十年新闻发布会”，为中国气候传播不忘初心，牢记使命，迈入第二个十年铺平了道路。

第一节　马拉喀什印象

2016年在马拉喀什举行的第21届联合国气候大会，是《巴黎协定》签署之后举行的首届气候大会。与会者带着一份喜悦和责任来到摩洛哥的马拉喀什，希望能够为落实《巴黎协定》相关内容做些细致工作。

马拉喀什，地处北非，位于摩洛哥西南部，坐落在贯穿摩洛哥的阿特拉斯山脚下，有“南方珍珠”之称。它是摩洛哥第三大城市，也是摩洛哥南部地区政治中心。“马拉喀什”，在当地柏柏尔语中，有“神域”之意。从 11 世纪开始建城，马拉喀什迄今已有千年历史，曾作过摩洛哥多个朝代的首都。马拉喀什还被称为“红色城市”，因为这里的建筑，无论是王宫、老城民居，还是欧洲人的度假大酒店，外墙大都是陶土红颜色。人们从世界各地来到这里，非洲的异国风情给大家留下深刻印象。

2016 年，我们项目中心成功举办“绿色发展与气候传播研讨会”，这是为贯彻党中央提出的作为“五大发展”理念之一“绿色发展”理念，探讨如何借助媒体和传播来促进绿色发展、绿色消费与绿色生活方式。而在这次研讨会上，“中国传媒大学绿色低碳发展与品牌传播研究中心”举行了揭牌仪式，这标志着我国又一个气候传播研究机构的建立，壮大了我们的队伍。

一、参加“应对气候变化•记录中国——走进新疆”采访考察活动

2016 年 9 月 6—12 日，郑保卫主任与项目中心专家委员会主任委员杜祥琬院士、项目中心气候传播形象大使宋英杰主播，应邀作为顾问参加中国气象局主办的“应对气候变化 • 记录中国——走进新疆”采访考察活动。此次活动的主题为“探寻丝绸之路经济带核心区的发展机遇和选择”。采访考察团先后实地考察了天山冰川、风力发电、吐鲁番坎儿井、克拉玛依油田等地，了解了

气候变化对新疆古丝绸之路自然灾害应对、能源、生态、经济等多方面的影响，以及当地应对气候变化和自然灾害采取的新办法、新举措。参加采访的记者通过故事化、细节化、趣味化的挖掘，展现气候变化对当地经济发展、生态环境、名胜古迹、地理地貌、人文风情、能源资源等的影响，同时融入专家观点、政策背景、科普知识点等向公众进行全方位的科普宣传，对新疆应对气候变化情况作了一次集中报道。

二、携手绿色金融推广气候传播

2016年9月24日，中心主任郑保卫教授应邀参加中央财经大学绿色金融国际研究院成立大会，并同一些金融界、新闻界的专家一起被聘为研究院顾问。

中央财经大学绿色金融国际研究院是中央财经大学组建的一个以倡导绿色金融理念、推动绿色金融发展、服务应对气候变化国家战略的科研机构，这些年研究院作了许多理论研究和实务工作，在国内外产生了积极影响，院长王瑶教授成为该领域的著名专家。

郑保卫教授应邀在会上发表主题演讲，对如何作好绿色金融传播提出建议。

2017年2月18日郑保卫主任又应邀参加中央财经大学绿色金融国际研究院第一届理事会第二次会议暨学术委员会第一次会议，被聘为研究院学术委员会委员。在会上作“气候正义与绿色金融传播”发言，强调加强传播是做好绿色金融的保障，倡导要将“气候正义”概念引入绿色金融传播之中。

三、出席马拉喀什联合国气候大会并主办气候传播国际边会

2016年第22届联合国气候大会在摩洛哥的马拉喀什举行，这是《巴黎协定》通过后的第一次气候大会，会议将就如何落实《巴黎协定》相关内容进行磋商。联合国秘书长在会上呼吁各国要将《巴黎协定》转化为具体的政策和行动，尽早开始落实协定的工作。会上通过的《马拉喀什行动宣言》是此次大会实现这一目标的积极成果。

11月13日，中国气候传播项目中心再次联手伙伴单位中国新闻社、中国国

家气候战略中心在马拉喀什联合国气候大会中国角共同举办题为“气候传播与公众参与”的主题边会，这是中国角17场系列主题边会之一。

来自中国政府代表团、世界银行、自然资源保护协会、美国气候现实项目、北京大学、北京第二外国语学院附属中学、深圳航都文化产业投资有限公司、世青创新中心、《中国日报》的十余名代表发言。

联合国环境规划署最新发表的报告指出，2015年是有现代气象记录以来最热的一年，而这一趋势仍在持续。该署执行主任ErikSolheim警告说，如果现在不采取更多行动，“我们将为本可避免的人类悲剧感到悲哀”。与会者认为，在此情况下，各利益相关方需要携手合作，广泛参与应对气候变化。“应对气候变化不应是政府的‘独舞’。”

中国代表团副团长、国家发改委气候司巡视员谢极在致辞中指出，绿色低碳发展是全球的共识，是应对气候变化的长期战略。中国制订了2030年绿色低碳发展目标，也在研究2050年绿色低碳发展战略。落实绿色低碳发展战略除了需要政府、企业的行动，更需要全社会的行动，需要媒体的广泛宣传，使全社会达成共识、行动起来，实现绿色低碳的生产方式和生活方式，共同推动全球可持续发展，呵护好地球家园。

项目中心郑保卫主任在发言中提出，应当筑牢政府、媒体、NGO、企业和公众“五位一体”的应对气候变化行为主体框架，以此为应对气候变化提供基础和保障。其中，媒体应通过有效的方式和手段传播绿色发展理念，解决当前气候传播与公众生活脱节的问题，使气候传播更好地为公众所接受。

中国国家气候战略研究中心战略部主任刘强表示，近年来中国政府为应对气候变化做了大量工作，包括加速化解过剩产能、支持传统产业转型升级、严控煤炭消费、提高能源使用效率等。同时，中国企业正在切实执行节能减排政策，媒体越发重视报道相关领域新闻，民众也在自觉选择低碳生活方式，全社会对应对气候变化的参与度越来越高。

北京第二外国语学院附属中学校长付晓洁称，开展应对气候变化教育应从基础教育做起。他介绍了该校通过开展低碳节能教育，提高学生低碳环保意识的做法和经验。

美国气候现实项目总裁兼首席执行官肯尼斯·柏林在发言中提出，目前要做的事是让气候领袖“发出更大声量”，让气候解决方案尽快成为现实。

世界银行气候变化项目官员茱莉亚通过一个多个国家共同参与制作的视频指出，影像可以作为增强公众应对气候变化意识、扩大气候传播影响力的一种有效方式。

深圳航都文化产业投资有限公司董事长陈素平也表示，该公司正在加大绿色影视平台建设，其制作的主题系列纪录片《绿·道》，从绿色建筑、绿色城镇等不同角度切入和展开，收到了良好的传播效果。

世界青年创新中心秘书长王则开强调，气候传播要更加注重与新媒体和青年网络相结合。

《中国日报》记者王燕飞就媒体如何通过全媒体、多角度的报道，讲好绿色发展故事谈了自己的经验和体会。

大会还安排了圆桌讨论环节。自然资源保护协会（美国）能源、环境和气候变化高级顾问杨富强、中国气候传播项目中心研究员王彬彬、美国气候现实项目总裁兼首席执行官肯尼斯·柏林、中国国家气候研究中心战略部主任刘强等，就美国总统选举对应对气候变化进程的影响，以及如何实现有效的气候传播等话题开展了讨论和互动。

《巴黎协定》通过之后，在有着独特非洲异域风光的马拉喀什举办的这次边会，通过与会各方密切合作，共同努力，气候传播的“音量”在不断提高，“音效”也有明显改善，特别是一些来自企业和学校的代表，用他们的做法及经验为作好气候传播提供了典型案例，给我们留下了深刻印象。

四、举办绿色发展与气候传播研讨会

2016年12月17日，项目中心联合中国传媒大学在中国人民大学举办了“绿色发展与气候传播研讨会”。这是党中央提出包括“绿色发展”在内的“五大发展理念”，并将其上升到党和国家发展战略的高度后，项目中心举行的第一次专题研讨会。会议集中探讨如何借助媒体和传播来促进“绿色发展”理念的传播，来推动绿色消费和绿色生活方式的推广。

中国工程院杜祥琬院士、新华社马胜荣、中国气象局潘进军和宋英杰、中国传媒大学丁俊杰等及来自高校、科研机构、政府部门、媒体和NGO机构的代

表80余人参加了研讨会。

在会上，项目中心主任郑保卫教授在题为“积极推动绿色发展　努力做好气候传播”的致辞中指出，在积极应对气候变化，树立绿色低碳发展理念，已成为“十三五”时期我国社会经济发展重要指引的背景下，解读绿色发展内涵，传播绿色发展理念，推广绿色发展行动，是当前气候传播的一项重要任务，因此，我们要积极传播绿色发展理念，推广绿色发展行动，要让广大群众把实现绿色发展作为自己的行为准则和行动目标，自觉地采用绿色生产方式，养成绿色生活习惯，营造绿色发展环境，让绿色真正成为一种生产方式、生活基调和发展目标。郑保卫主任希望通过此次研讨会，能够为全国气候传播研究学者提供学术交流的平台，同时打造气候传播研究学术共同体和人际网络，起到凝聚共识、壮大队伍的效果，为提升气候变化与气候传播研究的理论水平和实践效果，推动我国落实“马拉喀什行动宣言”和应对气候变化的工作迈上新台阶作出更大贡献。

与会专家围绕如何认识绿色发展理念、如何作好绿色发展传播、如何推广绿色发展行动等内容作了深入研讨。项目中心团队的王彬彬、张志强、李文竹、李晓喻、杨柳等介绍了各自的研究成果。

会上，中国传媒大学绿色低碳发展与品牌传播研究中心举行揭牌仪式，郑保卫主任被聘为中心顾问。该中心是中国传媒大学广告学院组建的一个以绿色低碳发展与品牌传播研究为任务的研究机构，其成立壮大了气候变化与气候传播研究的队伍，拓展了气候变化与气候传播研究的领域。中心主任为鞠立新教授。

第二节　波 恩 记 忆

2017年，第23届联合国气候大会原本由受到气候变化严重影响的，首次担任联合国气候大会主席国的太平洋岛国斐济承办。由于斐济自身不具备举办大规模国际会议的条件，于是便委托德国代办，最终选定在波恩举办。

波恩是德国北莱茵-威斯特法伦南部一个有着2000年历史的城市，曾为古罗马要塞。从1945年至1999年，波恩曾是德意志联邦共和国的首都，如今依然是德国重要的政治中心。联合国环境和发展事务组织，以及联合国气候变化框架公约组织（UNFCCC）的总部就设在这里。波恩还是德国著名作曲家贝多芬的出生地。这些都使参会者对这座城市和这次会议留下了特殊记忆。

一、组织第二次中国公众气候变化认知状况调查并分布调查报告

2017年，新一轮联合国气候大会在德国波恩举行。这是美国总统正式宣布退出《巴黎协定》后举行的第一次气候大会。美国退约对于全球气候治理形成一定程度的冲击，如何保持动力成为国际社会普遍关心的问题。

2017年是国家“十三五”规划的第二年，国家已将应对气候变化纳入生态文明和人类命运共同体建设的整体框架中。在这种新形势下，为了准确把握公众的心理与态度变化，更加有针对性地作好气候传播，项目中心决定在2012年第一次中国公众气候变化与气候传播认知状况调查的基础上组织第二次调查。6月23日，第二次中国公众气候变化与气候传播认知状况调查启动会在北京科技会堂举行，项目中心发布了此次调查的相关信息，听取专家意见。专家们分析了当前国内外形势变化对公众气候变化认知可能带来的影响，对作好此次公众调查提出了很好的建议和意见。

这次调查采用计算机辅助电话调查方式完成，样本量为4025人，覆盖中国

内地332个地级行政单位和4个直辖市，与第一次有所不同的是，这次调查特别考虑了城乡比例、性别比例，以便更加客观地呈现中国公众普遍的认知情况。调查发现，受访者对气候变化的认知更加准确，更多人意识到人为因素是气候变化的主因，并且意识到自己正在经历气候变化的影响。同时，公众对国家出台的各类气候政策持高度支持态度，支持政府努力开展应对气候变化国际合作，支持政府落实《巴黎协定》承诺。

11月1日，项目中心在北京发布《2017年中国公众气候变化与气候传播认知状况调研报告》。中国气候变化事务特别代表解振华为此次发布发来寄语："中国气候传播项目中心时隔五年再次开展气候变化公众认知调研，从报告中看到公众认知保持在高水平，受访者高度支持政府的各项气候政策，尤其是有超九成受访者支持中国落实《巴黎协定》，这是对我国应对气候变化工作的最大鼓励和肯定。希望此次调研的数据和发现能够为社会各界提供有益的参考，为国家和公众的气候行动发挥更多实际的推动力。期望中国气候传播项目中心能够把这项有意义、有价值的调研工作继续下去，为我们向世界贡献中国智慧、中国方案提供科学的数据支撑。"

国家气候变化专家委员会名誉主任、中国工程院杜祥琬院士为报告撰写了序言，充分肯定这次调查的作用和价值，认为"每一个公众、每一个家庭，是促进低碳发展深入、推进低碳试点推广和造就低碳社会的根本驱动力。了解公众对气候变化问题的认识现状，引导公众对气候变化的科学认知，帮助公众便捷地践行低碳生活，是中国发展低碳社会的起点。在这个角度上，可以说中国气候传播项目中心开展的2017年中国公众气候变化与气候传播认知状况调研是非常及时、有意义的工作。"

项目中心主任郑保卫教授介绍说："2012年我们用同样的调研方法开展过首次调研。五年间国内和国际发生了很多变化，我们希望通过新一轮调研更新和完善相关数据，为相关政府部门、学术界以及其他机构，多维度地了解和认识中国公众的气候变化认知状况提供一些有用的信息。"

国家环保部宣教中心贾峰主任认为："中国公众气候变化与气候传播认知状况调研报告非常严谨，五年的对比研究既展示给我们一个中国公众在这方面的基本面、基线调查，同时也展示了过去五年来我们国家政府、中国企业、公众、中国媒体、中国环保组织在这方面的努力所呈现出来的成果。十九大报告指出，政府、企业和全民参与构成了国家的环境治理的系统化整体，从这个角度来说了解公众对环境问题的态度、对环境问题认知的程度、对采取的行为、支付意愿和想法，可以帮助我们设计更好的项目，鼓励更多公众参与绿色机关、绿色社区、绿色学校、绿色办公、绿色出行、绿色供应链、绿色建筑、绿色消费等，推动我们环保工作走上一个更高的程度。”

国家气候战略研究中心副主任徐华清在致辞中表示：“十九大报告明确指出了共建、共治、共享的治理体系，形成政府为主导、企业为主体、社会组织和公众参与的治理格局。过去几年，公众参与应对气候变化的效果逐渐显现，希望能在这些数据基础上携手讲好中国故事，进一步推动公众有效参与。”

能源基金会传播总监荆卉高度赞赏这次调研开展的重要意义，认为它的价值在于展示了一个时间切面的公众认知状况和态度，同时通过与过去五年的纵向对比，又可以看到公众意识的发展趋势。荆卉表示：“相信这些信息能够为政府部门、商业团体、社会机构等各个利益相关方提供重要的参考，帮助评估应对气候变化工作开展的成效以及未来发展的潜力，输送更多的进一步推动气候行动的信息。”

这次调查从“公众对气候变化问题的认知度”“公众对气候变化影响的认知度”“公众对气候变化应对的认知度”“公众对气候变化政策的认知度”“应对气候变化行动的执行度”及“气候传播效力效果评价”六个方面展开。数据显示，受访者对气候变化保持高认知度，高度支持政府颁布的减缓和适应气候变化的相关政策。

此次调查负责人王彬彬在介绍调查主要发现时指出：“与五年前相比，更多公众认同气候变化正在发生，而且是由人类活动引起的，对气候变化的担心度提高了2个百分点，认为自己经历过气候变化影响的人数提高了15%。这说明随着近两年极端气候事件增多，公众对气候变化影响有了更现实的理解；同时，政府在应对气候变化、低碳发展议题上的公众传播工作也很有成效。”

本次调查的另一个发现是，近半数受访者使用过共享单车，超九成公众支持共享单车出行，超半数受访者知道家庭和单位安装太阳能光伏板发电的用处。王彬彬认为：“五年前我国公众就有比较高的气候认知度，但在采取行动方面只有节约用能这类传统方法可以选择。五年后我们看到共享经济和技术创新为公众采取实际行动参与应对气候变化提供了新的可能，这也为构建政府为主导、企业为主体、社会组织和公众共同参与的治理体系贡献了鲜活案例。”

结合最新国际局势，本次调查专门测试了公众对中国政府参与全球气候治理的支持度。数据显示，94%受访者支持中国落实《巴黎协定》，96.8%的受访者支持中国政府开展应对气候变化国际合作。

长期研究全球气候治理的北京大学国际关系学院张海滨教授指出："从数字中可以看出，中国积极参与全球气候治理是得民心的。在当今中国，绿色低碳的议程在中国战略层面的重要性是前所未有的，中国的国际角色正从参与者、追随者，向引领者、引导者过渡。气候治理和可持续发展是最有利于中国发挥领导力的领域。”

在圆桌对话环节，来自国家气候战略研究中心、中国人民大学新闻学院、北京大学国际关系学院、摩拜单车、中国绿色碳汇基金会的代表分别从政府、媒体、科研机构、创新企业和社会组织的行业角度围绕报告发现展开了热烈讨论。

王彬彬表示："公众了解和参与应对气候变化的意愿是明确的，关键是如何将意愿转化成更多行动。在认知层面，98.7%的受访者支持在学校开展气候变化教育，可以从气候变化科普进校园开始，从娃娃抓起。在行动层面，政府鼓励技术创新，有购买力的公众对气候友好型产品又表现出稳定增长的支付意愿，可以对气候友好型产品进行技术创新，使其更便于公众使用。从这两方面入手，公众参与应对气候变化还有很多空间有待各方合力开展更多工作。

二、参加波恩第23届联合国气候大会并主办气候传播国际边会和发布公众调查报告

波恩气候大会的气候传播边会于11月10日上午在中国角举行。国家发改委、联合国气候大会秘书处代表、联合国可持续发展目标推进办公室官员、世界银行官员，以及来自北京大学、浦东干部学院等高校、科研机构和企业的代表出席边会。

项目中心郑保卫主任在会上作了题为"中国气候传播的理论探索与社会推

广”的主题演讲。他介绍了近些年来项目中心在理论研究方面取得的成果和在社会推广方面所做的工作。王彬彬介绍第二次公众调查的情况，公布了相关信息，并作了内容分析。

下午，项目中心举行了专门的第二次中国公众气候变化认知状况公众调查报告发布会，王彬彬作了信息发布，美国耶鲁大学气候传播项目主任Anthony Leiserowitz教授介绍美国的最新调研情况。双方基于中美两国公众气候认知最新调查数据作了对比分析。两国的调研结果显示，中美两国的多数公众均支持本国签订《巴黎协定》，并向低碳及新能源路径转型。95%的中国公众支持中国政府落实《巴黎协定》，同时，64%的美国公众反对美国退出《巴黎协定》。Anthony Leiserowitz教授认为：“从中美两国开展的公众调研中可以看出，中美这两个世界上最大碳排放体国家的公众支持共同应对气候变化，实现低碳转型。两国公众对本国在国内和国际所开展的应对气候变化行动均表现出支持。尽管美国在联邦政府层面撤出，但从民众层面美国仍然支持应对气候变化，这是非常积极的信号。”

联合国气候变化框架公约发言人 Nick Nuttall代表UNFCCC执行秘书长Patricia Espinosa参加发布会并致辞，充分肯定两国公众调研的积极意义，Nuttall先生认为：“了解公众认知数据是开展行动的基石。要把公众的参与意愿调动起来，使之转化为应对气候变化的行动，这不是一个是与否的问题，关键在于能否及时实现。”

能源基金会策略传播项目主任荆卉在致辞中表示：“调研结果展示出中美两国公众在应对气候变化问题上的强烈意愿，以及公众在去碳化过程中发挥更大作为的潜力。我们相信，这种来自民间的支持力量，必将大力推进两国低碳转型与发展，并将在全球治理中贡献积极作用。”

另外几组关键数据对比表明，中美公众普遍认为气候变化正在发生（中国94%，美国71%），认为认同气候变化是由人类活动引起（中国66%，美国54%），对气候变化问题表示担忧（中国80%，美国64%）。

中国气候传播项目中心王彬彬分析认为：“数据显示，两国公众对气候变化都有相对高的认知度。随着极端气候事件增多，中国公众对气候变化影响有了更现实的理解；同时，政府在应对气候变化、低碳发展议题上的公众传播工作也很有成效。”

欧洲气候基金的战略传播总监Tom Brookes、联合国基金会高级顾问Kaylee Kreider及来自中国的新能源企业代表熊猫绿能总裁李原从各自行业角度对对比研究结果做了点评。

成效评估

- ✓ 国家发改委《中国应对气候变化的政策与行动》2017年度报告介绍本次调查发现。
- ✓ 联合国气候变化框架公约官方留存调查数据。
- ✓ 国家气候变化事务特别代表解振华多次引用数据，展示中国全民上下落实《巴黎协定》的坚定信念。

第三节　卡托维兹纪实

第 24 届联合国气候大会，2018 年 12 月 2—15 日在波兰城市卡托维兹举行。这次会议主要由《联合国气候变化框架公约》第 24 次缔约方会议、《京都议定书》第 14 次缔约方会议、《巴黎协定》首次缔约方大会第三阶段会议以及一系列边会及活动组成。

卡托维兹是历次举办联合国气候大会城市中最小的一个承办城市，也是 5 年中波兰第二个主动承办联合国气候大会的城市。卡托维兹位于波兰南部西里西亚省，是西里西亚地区最大城市，重工业、交通运输和科学文化中心，也是西里西亚省行政首府和政府所在地。卡托维兹是 19 世纪中期以后随着采煤工业的发展而迅速兴起的城市，这里煤炭资源丰富，其产量占到波兰全国的 98% 以上，因此有“煤都”之称。长期的煤炭生产给城市生态环境带来巨大压力，也使这座城市的居民对于节能减排、环境保护、绿色发展和应对气候变化有着格外的期待。

卡托维兹气候大会期间，全世界有 3 万多名参会者在半个月时间里涌入这个仅有 30 多万人口的煤都小城，进行各种会谈和交流活动，其中包括多国政府首脑、部长以及企业和非政府组织代表。联合国秘书长古特雷斯、波兰总统杜达出席了 3 日举行的大会开幕式及高级别会谈。中国政府派出了 90 余人的代表团参加本次大会。郑保卫主任，中心团队核心成员张志强、王彬彬出席了大会。刚组建不久的广西大学气候与健康传播研究中心的副主任覃哲也应邀出席了这届大会。

一、举办首届“气候与健康传播研讨会”

2018年10月20—21日，由广西大学气候与健康传播研究中心举办的首届气候与健康传播研讨会在广西大学举行。该中心是郑保卫教授于2017年年底受聘广西大学新闻传播学院院长后，将原有的气候传播研究资源与广西大学新闻传播学院吴海荣教授的健康传播研究资源整合起来组建而成的。

来自中国人民大学、中国传媒大学、北京大学、清华大学、复旦大学、重庆大学、厦门大学、中南民族大学、青岛大学、燕山大学、中国科学院大学、新乡学院、（中国）台湾政治大学等高校，以及生态环境保护和气象等政府部门，中国民促会、深圳标新科普研究院、中国中医药报等社会组织、新闻媒体和企业的30多位专家学者及相关人士出席研讨会。

郑保卫教授作了题为“做好气候与健康传播　建设美丽和健康中国”的主旨报告。联合国气候变化专业委员会原副主席范·伊佩斯尔（Jean-Pascal van Ypersele）作主旨报告；马胜荣、黄浩明、宋英杰、比利时布鲁塞尔大区议员原大区环保部长EvelyneHuytebroeck女士、瑞典环保组织顾问丹尼斯、潘进军、祁晓霞、吴海荣、傅华、赵大兴、罗桂香、项定先、姜超、陈素平等作大会演讲。与会专家学者围绕气候与健康传播的关系、融通整合两者研究的意义，以及做好气候与健康传播的策略方法及行动路径等作了发言，分享了他们的经验及成果。

此次研讨会是国内首次将气候变化与疾病健康相联系，把气候传播与健康传播相融通的一次重要会议，由此开创了一个新的理论研究与行动实践领域，其前景令人期待。

二、出席卡托维兹24届联合国气候大会并主办气候传播国际边会

2018年12月2—15日在卡托维兹举行的联合国气候大会的主要目标是达成《巴黎协定》的实施细则，以确保协定顺利实施。按照《巴黎协定》的规定，各缔约国以“自主贡献”方式共同应对气候变化，目标是将全球平均气温升幅较工业化前水平控制在2摄氏度之内，为把升温控制在1. 5摄氏度之内而努力。本次会议经过14天会期，又延长了30个小时后，终于在当地时间12月15日深夜顺利闭幕。

在卡托维兹大会前的11月30日，习近平主席在二十国集团领导人布宜诺斯艾利斯峰会上号召各方继续本着构建人类命运共同体的责任感，为应对气候变化国际合作提供政治推动力，表明中方对卡托维兹大会的支持，为大会能够取得成功提供了关键的政治引导和推动力。

因此，本次大会期间，中国气候变化特别代表解振华与联合国秘书长古特雷斯、气候变化框架公约秘书处执行秘书埃斯皮诺萨、大会主席库尔提卡及各谈判代表和主要缔约方部长开展广泛交流和密集磋商，推进多边谈判进程，还就如何解决制定《巴黎协定》实施细则所涉及的一些重点、难点、焦点问题提供了“中国方案”，贡献了“中国智慧”，帮助大会在最后的困难阶段打破僵局，促成了细则的通过。

解振华自己是这么说的：“这次会上确确实实我们中国代表团做出了非常重要的努力和作出了重要的贡献。在会议最后的阶段遇到僵局。最后我们接受大会主席和执行秘书的委托，他们希望中国代表团做一些沟通协调工作。所以我们经过六个小时和利益相关方的磋商、沟通和协调，解决了大会闭幕前一个最重要问题，最后在各方的共同努力之下，取得了这次会议的成功。”

卡托维兹会议期间，在中国角共举办了25场边会，主题涉及气候传播、低碳发展、碳市场、可再生能源、南南合作、气候投融资、森林碳汇、地方企业气候行动等领域，全面地宣传了中国应对气候变化、推动绿色低碳发展的政策、行动与成就，展现了中国作为一个积极推进全球生态文明建设、构建人类命运共同体负责任大国的形象。

12月8日，由项目中心和中国新闻社、中国国家气候战略研究中心共同主办的“气候传播与公众意识”主题边会在“中国角”举行。此次边会是中国气候传播项目中心连续第九年在联合国气候大会期间举办该主题边会。边会由国家气候战略中心综合部副主任张志强和中新社德国分社首席记者彭大伟主持。

中国政府气候谈判代表团团长、中国气候变化事务特别代表解振华对本次边会非常重视，刚刚到达卡托维兹便赶到会场参加边会并致辞。他指出：“中国政府高度重视气候变化的传播工作，近年来，中国在提升公众意识等方面开展了很多工作，越来越多地方各级政府、企业、社区和媒体通过多种形式扩大了气候变化的影响力，提升了公众的低碳发展意识。”

解振华强调中国的低碳发展之路任重而道远，要重视气候传播和公众意识问题。他建议可以从四方面进一步加强：抓住气候变化的大方向，引导更多公众参与到气候变化工作中来；拓展公众参与的机制设计，提升公众气候变化知情权；引导公众将意识转化为实际行动；加强国际合作，构建国际化气候传播网络，创新公众参与形式。

郑保卫主任在边会上作了题为“深化气候传播理论研究，推动气候传播社会实践”的主旨发言。他在发言中回顾了中国气候传播项目中心自2010年组建以来所开展的工作和所取得的成果，提出要进一步深化气候传播研究，做强做大中国气候传播，为气候变化全球治理作出更大贡献。他表示，面对新领域、新课题、新挑战，各方应共同努力，将气候与健康传播整合起来，融为一体，向着建设美丽中国和健康中国的宏伟目标阔步前进。

中新社编委、经济部主任俞岚在发言中表示，当前，全球政治经济格局和全球气候治理都面临很多不确定性。作为媒体人，我们比以往更加迫切地需要向公众讲好气候故事，鼓励更多人自觉加入应对气候变化的行动中。她认为，在新的数字化时代，媒体在应对气候变化中的角色和定位也要与时俱进，首要担当是倡导气候变化共识，首要任务是提升公共意义和愿景，首要主张是强化技术驱动，最终目标是让全球气候治理更有效率，促进绿色低碳转型。

联合国气候框架秘书处减缓项目负责人Claudio Fomer、中国国家气候战略中心综合部副主任张志强、绿色和平波兰分布媒体办公室负责人Katarzyna Guzek、国际金融论坛副秘书长兼绿色发展中心主任孙轶颋、爱丁堡大学商学院商业与气候中心联合主任梁希、世界银行气候变化项目官员Max Thabiso Edkins、英国TVE电视公司项目合作负责人Nick Rance、北京第二外国语大学附中校长付晓洁和深圳航都文化产业投资有限公司董事长陈素平等在边会上作了大会发言，分享了他们的实践经验和理论思考。。

自2010年中国气候传播项目中心成立以来，开展气候传播研究已经坚持了九年时间。在这九年中，中心在理论研究和社会推广方面都取得了丰硕成果，不仅提出了“气候传播”的概念、出了多部专著与译著、发表了上百篇论文，还带动了我国内地近百家高等学校、科研院所、社会组织等单位开展了气候传播理论研究和社会推广工作。我国气候传播研究虽然比起西方国家发展较晚，但是发展很快，成果也较多，社会影响明显，而且近几年又开始注意与其他学科的交叉融合。今年在郑保卫主任倡导下组建的“广西大学气候与健康传播研究中心”，就是这方面的一种在学科交叉方面的新尝试。

郑保卫主任在边会上发言，希望能将这九年来气候传播科学研究的工作进行一个初步总结，以吸引社会各界更加关注气候变化与气候传播，特别是要吸引其他学科学者加入研究与推广工作中来，为气候变化的全球治理进一步作出贡献。

会议期间，郑保卫主任应邀出席世界青年联盟（中国）新闻发布会，在致辞中谈到，中国的未来在青年，世界的未来也在青年，全球应对气候变化的未来同样要寄托在青年人身上。希望中国青年在积极参与应对气候变化，促进气候变化全球共治过程中发挥先锋和引领作用。

第四节　马德里留念

2019年，是中国气候传播项目中心团队自2009年跟踪研究当年在哥本哈根举行的第15届联合国气候大会开始，进入气候传播领域的第十个年头。对项目中心团队所有成员来说，这一年本身就有着特殊的纪念意义。而从这一年我们的实践看，内容也格外丰富，意义更是不同寻常。

在这一年，我们成功申报了国家社会科学基金重点项目“生态文明建设和绿色发展理念背景下我国气候传播的战略定位与行动策略”，实现了全国气候传播研究在国家社科基金重点项目立项中“零的突破”。该项目7月获得正式立项，9月举行了专家开题论证会。成功获得这一项目，为气候传播研究进入第十个年头增添了喜庆气氛。

这一年，项目中心与广西大学气候与健康传播研究中心和中南民族大学在武汉举办了第二届气候与健康传播研讨会。这一年，项目中心主任郑保卫教授及团队核心成员张志强、王彬彬出席了在马德里举行的第25届联合国气候大会并主办气候传播国际边会，正在美国访学的广西大学气候与健康传播研究中心主任吴海荣教授也应邀出席。这是郑保卫主任连续参加的第十届联合国气候大会，也是项目中心参与主办的第十场联合国气候大会气候传播国际边会。

马德里是西班牙首都，也是马德里自治区首府，曼萨纳雷斯河贯穿市区，人口约340万。马德里始建于9世纪，是一个典型的欧洲古老城市。它地处南欧伊比利亚半岛，濒临地中海，有“欧洲之门”的称谓，同时它也是西班牙的商业中心和“总部经济”中心。马德里是在智利因为国内发生大规模骚乱事件而无法如期举办圣地亚哥气候大会的情况下主动承担起接办任务的，为此与会者是怀着真诚期待和敬意来这里参会的。

更值得珍惜和记忆的是在这次会议期间，项目中心在马德里联合国气候大会新闻发布厅举行了“中国气候传播十年新闻发布会”，使得这届气候大会，以及承办这届会议的马德里，在项目中心十年发展历程中有了特殊意义，给我们的气候传播研究十年纪念活动留下了许多美好念想。

一、国家社科基金重点项目申报获得成功

2019年7月，由项目中心主任、广西大学新闻与传播学院院长郑保卫教授在广西大学主持申报的“生态文明建设和绿色发展理念背景下我国气候传播的战略定位与行动策略”获得国家社会科学基金重点项目立项，这是广西大学新闻与传播学院，同时也是全国气候传播研究获得的第一个国家社科基金重点项目。这一项目的成功申报，使得气候传播研究在国家社会科学领域提高了研究层次，扩大了学术影响，走上了更高平台。

2019年9月28日，国家社科基金重大项目“生态文明建设和绿色发展理念背景下我国气候传播的战略定位与行动策略”在广西大学举行开题论证会。广西大学邀请清华大学国际传播研究中心主任李希光教授担任开题专家组组长，中国气象局公共气象服务中心副主任潘进军、国务院新闻办公室对外宣传处原处长詹安玲、中国新闻社上海分社社长李鹏、能源基金会北京办公室策略传播总监荆卉、广西壮族自治区应对气候变化中心主任龙斌、广西壮族自治区气象局公共气象服务中心总编导罗桂湘担任开题专家组成员。

专家们充分肯定了该项目的高站位、宽视野，扎扎实实的内容和严谨有效的方法，以及项目组成员在开拓气候传播研究，服务国家生态文明、绿色发展和美丽中国建设宏大战略方面所做的努力和所取得的成果，希望项目组成员能够齐心协力把项目做好，为气候传播理论研究和行动推广作出新贡献。

二、举办第二届气候与健康传播研讨会

2019年11月2—3日，“第二届气候与健康传播学术研讨会”在中南民族大学举行。此次研讨会由中国气候传播项目中心、中南民族大学文学与新闻传播学院、广西大学气候与健康传播研究中心共同主办，中南民族大学文学与新闻传播学院承办。来自海内外高校、政府、媒体、企业、社会组织与智库机构的近百名专家学者和研究生出席，以“美丽、健康、行动、共享”为主题，围绕

气候与健康传播的战略定位及行动策略等话题展开学术研讨。

中国气候传播项目中心主任、广西大学新闻与传播学院院长郑保卫教授在致辞中指出，此次研讨会正逢我国气候传播研究十周年，因此有着特殊意义。从2009年跟踪研究哥本哈根第15届联合国气候大会算起，我国气候传播研究已经整整走过了十年风雨历程。十年在历史的长河中不算太长，但是对我国气候传播来说却是从零开始、扬帆起步，筚路蓝缕、砥砺前行，由小到大、逐渐成长的十年。他希望我国气候传播能够“十年再出发，同心向未来”，在以习近平新时代生态文明建设思想和党的十九届四中全会精神指导下，把气候传播的旗帜举得更高，工作做得更好，队伍练得更强，声音传得更响，让气候传播之花遍地开放，在中国，乃至在世界真正形成大气候，为促进美丽中国和健康中国建设，为实现气候变化全球共治的美好愿景作出更大贡献！他还希望与会专家学者能够就气候传播和健康传播，特别是就气候传播与健康传播实现两者融通并进问题展开深入研讨，探索一条新的研究领域，以造福于广大群众，更好地为建设美丽中国和健康中国服务。

在大会主旨演讲环节，郑保卫教授作了题为“气候传播的历史使命与时代责任”的发言。他指出十八大以来，党和国家高度重视生态文明建设、绿色低碳发展和应对气候变化问题。而生态文明、绿色发展、美丽中国与气候变化和气候传播密切相关。他希望当前学术界能够以总结气候传播十年研究成果作为契机，用更多理论联系实际的，兼具理论与实践价值的研究成果为促进生态文明、绿色发展，推动美丽中国、健康中国建设，为实现气候变化全球治理目标贡献智慧和力量。

来自法国的中欧论坛创始人、全球事务与国际关系专家高大伟先生用流利的中文作了主旨发言。他指出最近30年以来，全球面临的最重要的问题就是气候变化问题，要想解决这一重大问题，就需要将生态文明思想传播与人类命运共同体建构联系起来。他建议中国应该善于运用社交媒体多向世界讲好中国生态文明故事，传播好生态文明理念，以进一步提升中国的国际知名度。他还表达了希望能够进一步推动中国和欧盟合作的意愿。

武汉大学气候变化与能源经济研究中心主任齐绍洲教授以“碳市场双力驱动气候传播”为题作了主旨发言。他提出作为经济驱动力重要手段的碳市场，受到经济压力和经济动力的双重影响，气候传播任重道远。碳市场政策与法规颁布与公告，碳交易市场信息披露，企业监测、报告，独立第三方核查，奖惩机制、培训、宣传等都是气候传播的重要内容。碳市场需要气候传播，而碳市场也能够助力气候传播。

中国生物多样性保护与绿色发展基金会秘书长周晋峰教授以“生态文明思想是气候与健康传播的指导思想”为题作了主旨发言。他从环保公主格蕾塔·桑伯格、塑料书皮、常州毒地案、腾格里沙漠污染案等事例引入话题，提出公众的参与才是真正的传播。要把生态文明作为气候与健康传播的指导思想。用生态文明的思维去解决现实问题。我们每个人都可以改变世界，由“我”的改变，可以逆转生物多样性和气候变化的危机。

在大会演讲环节，中国气象局首席专家、CCTV天气预报首位主播、中国气候传播项目中心气候传播形象大使宋英杰、生态环境部国家气候战略研究中心综合处副处长，中国气候传播项目中心执行主任张志强、复旦大学健康传播研究所所长、国家卫健委社区慢性病综合防治专家组成员傅华教授、台北大学自然资源与环境管理研究所所长、台湾低碳社会与绿色经济推广协会理事长李坚明教授、能源基金会黄玮、武汉市发展和改革委员会资源环境处处长田雁、西安交通大学国际问题研究中心副主任博士生导师赵斌副教授，以及中国传媒大学中医药传播研究机构负责人唐远清教授、《中国日报》中国观察智库刘毅研究员、深圳市航都文化产业投资有限公司陈素平董事长、汕头大学周翔教授、武汉市发改委节能中心主任项定先中国天气网政企服务事业部王丽岩、《中国中医药报》总编辑王淑军、江苏师范大学传媒与影视学院贾广惠教授、广西大学气候与健康传播研究中心副主任、新闻与传播学院院长助理覃哲、中国传媒大学绿色发展与品牌传播研究所所长鞠立新等专家、学者围绕研讨会主题作了发言。

郑保卫教授在闭幕式上的总结发言中指出，在我国气候传播研究十周年之际举办的这届研讨会非常成功，呈现出几个特点：第一，提出了构建“5+1”的气候传播行为主体的理念，即在原先“政府、媒体、企业、NGO、关注”“五位一体”的基础上增加了“智库”这个主体，强调了高校和科研机构智库专家在气候传播中的重要作用；第二，这届气候与健康传播研讨会实现了理论与实践的融通，是一次大的突破，许多发言专家提供的大量案例和经验将我们的研究提升到一个新的高度，为今后进一步深化气候与健康研究打下了坚实基础；第三，突出了地方特色，这次会议在刚刚荣获“2019年全球绿色低碳领域先锋城市蓝天奖”的低碳试点城市武汉举行，武汉市在低碳社会公共空间设计与建设、企业节能减排、全国碳市场建设、低碳军运会打造、公众低碳行为推广上一直走在全国的前列，他们的经验值得各地学习和借鉴。他最后说，我们回顾十年工作，展望未来发展信心百倍。他希望大家能够不忘初心，牢记使命，继续前进，再创佳绩，为促进生态文明、绿色发展，推动美丽中国、健康中国建设，为实现气候变化全球治理目标，担负起我们的责任和使命，贡献出我们的智慧和力量。

本次研讨会的举办是对中国气候传播研究十周年和“中国气候传播项目中心”成立十周年成果的总结，也是贯彻十九届四中全会生态文明建设、绿色低碳发展理念的理论探索，对人类应对气候变化问题有着重大意义，同时对传播生态文明理念、提高我国在应对气候变化领域的国际话语权也具有重要影响。

三、出席马德里25届联合国气候大会并主办气候传播国际边会

马德里第25届联合国气候大会是项目中心主任郑保卫教授出席的第十届联合国气候大会，大会期间举行的气候传播边会，则是郑保卫教授参与主办的第十场国际边会。

本届大会原定在智利首都圣地亚哥举行，由于在会议即将举行之际，智利国内发生大规模骚乱事件，智利政府以“无法保证大会安全”为由取消了举办计划，会议地点临时改在了西班牙首都马德里。而西班牙在不足一个月的时间里就完成了各项准备工作，使得大会得以在12月2日如期举行。

本届大会将就各国强化自主贡献、透明度、资金机制和市场机制等众多议题达成共识，以便为明年开始正式落实《巴黎协定》创造条件，因此参会者都带有很大期待。项目中心主任郑保卫教授，以及团队核心成员张志强、王彬彬和广西大学气候与健康传播研究中心主任吴海荣出席了这届大会。

12月9日，由中国气候传播项目中心、中国新闻社和国家气候战略中心共同主办的气候传播国际边会，在马德里第25届联合国气候变化大会中国角举

行。中国气候传播项目中心主任、广西大学新闻与传播学院院长、广西大学气候与健康传播研究中心名誉主任郑保卫教授出席边会并作主题演讲。边会由项目中心执行主任、国家气候战略中心综合部副主任张志强主持。

本次气候传播边会邀请政府、媒体、高校、研究机构、社会组织，以及相关国际机构的代表，就“气候传播与公众参与”这一主题展开了深入研讨。中国代表团副秘书长、中华人民共和国生态环境部应对气候变化司副司长孙桢应邀出席边会。他在致辞中表示，做好气候传播必须认清气候传播本身的特点，其大环境与其他传播不同，气候问题对于老百姓来说很难从切身感受得到系统认识。低碳行动和能源转型的难度较大，对于传播工作也带来一定困难。同时应注意到气候传播的国际合作也存在困难，各方在传播时难免带有自己的利益，这其中的传播就变得不那么容易把握。下一步气候传播应该怎么做？孙桢表示，首先，在做气候传播的过程中必须意识到多边主义的重要性；其次，讲清楚适应气候变化的故事、讲清楚气候变化的灾害，加强采取行动的紧迫性；最后，做好信息的传达工作，把做气候传播的身段放下来，回到老百姓关心的问题。

郑保卫教授在发言中回顾了自2009年跟踪哥本哈根第15届联合国气候大会起，十年来中国气候传播研究由小到大、逐渐成长的过程。他指出，项目中心通过提交调研报告和咨询报告，以及举办各种研讨会、工作坊、主题边会和媒体记者培训班等形式，为政府、媒体、NGO在国际气候谈判舞台上开展有效的气候传播提供策略建议和理论支持，受到政府部门、新闻媒体和NGO组织的肯定与好评。他表示，回顾中国气候传播走过的十年历程，我们对未来的发展充满信心。今后将继续坚持以习近平新时代生态文明建设思想为指导，把气候传播的旗帜举得更高，工作做得更好，队伍练得更强，声音传得更响，让气候传播之花遍地开放，在中国，乃至在世界真正形成大气候，为促进美丽中国和健康中国建设，为实现气候变化全球共治的美好愿景，为保护我们共同的地球家园作出更大贡献！

印度地球政策中心（TERRE Policy Centre）主席拉杰德拉•山地在发言中提出，当前人们对于气候变化紧迫感的认识实在不够。“图片分析没有用、预测没有用、过去和现在的图片对比没有用、气候变化带来的灾害的照片没有用，所有东西都不能让人们警醒起来。”他呼吁，每个人都不能事不关己地坐着，必须站起来去对应气候变化。

中山大学南方学院副校长黄南松谈到，气候变化并没有挑战人们的道德底线，这是人们不愿意采取措施的一个主要因素。温室气体排放是工业发展的伴随结果之一，过去的人们并没有预料到未来会产生如此的严重后果。一些民众倾向于利用这场危机的原因和后果的不确定性，产生“过度乐观”的态度。他还指出，许多人认为气候变化是潜在的、遥远的。2018年，一项关于公共政策优先事项的研究中，大多数人认为恐怖主义、教育和经济等问题是最重要的问题，分别有73%、72%和71%的人认为是最重要的议题，而气候变化在名单上的优先级接近最低，只有46%的人认可它的重要性。他认为，看不到明显成果、缺乏成就感的情况下，坚持采取行动缓解气候变化是非常困难的。

世界银行碳市场和创新部门项目经理温克特·热马拉·普提博士在发言中谈到了传播碳定价的重要性。他指出，关键利益相关者快速成为政策支持倡导者，同时获取了对政策的宝贵反馈，在预期和效益的推动下，传播碳定价愈加重要。

能源基金会传播总监荆卉指出，如何走向低碳生活，可以通过减少浪费型消费、选择高能效产品及寻求转化模式来实现。在传播低碳生活方式上，她建议建立“低碳消费”“高品质美好生活”和“可持续增长”的关联；把应对气候变化、低碳生活和低碳消费与人们对当下的关注点相结合，聚焦“此时此刻”；基于价值观进行信息设计，尊重利益诉求，提供能够满足利益诉求的低碳选择；传播具体的、系统性的行为指导；把握有理性更有温度同时贴近生活、时尚、共创的调性。

中国国际工程咨询有限公司气候应对处副处长张嫄在发言中指出，鼓励公众积极参与低碳发展的价值是毋庸置疑的，这个价值和意义的内涵也是丰富和多方面的。不同的参与主体，包括政府、企业、机构、个人，在不同的参与环境中，如所处不同的发展阶段、要解决的排放问题以及减排的路径选择，对公众参与会产生不同的需求，因而采取不同的目标导向和政策工具，导致相应的行为表现和效果也不尽相同。因此，从强化公众低碳意识、理念到采取具体行动，国内外不同城市鼓励公众积极参与低碳发展的方式也是多种多样的。

守望地球理事会理事长谌良仲表示，保护生态环境和应对气候变化，必须基于科学和经济上可行的方案，而制定科学和经济上可行的方案，必须基于长期的野外监测的基础数据。野外科研和监测，贵在长期坚持，而野外监测的现场第一手数据的采集，需要大量的人力、物力，既耗时，又昂贵。公众科研为业余科学爱好者找到贡献自身力量的途径，为科学研究动员了大批承担日常基础工作的人手，也为科学研究提供了更多的解决思路和一定程度的资金支持。

深圳标新科普研究院理事长陈素平认为，提高气候传播要增强公众对气候变化领域的关注，可通过推动气候变化领域知识的传播、增强全社会对气候变化领域的关注。他介绍了该单位坚持借助绿色影视片制作来传播气候变化的经验。

参加圆桌对话环节的有英国儿童投资基金会中国项目总监刘强、清华大学气候变化与可持续发展研究院项目主管王彬彬、广西大学气候与健康传播研究中心主任吴海荣、绿色创新发展中心运营总监汪燕辉、美国环保协会多边气候战略主任兼首席顾问Alex Hanafi等。他们围绕“如何把气候传播做得更好”展开了交流对话。

四、在马德里联合国气候大会新闻发布厅举行“中国气候传播十年新闻发布会”

从2009年开始跟踪研究哥本哈根第15届联合国气候变化大会期间中国政府、媒体和NGO的传播实践算起，中国的气候传播研究迄今已整整走过了十年风雨历程。而如果从2010年4月首次提出“气候传播”概念，亮出“气候传播”旗帜，组建起中国同时也是发展中国家第一个气候传播研究专门机构——“中国气候传播项目中心”算起，距今也已近十年时间。

为了梳理、总结和展示中国气候传播研究十年来的工作历程及经验，12月10日下午4时，由中国气候传播项目中心主任郑保卫率领的团队，在马德里联合国气候变化大会新闻发布厅举行“中国气候传播十年新闻发布会”。

郑保卫教授在发布会上指出，十年，在历史的长河中不算太长，但是就气候传播来说，特别是对中国气候传播来说，却是从零开始扬帆起步、筚路蓝缕砥砺前行、由小到大逐渐成长的十年。

他介绍说，当年他们的团队是从总结哥本哈根气候变化大会期间中国政府、媒体和NGO气候传播的经验与教训入手，开启中国气候传播研究进程的。从2010年开始，中国气候传播项目中心团队核心成员从墨西哥坎昆一直到今年的西班牙马德里，连续参加了十届联合国气候大会，并在会议期间主办过十场气候传播国际边会，见证了世界各国在实现气候变化全球治理道路上所走过的艰难历程和所表现出的聪明智慧。特别是目睹了中国政府在国际社会应对气候变化领域从“参与者”到“贡献者”，再到“引领者”的过程，以及中国媒体、NGO、企业参与气候变化全球共治所做的努力和所取得的成效，这使我们感到无比幸运和自豪。

他说，气候传播研究团队自身也在实践中成长，在奋斗中前行，为应对气候变化，为实现气候变化全球治理作出了自己的贡献，受到了国内外同行的认可与肯定。

十年中，中国气候传播项目中心通过提交调研报告和咨询报告，以及举办各种研讨会、工作坊、主题边会和媒体记者培训等形式，为政府、媒体、NGO在国际气候谈判舞台上开展有效的气候传播提供策略建议和理论支持，得到了中国政府部门、新闻媒体和NGO组织的肯定与好评。

同时，项目中心还系统开展气候传播理论研究，撰写出版了中国第一本该领域的专著《气候传播理论与实践——气候传播战略研究》，发表气候传播方面的研究论文百余篇，成功申报了中国国家社科基金重点项目“生态文明建设和绿色发展理念背景下我国气候传播的战略定位与行动策略”，率先在中国将气候变化与疾病健康相联系，融通“气候传播”与“健康传播”，组建了“气候与健康传播”研究机构，初步建立起了气候传播学的理论框架，为深入研究气候传播，建构科学的气候传播学理论体系和知识体系奠定了基础。另外还提出了构建“政府、媒体、企业、NGO、公众”加“智库”，即“5+1”的气候传播行为主体框架理念，为汇聚各方力量共同做好气候传播，推动气候变化全球治理发挥了智库作用。

郑保卫教授介绍说，十年来项目中心始终坚持从国际和国内两个层面，采取“两路并进，双向使力”的方针，通过学术研讨、科研合作、人才培养、队伍建设等方式努力凝聚各方力量，力图形成研究合力，不断壮大研究队伍，积极扩大学术影响，尽力促使气候传播花开遍地，在中国逐渐形成气候。

郑保卫教授说，在回顾中国气候传播十年历程的时候，我们对未来充满信心。我们将以习近平新时代生态文明建设思想为指导，以促进低碳绿色可持续发展和气候变化全球共治为目标，联合一切可以联合的力量，搭建起更多更好的学术交流平台，不断壮大研究团队，使我国的气候传播研究队伍更强、声音更响、成效更好、影响更大。让气候传播之花遍地开放，在中国，乃至在世界真正形成大气候，为促进美丽中国和健康中国建设，为实现气候变化全球共治的美好愿景，为保护我们共同的地球家园做出更大贡献！

中国气候传播项目中心团队核心成员、清华大学气候变化与可持续发展研究院项目主管王彬彬、国家气候战略中心综合部副主任张志强、广西大学气候与健康传播研究中心主任吴海荣，以及中国国际民间组织促进会副秘书长王香奕和深圳标新科普研究院理事长陈素平等参加了发布活动，他们分别从政府、高校、媒体、NGO、企业等不同角度介绍了气候传播的做法与经验。

第五章　花 开 四 野

应对气候变化需要全社会的参与和广大民众的支持。气候传播的主要任务是要将气候变化信息及时、充分、准确地告知公众，增强他们的气候变化意识，引领他们积极参与减缓、适应和应对气候变化的行动。而要实现上述目标，仅靠少数人是办不到的。

因此，自项目中心成立起，我们就确立了一个理念：要联合更多的人加入气候传播队伍，投入气候传播事业，推进气候传播工作。本着这一理念，这些年项目中心通过各种形式加强同兄弟新闻院校，以及媒体机构和 NGO 组织的联系，努力扩大气候传播影响，打造气候传播品牌，使得气候传播队伍不断壮大。在我们项目中心的带动和帮助下，2016 年，中国传媒大学组建了“绿色低碳发展与品牌传播研究中心”，2017 年，河南新乡学院组建了“中原气候传播研究所”，2018 年，广西大学组建了“气候与健康传播研究中心”，青岛大学、中南民族大学也在筹划组建相应机构，开展气候传播研究。如今全国气候传播研究人员已建起了数百人的联系网络，气候传播之花正开遍四野。

第一节　花放京华

中国传媒大学绿色低碳发展与品牌传播研究中心是中国气候传播项目中心创建之后，由中国传媒大学成立的第二个以气候传播为主要科研定位的专门研究机构。2016年12月17日在北京举行的“绿色发展与气候传播研讨会”上，该中心举行了成立揭牌仪式，中心主任为鞠立新，中国气候传播项目中心主任郑保卫教授受聘担任顾问。该中心的成立壮大了我国气候变化与气候传播研究队伍，拓展了气候变化与气候传播研究领域，使得又一朵气候传播之花绽放京华。

挂靠在中国传媒大学广告学院的中国传媒大学绿色低碳发展与品牌传播研究中心，发挥其在品牌传播研究方面的优势，以绿色低碳发展为基本理念，探讨如何全面认识绿色发展与气候变化、气候治理和可持续发展目标之间的关系，如何在实践层面建立有效的气候传播科学机制等，有其独特优势。

21世纪以来，低碳绿色发展已成为国家战略，成为国际社会减缓和应对全球气候变化的战略选择。为更好地推动国家低碳绿色发展进程，参与气候变化全球治理，更好地做好低碳绿色发展与气候变化传播，有效开展低碳绿色战略研究，推动生态文明建设，近年来中心组织开展了一系列活动：

第一，与天津武清精武镇签订战略合作协议，共同开展特色小镇试点工作，就特色小镇建设如何实现绿色发展开展调研，并形成调研报告《精武特色小镇发展蓝皮书》。

第二，与国家海洋局合作，围绕海洋文化产业国家战略规划、国家海洋文化产业政策体系、国家海洋文化产业发展机制，以及涉及海洋领域的气候传播开展研究，同时参与编制国家海洋产业“十三五”规划，编撰《中国海洋文化产业体制机制创新研究》，参与中国社科院《气候变化经济学》《气候传播经济学》的章节写作等。

第三，配合海洋局“世界海洋日”和“全国海洋宣传日”等重大全国性海洋宣传教育活动，制订活动方案并组织实施。配合海洋局组织策划海洋影视、动漫、音乐、摄影、绘画等海洋文化宣传教育产品的开发和制作。

第四，利用多种媒介平台，开展中国低碳绿色传播活动，包括拍摄影视作品、开设专栏、开展艺术创作等，并通过与各种媒体的合作，建立战略传播的共享渠道。

第五，通过与各种媒体合作，建立低碳绿色传播共享渠道，为我国应对气候变化，节能减排，形成绿色生产、生活方式提供借鉴。例如，在深圳国际气候影视大会期间开展气候变化科普教育，举办“气候题材影视作品公益展映进校园”和“气候变化知识科学普及专家讲座”。鞠立新主任作了多场科普讲座，鼓励青少年通过影视手法来表达对气候问题的思考，帮助他们从小树立低碳绿色生活理念。

第六，配合政府开展“全国低碳日”宣传活动，组织生态环保系统培训项目等。

第七，与政府及社会组织合作，开展低碳领域的创新与服务活动，通过公益创投方式培育、孵化低碳相关公益项目及社会组织，推动低碳理念在社区、乡村的传播，加强低碳生活理念宣传普及，培育公民的低碳意识，推广低碳生活方式，从而推动低碳传播与发展。

第二节 花落中原

新乡学院中原气候传播研究所是河南新乡学院于2017年4月组建的一个以气候传播理论研究与实践推广为主要任务的研究机构。这是自2010年中国人民大学创立“中国气候传播项目中心”和2016年“中国传媒大学绿色低碳发展与品牌传播研究中心”组建以来，我国成立的第三家气候传播研究机构。气候传播从此走出北京，在中原大地开花结果。

2017年4月6日，河南省政府在北京举行的“一招四引”项目发布会上，由中国人民大学新闻学院郑保卫教授领衔的中国气候传播项目中心与新乡学院签署合作协议，支持该校筹建“中原气候传播研究所”。同年5月10日，受邀担任研究所顾问的郑保卫教授同新华社原副社长兼常务副总编马胜荣教授，参加了新乡学院中原气候传播研究所建设发展研讨会。

中原气候传播研究所自成立以来，在所长祁晓霞、副所长杨建宇带领下，坚持“立足地方，注重实证，突出应用”的宗旨，一方面积极参与中国气候传播项目中心的相关工作，另一方面结合新乡市、河南省发展战略与现实需要，开展一些服务地方经济社会发展的活动，收到一定效果，在中原地区产生了积极影响。

近年来研究所主要开展了以下一些活动：一是进行相关理论研究，如介绍和传播国内外气候治理、绿色发展的先进理念与方法。二是进行影视作品创作，如策划和开展绿色发展和低碳行动公益传播和影视作品创作。三是与有关部门合作组织社会活动，提供咨询服务。四是在当地高校开展大学生气候变化认知状况调查等。研究所期望通过努力，能够建设一支结构较为合理、视野较为开阔、方向稳定、勇于创新的科研团队；打造一个可以联合攻关、开展高水平基础理论和应用对策研究的重要平台；形成一批形式多样、质量较高、效应明显的代表性成果。

具体开展的活动和工作有以下一些：2017年9月23日，参加了深圳举办的第二届中国（深圳）国际气候影视大会；2017年10月11—14日，全程参与了由中国气象局主办的“应对气候变化·记录中国——走进福建”活动；组织了以新闻传播学院名誉院长任金州教授领衔的“绿色影视制作”团队，与气候传播研究团队相互支撑，彼此呼应，开始创作实施《二十四节气故事》《乡村里的中国梦》系列，成果初现，部分作品在一些重要的专业赛事上获奖。2018年6月5日研究所举行了“首届新新故事颁奖典礼暨美丽乡村主题创作启动仪式”，通过讲述新时代新故事，立足基层和实际，更好地提升农民低碳意识，推动农业绿色发展，助力美丽乡村建设。

团队成员近年来取得了一些研究成果：任宝旗教授获2018年度教育部一般项目立项，并在《中国人口资源与环境》发表一篇核心期刊论文，指导学生发表2篇论文；杨建宇博士、庄鹏老师以方案新闻研究为切入点，关注欧美气候报道从“问题聚焦”到“方案导向”的新转变，在《新闻界》《编辑之友》《传媒》《青年记者》等核心期刊发表4篇论文，其中两篇被CSSCI收录；苏武江博士开展针对新乡高校学生的健康素养调查、气候变化认识调查，并撰写出研究报告；毛阳南老师聚焦新乡农村生态文明建设，获河南省软科学研究计划项目1项，发表2篇论文，等等。

今后，研究所将依托新乡学院和该校新闻传播学院，以气候传播方向为抓手，努力使更多师生参与到气候传播研究与实践的相关工作中来。研究所在气候传播研究规划上计划将实证研究、社会活动、影视创作、政策咨询，以及教学实践、毕业设计、项目申报、团队培育等工作结合起来，使众多工作相向而行，相互支撑，相得益彰。研究所将进一步立足地方实际，明确问题意识，突出应用导向，将气候传播作为学院重要的理论研究和学科发展方向，充分发挥其在团队培育、平台打造、交流合作和教育教学中的积极作用。

第三节 花香桂苑

2018年3月，受聘广西大学新闻与传播学院院长的郑保卫教授，将其多年来在中国气候传播项目中心所积累的资源与成果，同广西大学新闻与传播学院吴海荣教授原先一直在作的健康传播研究的资源与成果结合起来，倡导创建了“广西大学气候与健康传播研究中心”。这是国内第一家融通气候传播与健康传播研究的科研机构，由此开创了气候传播与健康传播融合研究的新平台，气候传播之花从此得以在“桂苑”飘香。中心由吴海荣教授担任主任，广西大学新闻与传播学院院长助理覃哲担任副主任，郑保卫教授担任名誉主任。

大量事实说明，气候变化不但对人类的生产和生活环境造成了不可逆转的严重破坏，而且对人类的生存和健康状况也带来巨大威胁。在IPCC第五次评估报告（AR5）中有几个重要结论：气候变化对人类健康、人类安全、生计与贫困的影响日益突出，这三个方面都是实现人类福祉的重要内容。该报告指出：人类的健康对气候的变化非常敏感，危害极大。温度的升高已经导致了人类相关疾病和死亡风险的增加，局部地区温度和降水的变化已经改变了水源性疾病和病媒生物的分布状况，一些疾病会在目前的非流行区出现。这些健康威胁对人口稠密、社会经济条件脆弱的地区影响最大，这些威胁会将更多的人推入贫困，加快环境退化，最后形成更差的健康和更缓慢的发展的恶性循环。

气候变化引起的健康问题是全球性的，任何人都难以幸免，在广西，一些医学研究者发现，受气候变化的影响，暴雨洪涝带来的相关敏感性传染病谱为细菌性痢疾、急性出血性结膜炎（AHC）、甲型H1N1流感、肺结核、流行性感冒、肾综合征出血热（HFRS）、流行性乙型脑炎（EEB）、钩端螺旋体病和疟疾（主要为恶性疟）等。洪涝灾害期间，老人与儿童罹患这些传染病的风险更高。这说明关注气候变化与疾病健康及其传播问题，开展气候与健康传播研究，已经是刻不容缓、势在必行的事情。

广西大学气候与健康传播研究中心成立后，在理论研究和社会推广方面开展了一系列工作。2018年10月20日，中心在广西大学举办了全国首届气候和健康传播学术研讨会。会上，来自中国人民大学、中国传媒大学、北京大学、清华大学、复旦大学、重庆大学、厦门大学、中南民族大学、青岛大学、燕山大学、中国科学院大学、新乡学院、（中国）台湾政治大学等高校，以及生态环境保护和气象等政府部门，中国民促会、深圳标新科普研究院、中国中医药报等社会组织、新闻媒体和企业的30多位专家学者及相关人士，围绕气候与健康传播的关系、融通整合两者研究的意义，以及做好气候与健康传播的策略方法及行动路径等作了发言，分享了他们的经验及成果。

2019年6月19—20日，在节能宣传周期间，中心开展了“绿色离校，绿色感恩——用低碳行动守卫蓝天”公益活动，号召即将毕业的大学生将旧书籍、闲置的学习用品捐赠给有需要的在校同学，同时通过展板、微信公众号文章、短视频、传单等形式宣传了气候变化相关知识与广西低碳发展的政策。

2019年11月2—3日，研究中心与中国气候传播项目中心和中南民族大学文学与新闻传播学院，共同在武汉举办了第二届气候和健康传播学术研讨会。会上，来自海内外高校、政府、媒体、企业、社会组织与智库几十家机构的近百名专家学者和研究生出席，以“美丽、健康、行动、共享”为主题，围绕气候与健康传播的战略定位及行动策略等话题展开学术研讨。

此次研讨会正逢我国气候传播研究十周年，郑保卫教授在最后的总结发言中说，我们回顾十年工作，展望未来发展信心百倍。他希望大家能够不忘初心，牢记使命，继续前进，再创佳绩，为促进生态文明、绿色发展，推动美丽中国、健康中国建设，为实现气候变化全球治理目标，担负起我们的责任和使命，贡献出我们的智慧和力量。

第六章　成 果 展 现

十年来，项目中心在国际、国内两个层面两路并进，双向使力，为推进国内应对气候变化和全球气候治理做了一些工作，与此同时，在人才培养和队伍建设方面也取得了一些进展。

作为新兴的跨学科研究方向，气候传播在欧美国家蓬勃兴起，但在我国才刚刚起步，既缺乏经验，也缺少人才，特别是缺少专业研究人员。郑保卫教授认为，只有培养中国自己的气候传播专业人才，才能在学术方面有所建树，与国际同行更好地开展全方位的对话与合作。郑保卫教授提出，气候传播是应用性研究，不能坐在书斋里翻资料搞研究，而应该投身应对气候变化实践中，取得实战经验，之后再将实践经验提炼升华为理论。而唯有坚持理论联系实践，才能实现气候传播理论研究的终极目标，即为应对气候变化挑战提供科学的解决方案，因此气候传播人才的培养一定要立足于实践应用，要从气候变化工作实践中去发现人才、培养人才。

从2012年开始，郑保卫教授在中国人民大学新闻学院定向招收气候传播方向博士生，为我国博士生培养开拓了一个新领域，增加了一个新的专业方向。自郑保卫教授开始以气候传播专业方向招收博士生后，近年来先后有三位来自气候变化与气候传播工作一线的实践者王彬彬、张志强和杨柳入读中国人民大学新闻学院攻读博士学位。三位博士生分别来自社会组织（王彬彬）、政府部门（张志强）和新闻媒体（杨柳），他们正是来自作为气候变化与气候传播行为主体的最关键的三方，很有代表性。他们从气候传播与气候变化全球治理、政府气候传播角色定位及其传播方略、媒体气候传播角色定位及其传播策略等角度设计各自的博士研究方向，并陆续完成了博士学位论文。

本章将集中展示三位气候传播专业方向博士生的博士学位论文框架及思路。郑保卫教授把培养了三位气候传播专业方向的博士生，以及把他们所完成的博士学位论文作为十年气候传播研究最重要的标志性成果之一。同时还收录了2018年由郑保卫教授牵头申报并获得立项的国家社科基金重点项目“生态文明建设背景下和绿色发展理念下我国气候传播的战略定位与行动策略”的申报书（摘要）。

第一节　博士学位论文一：气候传播与气候变化全球治理

自中国气候传播项目中心创建开始，全程参与了气候传播项目研究的王彬彬有着丰富的媒体和NGO工作经验。她见证了我国从2009年哥本哈根联合国气候大会到2015年巴黎联合国气候大会的重大转变过程，特别是见证了不同行为体多元合作参与全球气候治理的进程。在郑保卫教授的建议和鼓励下，王彬彬于2012年9月考入中国人民大学新闻学院开始攻读博士学位。基于从2009年开始跟进联合国气候大会的参与式观察，王彬彬以国际关系的双层博弈和全球治理理论为依据，从国际、国内两个层次对关键利益相关方进行持续追踪分析，构建出一个“双向多维”的全景立体研究空间，创新拓展了气候传播的研究领域。2015年12月，王彬彬的博士学位论文通过答辩，成为我国自主培养的第一位气候传播专业方向博士。

2016年9月，王彬彬进入北京大学国际关系学院开始作博士后研究，2018年4月，在博士论文的基础上，她出版了专著《中国路径——双层博弈视角下的气候传播与治理》。同年，该书获选国家社科基金“中华外译”项目，签约斯普林格出版社，于2019年正式出版英文版。理论联系实践，践行气候传播，王彬彬博士将用她的英文专著向世界讲述中国故事。本节为王彬彬博士论文节选。

一、博士论文摘要

在世界格局风云变幻的今天，中国明确表态要充分发挥负责任大国担当，落实“一带一路”倡议，打造人类命运共同体，积极为全球治理的各项议题贡献中国方案。

全球治理的中国方案，应该源自中国经验和中国实践。

从2009年的哥本哈根谈判，到2015年的巴黎气候大会，参与其中的人都知道，这是一场攻坚战。从2009年到2015年，中国用了六年时间，完成了从被动跟随到主动引领的角色转变，成功扭转了在全球气候治理中的国家形象，这是改革开放四十年中国参与全球治理以来第一次，也是最快的一次掌握了治理规则制定权和话语权。回望中国参与全球气候治理之路，梳理其中经验并将精华外溢，可以为中国参与其他全球治理议题和落实“一带一路”倡议提供参考和借鉴。

气候变化是跨学科议题，涉及环境保护、社会发展、地球物理、国际政治、生态安全、人类健康等诸多方面，是21世纪人类面临的最大挑战。同时，气候变化也是跨越国界的，在气候变化的威胁面前，没有一个国家可以独善其身。有效地应对气候变化，既符合国家利益，也符合全人类共同利益，需要世界各国密切合作、共同努力。科学传播气候变化的信息、知识，提升公众对气候变化影响、政策和应对的认知，可以推动更多行动，调动最大范围的参与，提高全球气候治理的成效。传播的目的是推动更有效的治理。气候传播，是气候治理的策略工具。

按照国际关系的双层博弈理论和层次分析法，现代社会中的国家既相互依存，又重视各自主权，这决定了参与全球治理的利益相关者必须兼顾国际、国家两个层次。只有同时照顾两个层次，才能找到治理的平衡点。作者从2008年开始从事气候变化与可持续发展相关工作，2009年，作为国际组织乐施会（Oxfam）的中国代表参加联合国哥本哈根大会。那次会议中国表现的失利，证明单一国家行为体模式在全球气候治理中是行不通的，也启发作者开始气候传播与治理的研究，将国家行为体——政府和非政府组织、媒体两个非国家行为体界定为参与气候传播与治理的关键利益相关方，长期追踪研究三者在国际、国内两个层次的角色互动和策略转变，并在实践中推动多元对话与合作。在追踪的过程中，作者发现，随着全球气候治理的推进，主动参与进来的非国家行为体越来越多，尤其是企业家的表现值得再一步深入研究。

本文基于作者多年参与式观察与实践，以双层博弈理论和全球治理为理论依据，从国际、国内双层次对关键利益相关方进行持续追踪分析，为中国参与气候传播与全球气候治理构建一个“双向多维”的全景立体研究空间。

在2009—2015年的追踪分析章节中，作者用丰富的案例“庖丁解牛”式分析政府、媒体和非政府组织在“双向多维”研究空间中变化趋势。结合《巴黎协定》生效和美国宣布退出《巴黎协定》的最新局势，作者对全球气候治理的形势作出研判，并结合新形势预判在“双向多维”的研究空间中气候传播与治理在研究与实践层面的应对策略。

本文从全球气候治理的进程中提炼并尝试构建气候传播与治理的关系，重新界定气候传播的定义和价值，进而搭建新的研究空间，以期在拓宽气候传播研究的思路、帮助利益相关方进行科学化决策、提升中国参与全球治理的质量和推进落实可持续发展目标等方面作出一点贡献。

二、研究价值

当下的中国有意愿、有能力更多地参与到国际社会事务中去，以中国智慧为国际社会体系贡献力量，积极落实“一带一路”倡议。及时从不同角度总结中国参与全球气候治理的成功经验，研究经验外溢的可行路径，可以丰富中国方案的内容，帮助国家更好地在全球治理舞台上走出自己的路，作出创新贡献。

第一，基于对中国气候传播与治理研究与实践的长期跟踪，本文借用不同学科的相关理论构建出一个双层多维的全景式研究空间，从中总结出气候传播与治理的中国路径，这是一个区别于以往的综合视角，是对“多元多层”全球气候治理研究做出的有益补充。新的研究空间也为综合梳理中国参与全球气候治理的成功经验提供了可能。

第二，国际关系中的双层博弈理论能够较准确解释单一国家在参与全球气候治理时的决策处境。双层博弈理论是理性制度主义的一个研究分支，强调国内和国际互动的建构角度。中国学者在中国外交实践分析、对外经济政策、商务外交实践等方面已经进行了诸多有益的评介型和经验型研究尝试[①]。本文是双层博弈理论在气候传播与治理研究的应用，是一次有益的尝试。

第三，本文借用管理学的利益相关者分析法和社会学的追踪研究方法对研究对象进行多学科立体交叉研究，构建“双层多维”的全景式研究空间，试图突破既有的传播学本位的气候传播研究方法，拓展气候传播研究的理论深度和研究层次，推进跨学科视野融合。作者发挥多年跟进联合国气候谈判的经验优势和独特的个人研究与实践经历，用双层次分析的方法跟踪研究政府、媒体和

① 张刚：《中国学者双层博弈研究评析》，《辽宁省交通高等专科学校学报》，2009 年第 4 期，第 30-34 页。

非政府组织的气候传播策略转变，重新界定了气候传播在全球气候治理的宏观背景下的定义和价值，拓宽了气候传播的研究空间，丰富了全球气候治理的研究内容。

第四，无论是全球气候治理还是气候传播研究本身，在统筹国际、国内两个大局的精神下，国际非政府组织和本土社会组织的作用都值得更加重视。随着研究的深入，国际非政府组织在全球环境和气候治理中的作用已经在诸多研究成果中体现，本土社会组织也逐渐引起研究者的兴趣。尤其在“一带一路”倡议的落实中，非政府组织依靠其丰富的网络和群众基础，是民间外交的主要力量，在民心相同方面有巨大潜力。正确理解非政府组织的类型、功能和影响力，可以帮助中国更好地与世界对话，塑造“负责任的大国”的国家形象。本文作者拥有丰富的国际非政府组织和政府间组织的工作经验，在回顾政府、媒体与非政府组织的策略转变过程中立体展示了三者的互动关系，为后续研究提供了有益参考。

第五，研究气候传播与治理的前提，是要对气候变化的真实性、气候传播研究的价值和定位等基本问题达成共识。这恰是过去八年间作者在各种交流时遇到分歧最多的地方。缺少共识的对话会影响议题讨论的深度。本文在进行深入的交叉研究前专门用一个章节，通过对国内外现有的文献进行搜集、分析、比较和批判，解释气候变化存在不确定性是科学研究的必然和预防原则的重要性，分析气候传播与环境传播、政治传播等相关应用传播领域的区别，明确气候传播作为独立研究方向的定位，为本文的交叉研究铺垫共识，也为其他对气候传播感兴趣的学者开展进一步的研究铺垫理论基础。通过文献综述回应了对气候变化不确定性的质疑，对于推进学科间的行动共识有现实意义。

在实践层面，本文及时总结中国参与全球气候治理的经验教训，对今后利益相关方开展进一步工作有一定参考价值。

总之，本文的选题契合国家社会重大现实关切，具有一定现实意义。从主内容看，本文仍属于使用已有理论分析经验事实的应用研究，在现阶段，实证研究的积累和跨学科的研究尝试是相对现实的研究路径。所以，本文的重点不是对跨学科的理论进行突破和创新，而是基于作者长期参与式观察积累的大量一手资料和深度访谈材料进行的实证研究，尝试将国际关系、公共管理、社会学、传播学等领域的相关理论和方法引入气候传播与治理的研究中，构建一个综合的研究空间。希望这些探索对于拓宽气候传播与治理的研究视野起到抛砖引玉的启发作用。由于作者本身的跨学科理论积淀有限，在理论运用上不免有不够准确之处，有待日后继续完善。

三、主要结论

（一）理论层面："双层多维"全景研究框架构建

通过理论和案例的分析，本文尝试构建一个"双层多维"的全景研究空间。双层，是指国家单元面对的国际、国内双层次博弈格局。多维，是指同时考察参与主体、时间等不同维度。通过这个框架可以及时把握处于内外博弈中的国家的动态变化。

全球治理是指国际舞台上的行为体通过集体行动来解决全球共同问题的过程。在对全球治理层次的推进研究中，学者们对治理路径的认识逐渐清晰，"多层多元"的合作治理成为各方高度共识的最有意义的全球治理方式。全球治理模式从国家中心主义治理向多元多层协同治理的转型，不仅是对全球治理现实的反映，也是全球治理不断走向深入的表现；不仅有利于推动全球治理朝着更加民主、公正、包容的方向发展，也将推动治理体系逐渐实现动态、良性发展；不仅将提升全球治理的有效性，也将提升整体治理的协同效应。

从多层的角度，基欧汉和约瑟夫奈将全球治理划分为三个垂直层次：超国家的（包括跨国公司、政府间组织和非政府组织）、国家的（包括公司、国家中央政府，民主社会）和次国家的（地方公司、当地政府和地方民主社会）。后期有学者在垂直层面的基础上加入水平层次，即把治理分为致力于高层次和低层次治理的垂直型治理和致力于非国家的多方主体治理的水平治理。从多元的角度，全球化的深化导致了权威的分散化，中央权力向两个方向转移：第一，在垂直方向向其他层面转移；第二，在水平方向向非国家行为体转移。美国主导的以霸权主义为特征全球治理旧形式不适应时代的发展，应当被相互依存平等互利的新形式取代，发达国家和发展中国家、国家行为体和非国家行为体广泛参与的共治为核心的体系才是未来的方向。

多层多元是一个理想模式，不同国家根据不同的发展阶段需要有不同的抵达路径。从2008年全球金融危机到现阶段，中国、印度等新兴经济体国家在全球治理中的崛起已经成为事实，尤其是中国在全球治理的积极表现更是全世界有目共睹。新兴经济体国家普遍面临的问题是考虑到国情和发展阶段的不同，要在参与全球治理的过程中找到适合自己的路径，而不能直接复制欧美等西方民主国家参与全球治理的经验。

在达到“多层多元”的理想治理模式前，还有很长一段路要走。却很少有学者对这个现实与理想之间的断层有所观照，这是因为，学界普遍的困境是能够指明理论建构起来的理想彼岸，却因为缺少长期深度介入的实践而无法看清通往理想的脚下之路。

正是注意到这些问题，作者把研究尺度降到国家层面，聚焦研究中国在全球气候治理中的角色转型。从国家层面切入但不局限于一个层面内部，连续多年跟踪中国在气候传播与治理的利益相关方的工作，构建出“双层多维”的研究空间（图1），在现实和理想之间搭建起一座桥梁。

“双层”可以保证一方面与国际社会有基本的观念共识，同时又能照顾到中国实际的发展阶段。中国正在走出国门积极参与全球治理的路上，虽然国际层面已经有了全球、区域等细分，但不管面对哪个层次的问题，中国重点关注的还是如何与国内发展的平衡，双层博弈在具体的治理议题上是有效的理论工具。“双层”与“多层”相比可以对应更清晰的战略目标。

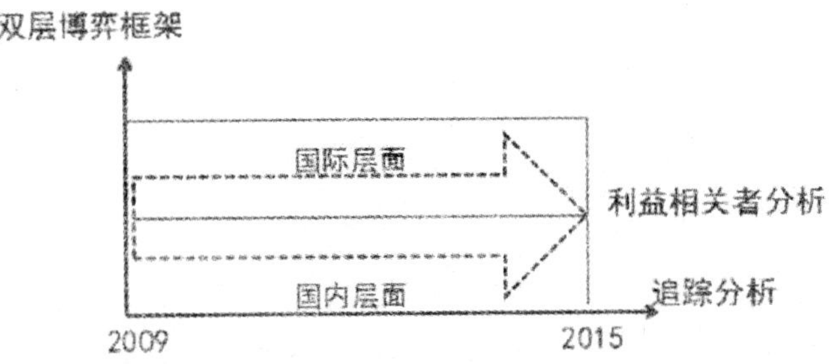

图1 “双层多维”全景研究框架示意图（以2009—2015年为例）

“多维”中的利益相关者是影响气候治理目标实现的个体或群体，包括国家行为体和非国家行为体。国家行为体与非国家行为体是从主体身份的角度进行界定的，有组织本位倾向。强调非国家行为体的贡献是20世纪80年代以来兴起的全球治理的基本属性之一。“双层多维”框架选择利益相关者理论，强调共同利益面前的主体平等性，强调利益相关者共同治理，是全球治理倡导的实践模式。利益相关者理论可以帮助研究者跳出权力框架，更全面地厘清治理目标的参与者。

全球治理是一个多层面的多元行为体共同参与的过程，需要设计全球层面的顶层制度，加强宏观规划和统筹协调。同时，也要建设更有效的基层制度，这是走向全球治理的重要路径。全球气候治理一直致力于通过一项具有普遍法律约束力的全球宪章，虽然最终达成了《巴黎协定》，但美国退出对《巴黎协定》的落实产生了巨大冲击，也让人们再次思考自上而下治理模式的有效性。与此同时，国家间的“小多边”气候制度，以及民间的公私伙伴和气候合作制度在积极发展。“双层多维”研究框架以国家这个层面为研究切入点，观照政府、媒体、非政府组织等利益相关方在国际和国家两个层面的策略变化，可以将最新的实践进展及时纳入研究框架，为全球气候治理的基层制度建设提供支撑。

世界秩序转型增强了全球治理改革的迫切性，而有效的全球治理需要体制上的创新。“双层多维”的研究框架为全球气候治理提供了一个国家层面的透镜，可为全球治理的理想模式提供一条现实的路径。

（二）实践层面：中国路径选择

2008年全球金融危机爆发以来，国际社会强化全球治理的呼声空前高涨，改革和创新全球治理机制的共识也不断增强。全球治理体系与决策模式已无法适应变化中的复杂多样的新形势，变革中的国际社会需要改革全球治理体制。正是在这种形势下，全球治理体制进入改革期，层次不同、范围各异的全球治理制度均经历着不同程度的改建、创建乃至重建过程。

从2009年到2015年，全球气候治理取得了历史性进展，中国在其中发挥了关键作用，其贡献得到全世界认可。从本书前面的分析可见，在对待全球气候治理问题上，在国际、国内双层面推进的过程中，中国各利益相关方开展具体的气候传播与治理工作的观念、制度和秩序都发生了巨大变化。

在“双层多维”研究框架下可以清晰地发现，中国在气候治理领域取得的成就正得益于“统筹国际、国内两个大局”的双层次战略思考和多元合作的实践推动。因为有了哥本哈根失利的教训，中国政府、媒体、非政府组织三方积极调整双层次工作策略，在推进气候治理的共同目标下彼此调整适应，最终结成战略盟友，进而实现获胜集合最大化。

在多层多元的理想模式未达成前，以国家层面为切入点，从国家所处的双层次国际关系现实来识别有共同治理目标的利益相关方开展合作，并选择在不同时间尺度内达致阶段性目标的现实策略，正是本文在案例部分集中展示和应用的，可总结为气候传播与治理的中国路径。

全球治理在经历深层次改革，中国也在日新月异地变化，中国在全球气候治理中取得的进步和成绩正得益于此。中国借气候治理拿到话语权，是一次成功的尝试，增长了中国积极参与全球治理的信心，也让世界看到中国改革开放的成果。在气候变化问题上，发达国家力图逃避应该承担的责任，反而把责任更多地推给新兴发展中国家。而正处于工业化阶段的新兴经济体，在得不到发达国家资金与技术援助的情况下，大多仍沿袭欧美一个多世纪前采用的碳密集型发展之路，加剧了气候恶化态势。中国经历了四十年的改革开放，经济发展到一定程度，意识到西方发达国家碳密集型发展之路的问题所在，选择了一条低碳发展之路。坚持这种战略选择，加上双层次的战略布局和多元合作的开放思想，中国会在全球气候治理中有更多示范性的贡献。

四、未来展望

华盛顿时间2017年6月1日，美国总统特朗普在白宫正式宣布，美国将退出《巴黎协定》。2017年11月，联合国气候大会（COP23）在德国波恩举行。美国联邦政府派出了只有7名成员的代表团，会场内第一次没有“美国馆”，全程没有新闻发布会，政府代表只参加了一场边会，因为内容涉及支持化石能源被非政府组织的抗议打断。

就在各方对美国联邦政府的气候政策表示愤怒与失望的时候，在波恩谈判主会场Bula区的出口，来自美国州政府、城市、商界、研究机构和民间组织的代表汇集在巨大的白色帐篷里组织各种活动，巨大的条幅上写着“We Are Still In（我们还在）”。

（一）自上而下：机制复合体的改革之路

从20世纪90年代到今天，全球气候治理的顶层设计已经成形，是以《联合国气候变化框架公约》为中心形成自上而下的制度安排，相关气候制度安排是部分重叠的，形成了一种“机制复合体”①（如图2）。

① Kal Raustiala and David G. Victor: “Regime Complex for Plant Genetic Resources”, International Organization, 2004, Vol. 58, No. 2.

在政府间气候变化专家委员会（IPCC）公布的这张治理结构图中，可以明显看到这个“机制复合体”的构架，包括《联合国气候变化框架公约》的中心位置及与气候治理有联系的国际组织、条约/协议、网络和行动方案的分布。这些不同的行为体按照其工作的区域出现在国际、国家/区域、地方三个层次中，大部分是跨层次开展工作。这张图展示了以《公约》为中心的全球气候治理不同层次（尤其是国际层次）的制度安排现状，也暴露了全球气候治理在顶层设计中存在随机性、泛协调和议题冲淡的现实挑战。

全球气候治理顶层设计的随机性表现在，虽然强调了《公约》的中心位置，但将所有涉及的行为体与《公约》的关系并不是强制的。以联合国为例，联合国机构围绕17个可持续发展目标设定各自工作框架，因为气候变化是17个目标中独立的一个目标，联合国机构的各自工作描述里多少会提及应对气候变化，但在具体工作没有可操作的落实安排。即使是与《公约》相关性最大的联合国环境署也存在同样的问题。

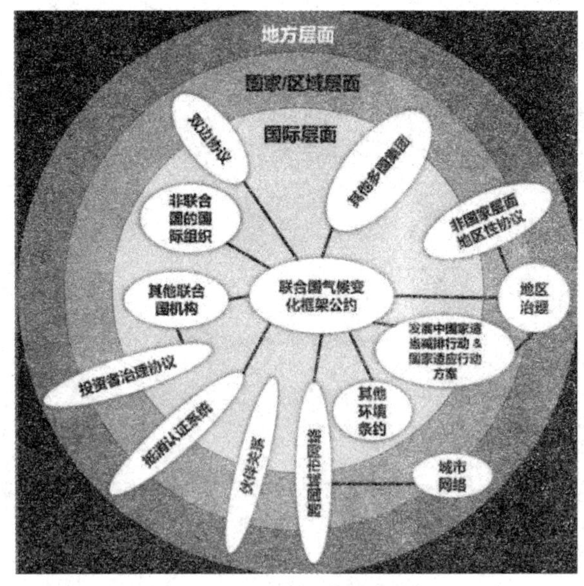

图2 全球气候治理结构图①

① 资料来源：IPCC 第五次评估报告，英文原图参见 http://ipcc.ch/pdf/assessment-report/ar5/wg3/ipcc_wg3_ar5_chapter13.pdf。

此外，《公约》秘书处作为主要的协调部门，主要任务是跟进缔约方会议，不能承担与诸多行为体的真正协调作用，只能发挥泛协调的作用保持观念层面的一致。在这种情况下，行为体与《公约》的关系是松散的。

其他多国集团、环境协议等都被放入治理结构中，但气候议题在其他多国集团或协议中是否占据主要位置，取决于不同时间段成员国政府的重视程度。

气候变化是系统工程，而在这个全球气候治理的顶层设计里却缺少系统的协调机制，使结构图变成了理想的呈现，缺少现实中有效的制度安排，自上而下的制度安排面临僵化的困境。当出现美国退出《巴黎协定》的威胁时，全球气候治理再次面临“机制失灵”的质疑，国际社会呼吁新的领导力出现，引领一场全球气候治理机制层面的渐进式改革。

（二）自下而上：气候传播与治理新动力

在全球气候治理自上而下的制度安排陷入僵局的时候，让我们回到“双层多维”的研究空间中，把目光放到治理架构图没能呈现的国家层次的细部来考察中国所处的双层次博弈场的微妙变化。

美国宣布退出《巴黎协定》使中国面对的国际层面的博弈力量出现新调整。在领导力过渡的问题上，法国等已经主动表态，希望牵手中国发挥联合气候领导力。2017年的联合国波恩气候大会，在美国宣布退出的背景下，“广大发展中国家体现了空前的团结，发达国家也展现了很大的灵活性和建设性”[①]。

在联合国波恩气候大会期间公布的调研显示，中美两国的多数公众均支持本国签订《巴黎协定》，并向低碳及新能源路径转型。95%的中国公众支持中国政府落实《巴黎协定》，64%的美国公众反对美国退出《巴黎协定》（图3）。

可见，中国在国际层面的工作正在稳步推进中，为接下来的制度安排和新一轮的谈判做相应的协调和准备。相比国际层面的稳步推进，国内层面的利益相关者，尤其是非国家行为体，显示出前所未有的活力。

1.框架机遇加强观念共识

框架设定是指将某一问题设定于适当的背景下以形成预期的解释或观点。

---

①中国新闻网. 解振华谈波恩气候大会结果：体现合作共赢奠定良好基础. 检索于http://www.chinanews.com/cj/2017/11-18/8380001.shtml。

框架设定的目的并非误导或者操纵人们的思想，而是帮助公众更易于理解气候变化及其影响。由于可以设定框架，气候传播者（包括政府、媒体、非政府组织、科学家、企业、普通公众等）可以有意识地选择能够引起共鸣的框架。

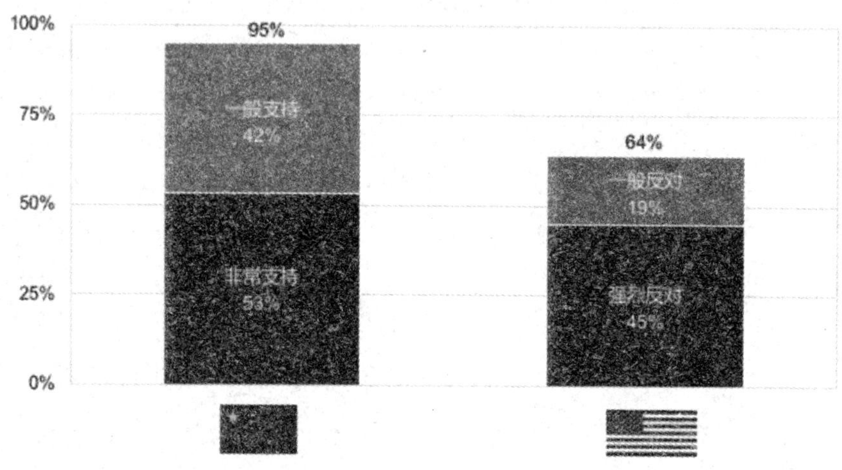

图3 中美两国公众对各自领导人支持 / 退出《巴黎协定》的支持度测试[①]

作者主持的2017年全国公众气候认知调查显示，未来二十年，如果中国不采取措施应对气候变化，95.1%的公众认为气候变化会导致空气污染现象增多，其次是疾病。在“您最担心哪类气候变化影响”的题目中，33.4%的公众选择“空气污染加剧”。七成以上公众认为气候变化与空气污染互相影响，有协同性（图4）。

近年来，雾霾和空气污染成为中国人健康的头号威胁，而空气污染与气候变化是同根同源（源自化石能源排放）并且都需要“环保减排”的解决方法。所以将雾霾和空气污染框架引入气候传播，可以解决公众觉得气候变化“遥不可及”、缺少可见性和即时性的问题，强化应对气候变化的意识，为采取行动铺垫观念共识。

① 资料来源：美国耶鲁大学气候传播项目与中国气候传播项目中心的联合对比研究，2017年11月10日发布。检索于https://cop23. unfccc. int/sites/default/files/resour ce/Key%20Findings%20-%20The%20Climate%20Change%20in%20the%20Chinese%20and%20American%20Mind%202017. pdf。

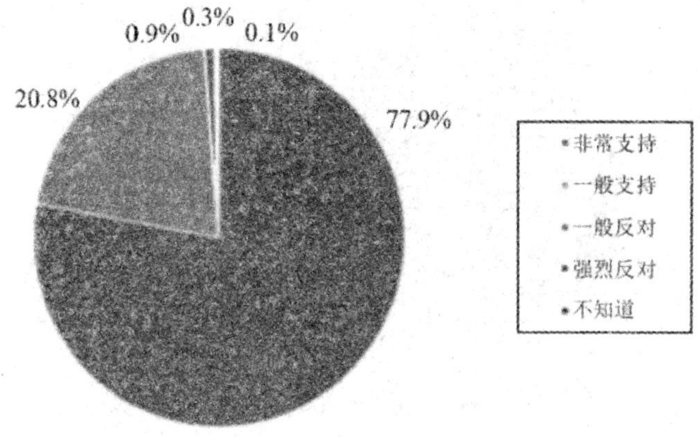

图4 中国公众对气候变化与空气污染的协同测试

2.科技创新推动公众参与

气候治理需要更多实际行动，而气候传播最大的瓶颈就是公众在认知、态度和行为之间的跨越。最新调研显示，近半数中国公众使用过共享单车，超九成公众支持共享单车出行，超半数公众知道家庭和单位安装太阳能光伏板发电的用处。与作者在2012年主持的全国公众调研结果相比，五年前公众采取行动方面只有节约用能这类传统方法可以选择。五年后，共享经济和科技创新为公众采取实际行动参与应对气候变化提供了新的可能。

不只是个人有了行动的可能，公众还有影响周围人的强烈意愿。调研显示，97.7%的公众愿意和周围朋友、家人分享气候变化的相关信息。除了影响身边人，气候变化对下一代的影响也引起了公众重视，98.7%的受访者支持学校开展气候变化相关教育（图5）。

从数据中可以预见，中国将迎来“人人都是气候传播者”的新时代。

3.非政府组织和企业创新先行

最新调查显示，在应对气候变化问题上，公众普遍认为政府应该发挥更多作用，其次是媒体和非政府组织。经过五年的深入工作，气候传播与治理的关键利益相关者的作用已经得到公众认可，并且有更高期待。

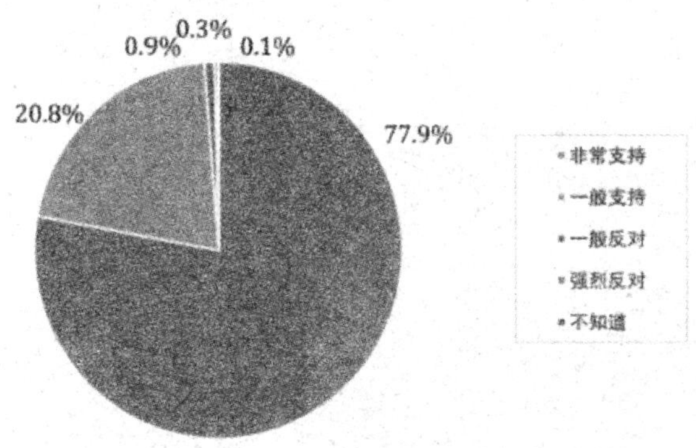

图5 中国公众对气候变化进校园的支持度测试①

在中国开展工作的国际非政府组织在输送理念、推动共识、政策倡导的同时，也积极推动一些有趣的创新实验。国际环保组织绿色和平和加州清洁能源基金New Energy Nexus 联合发起了清洁能源孵化器（Power Lab），通过持续的项目挖掘、线下活动和媒体传播，在中国发现优质的能源创新项目、个人和团队，在能力建设、导师指导、圈子搭建以及传播等方面提供全面的支持，并“帮助优胜者对接国内和国际双渠道的投融资和商业孵化器资源”②。

在推动气候治理的同时，非政府组织还自发搭建网络平台积极参与到中国参与全球治理的新议题中。由乐施会、德国伯尔基金会、能源基金会、世界自然基金会、桃花源基金会、阿拉善SEE生态协会、全球环境研究所、自然资源保护协会等机构联合发起成立的“一带一路绿色发展平台”③，以实现2030年可持续发展目标和《巴黎协定》为目标，着眼“一带一路”所涉及的生态环境保护、气候变化应对、能源转型、绿色金融和产业合作等领域，发挥自身优势，通过研究成果、政策建议、伙伴关系等智力产品，为“一带一路”绿色规划和建设建言献策，促进中国与带路沿线国家的政策沟通和民心相通。2017年年底

① 中国气候传播项目中心：《中国公众气候变化与气候传播认知状况调研报告 2017》，详见附录。

② 检索于绿色和平官方网站 http://www.greenpeace.org.cn/site/climate-energy/2016/powerlab/ incubator.php。

③ 检索于全球绿色领导力网站 http://www.chinagoinggreen.org。

的联合国波恩气候大会上，该平台协调了七场“一带一路绿色发展与气候治理”系列边会，主题从多边开发性金融与气候融资到国家自主贡献，从可再生能源到南南气候合作，得到国内外媒体的广泛报道，其中新华社的英文报道还被国务院新闻办转引，向国际社会展示中国民间积极参与“一带一路”建设的成绩。

在政府政策引导和全民气候传播的大势下，越来越多的本土企业家参与到应对气候变化的观念引领行动中。在气候变化领域行动最早的中国企业家是万科集团创始人王石。王石与作者有类似的经历，都是参加了2009年的气候谈判并受到触动后开始应对气候变化的工作。王石在企业内推动了万科的绿色转型，并在企业家层面引导观念创新，2015年巴黎气候大会期间，王石创办中国首个应对气候变化的民间组织——中国企业家应对气候变化联盟（C Team）。联合国波恩气候大会期间该联盟代表45万家中国企业发布“低碳倡议”[①]。

在推动更多公众参与方面，支付宝客户端推出的“蚂蚁森林”公益行动，成为现象级的跨界创新项目。“蚂蚁森林”鼓励支付宝用户采取地铁出行、网上缴费等低碳行为来减少碳排放。减少的具体数额可以用来在支付宝种“树”，并能在现实中种下一棵实体的树。蚂蚁森林公布的最新数据显示：截至2017年8月底，其用户已超2.3亿，相当于世界人口的3%，累计减排122万吨，累计种植真树1025万棵。与此同时，蚂蚁森林尝试变身社会公益创新的孵化器，新发布名为“Planet Blue”的公益开放计划，把产品能力、科技平台开放给全社会，呼吁人人参与绿色未来，

4.慈善行动提供新动能

随着国家综合国力的提升，一批本土企业家已经成长起来，开始在运营企业的同时，通过成立慈善基金会或与慈善机构合作，投身慈善事业。2016年，国家公布《中华人民共和国慈善法》，明确了相关制度安排，互联网募捐、慈善信托、企业社会责任等方面都呈现出新气象，而这些最新实践也同步在气候治理领域发生，成为气候传播与治理的新动能。

2017年9月，由本土企业家牛根生创办的老牛基金会向中国绿色碳汇基金会捐款7438万元，在张家口市政府的指导下，用于在张家口市崇礼区奥运赛场

① 搜狐新闻《联合国气候大会中国企业日边会在波恩举行》，2017 年 11 月 10 日，检索于 http://www. sohu. com/a/203605923_480207。

周边等高规格造林3万多亩。在30年的项目计入期内，碳汇林可吸收大气中约38万吨的二氧化碳。“老牛冬奥碳汇林项目”是围绕2022年北京–张家口冬奥会打造的以应对气候变化、绿色低碳发展为主题的一项重大公益项目。这个项目更大的价值在于在实践中探索将慈善纳入公私合营模式（Public–Private Partnership），为传统的公私合营模式注入新动力，在气候领域先试先行，开启了以“政府–慈善–私营部门”（Public–Philanthropy–Private）三方合作为标志的PPP2.0新模式（图6）。

除了在国内通过捐赠支持应对气候变化工作，中国慈善家也开始活跃在国际舞台。2018年1月11日，中国女企业家何巧女在“东西方慈善论坛领袖峰会”现场与联合国南南合作办公室签署合作协议。巧女基金会捐资8500万人民币启动“巧计划”，通过联合国系统的网络全球征集务实合作项目，响应发展中国家气候议程的优先事项，并提高其应对气候变化与加强自然保护的能力。这次捐资的资金来自何巧女在2016年联合国马拉喀什气候大会承诺捐赠的1亿人民币，这是《巴黎协定》正式生效后全球范围内第一支聚焦气候变化与可持续发展的民间基金，在全球气候治理的进程中有特殊的历史意义。

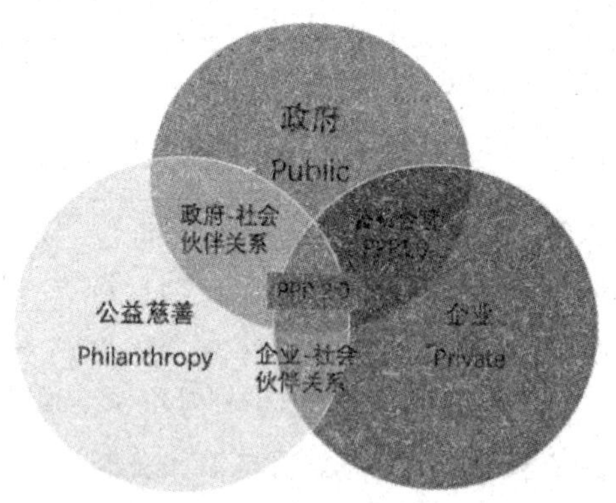

图6 “政府–慈善–企业”三方合作PPP2.0模式示意图

（Public-Philanthropy-Private）

越来越多的慈善家走到环境与气候治理前台成为积极的利益相关者，借鉴国际同行的经验，联合行动成为实现慈善资金社会效益最大化的必然之选。2018年1月29日，中国环境资助者网络宣布成立，由包括北京巧女公益基金会、老牛基金会、万科公益基金会、中国绿色碳汇基金会、阿拉善SEE基金会等在内的10家本土基金会联合发起，在共识基础上提出明确的制度安排，完成了由个体慈善升级为战略慈善的理念和行动双跨越，这也将为中国在国际、国内双层次的气候传播与治理提供持续动能。

“只要中国发生积极变化，世界必将从中受益。”[①]自20世纪90年代以来，全球治理在世界范围内集体决策趋势越来越明显。联合国前秘书长安南就曾表示对包容性的民主力量的需求，随着实践经验的积累和对之前工作的反思，联合国已经意识到除政府之外，其他政府间组织、非政府组织、私营部门和整个民间社会的参与对于全球实现可持续发展有重要的战略意义。

在联合国自上而下推动全球气候治理的同时，一股自下而上的力量已经在国家内部蓬勃而出。中国国内层面的利益相关者正全部行动起来（图7），在“人人都是气候传播者”的时代，科技创新的力量将激发更多行动，中国将走向绿色低碳的未来。国内层面的行动将正向影响中国在国际层面有更积极主动的表现，携手世界各国，共同应对气候挑战，共同打造“人类命运共同体”。

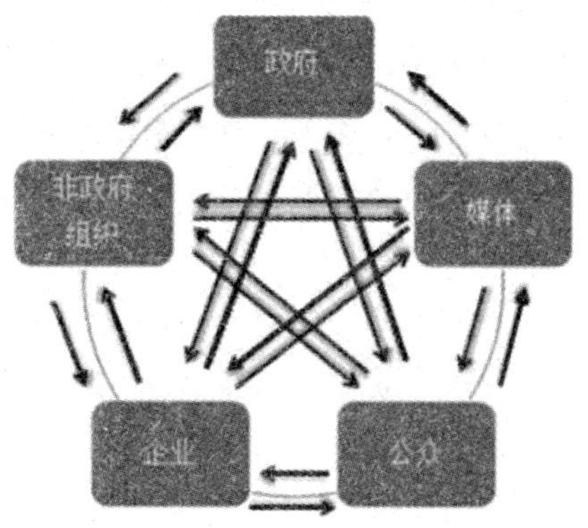

图7　气候传播与治理的理想模式

要实现真正的全球治理与合作，在自上而下的决策方式之外，还有一条自下而上的行动路径。自上而下和自下而上在全球气候治理初期是两个单向发展。随着中国国内发生的日新月异的变化，展望未来，全球气候治理进程也将

① 人民网.波恩联合国气候会议临近尾声中国频被“点赞”，国际能源署署长法提赫比罗尔在2017年16日联合国波恩气候大会上的讲话，http://world.people.com.cn/n1/2017/1117/c1002-29652779.html，2017年11月17日。

受其影响。自上而下与自下而上终将相向而行，形成一个自循环的良好生态系统（图8）。

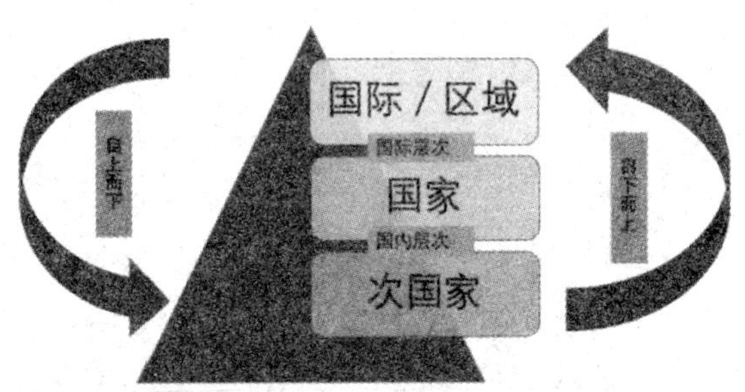

图8 全球气候治理结构图

随着更多“一带一路”倡议的落实，中国正在用实际行动建设“绿色丝绸之路”[①]，用绿色发展理念指导“一带一路”合作，分享中国在生态文明建设、环境保护、污染防治、气候变化、生态修复、循环经济等领域的最新理念、新技术和新实践。本文构建的“双层多维”研究框架和用理解结合实践的方式梳理出的气候传播与治理的中国路径，可以为大家提供借鉴。

① 新华社．特稿：从波恩气候大会看中国生态文明新亮点．http://www.xinhuanet.com/world/2017-11/16/c_1121965658.htm。

第二节　博士学位论文二：政府气候传播角色定位及其传播方略

国家应对气候变化战略与国际合作研究中心综合处副主任张志强多年来一直在政府管理部门和科研机构负责气候变化方面的工作。近些年，他又承担了联合国气候大会中国角的具体事务，积累了丰富的政府工作经验。在科研合作过程中，郑保卫教授发现了张志强的能力和潜质，鼓励他攻读博士学位。张志强考入中国人民大学新闻学院后结合其工作经验，撰写了博士学位论文《中国气候传播战略研究》，从政府角度就国家如何制定和实施气候传播战略作了深入探讨，提出了许多颇有建设性的观点和意见。本节为其博士学位论文的节选。

当今世界是一个紧密联系的整体，这种紧密联系既可以表现为经济上互相合作，也可以表现为战争冲突。在“二战”之后，以美国为首的西方国家凭借自己在经济、军事、文化等领域的领先优势，主导了全球治理体系的结构和发展方向。

气候变化作为全球变化的问题之一，引起了世界各国的强烈关注，从20世纪开始，气候变化作为全球关注的焦点之一，吸取了环境领域的全球治理模式，通过“公约+议定书”的模式，将全球气候变化的领域逐步扩展到政治、经济、文化、民主等发展的各个领域。以年度的联合国气候变化大会为节点，逐年通过系列关于气候变化的协议，并吸引了除政府之外企业、公众、媒体和非政府组织的大量关注。

一、我国气候传播面临的形势

自2009年哥本哈根气候变化大会以来，气候变化已经成为世界各国争取国际话语权的主要领域之一。2009年，时任中国总理的温家宝参加在哥本哈根举行的第15次联合国气候变化大会，这是中国领导人首次出现在联合国气候大会上，除政府官员之外，中国的企业家、媒体记者、NGO组织和学生代表等也都出现在气候大会的国际舞台上。在这次大会上，中国政府积极与各方开展工作，但是最终的结果却是被国际媒体冠以“傲慢”①，中国政府单方面的努力并没有得到国际社会的认可，特别是在新闻宣传方面，中国的声音与国际媒体相比具有相当的差距，国际记者对于中国政府的做法不作报道，而中国自身的媒体缺乏足够的影响力，这与气候变化谈判形成了两种截然不同的格局，究其根源，实际上是国家的话语权的缺失在气候变化领域的具体反映。

应对气候变化深化全球气候治理是世界各国面临的共同任务。自工业革命以来，由于人类自身活动产生的温室气体排放产生的全球温度上升已经超越自然界自身温度的变化趋势，并呈现出越来越快的势头。工业革命后的一百多年时间是全球市场经济迅速发展和全球化进程快速推进的时期，全球二氧化碳浓度自工业革命前的280PPM上升到今天的410PPM。利用市场机制已经无法控制温室气体的无节制排放，因此，政府必须强制要求企业减排，以扭转全球不断加速的温升趋势。

以化石燃料为基础的高碳社会造成了今天的高度发达的物质文明，同时也带来了一系列难以承受的副作用。改变以高碳为基础的现代文明运行体系，必然会带来一系列的颠覆性的利益调整。世界各国在大力抑制以煤炭、石油为主传统能源的同时，大力发展以太阳能、风能等可再生能源。早在20世纪70年代，以美国、英国、德国和法国等为首的欧美发达国家就已经实现了GDP增长与能源消耗下降的双重目标，在其实现能源消耗的峰值之后，工业碳排放水平处于平稳下降的阶段。但是这种格局的形成并不是一帆风顺的，其间的利益博弈至今依然存在，作为最为直接的后果就是美国、加拿大、日本、澳大利亚等国退出或不承认《京都议定书》达到的强制性减排义务。在全球共同应对气候变化的同时，要坚持共同但有区别的责任原则和各自能力的原则。当今的全球温升主要是由发达国家的排放导致的，广大的发展中国家为此承担了共同的责任。事实上由于市场壁垒和技术垄断，广大的发展中国家如果避免走发达国家高碳发展的老路，必须采用先进的低碳技术才能跨越当前的发展路径。事实上由于

---

① 美联社：温家宝称在哥本哈根大会上遭外交冷遇，http://www.chinadaily.com.cn/dfpd/2010qglianghui/ 2010-03/14/content_9587888.htm。

受到知识产权保护的制约，发展中国家不可能用很低的成本获取到低碳技术，另外发达国家承诺给予发展中国家的资金补偿承诺也一直不能落实。

在以上背景下，气候传播所涉及的范围不仅是气候变化宏观层面的制度安排，更要考虑涉及气候变化的不同利益集团之间的利益诉求。特别是大国内部不同利益相关者在高碳与低碳选择过程中的利益得失。只有这样，才能理解气候变化不同的利益相关方所采取的传播手段和内容的差异。

二、气候传播的现状与作用

根据制度经济学的研究，后进国家往往会采取大政府的管理模式，充分发挥集中办大事的优势，通过个别领域的优先突破带动整体水平的上升。无论是在发达国家还是发展中国家都会采取这种模式，如美国在追赶苏联和日本优势产业时，政府就会组织国内的科研院所采取联合攻关的方式，如阿波罗登月计划。所以中国在后发领域采取以政府为主导的管理体制，屡次突破国内外战略的包围。在气候变化领域也是如此，正是由于政府不断加强战略建设，如建立国家应对气候变化领导小组，发布国家应对气候变化国家方案，组建应对气候变化司和战略合作中心等系列措施，大大加强在组织、队伍、研究和谈判等多个领域的力量，逐步摆脱了哥本哈根谈判时期全球对于中国的误判和抹黑，并在巴黎气候变化会议中通过中美、中法等重要国家的多次联合声明巩固了自身的地位，加强了在国际舞台上的话语权，并成为全球气候治理的核心国家之一。

当前，中国在气候传播过程中依然是政府主导的格局，专家学者、媒体和企业、公众属于从属的地位，如从2013年开始的全国低碳日活动就是经国务院批准的，由政府部门指导和参与，旨在提高社会各界低碳意识的大型活动，经过四年的发展，低碳发展的理念已经深入社会各界，同时，公众在意识提升的同时，也不断在行动上进行转化。

当下全球气候变化本身已经突破了单纯的科学、政治、经济和文化的界限，成为全球治理的重要内容。气候传播作为其中的重要内容，也是一个多主体、多视角、多层次、多领域的交叉活动，涉及政府、企业、专家学者、媒体、社团组织和社会公众等众多的利益相关方。在传播机制上，随着技术的进步和受众偏好的转移，传统的报纸、电视等媒体传播方式会不断向手机、平板等移动终端转移，专家学者的专业论文著作会向微信、微博以及公众号等碎片化的传播途径转变，多屏互动和跨平台共享会成为公众参与和获得信源的另外一种方式。同时基于互动的网络传播已经削弱了政府对于传统媒体的管控，以个人为信源的传播模式将改变以前自上而下的信息传递方式，同时，基于自下而上的集团和个人利益表达也会影响整体的传播方向，甚至政策的制定与执行。

同时，也要看到政府对于信息的控制依然长期存在，特别是政策制定、国际谈判和多双边国际交流合作等领域，由于涉及国家机密和敏感信息，其信息公开的滞后性会弱化公众对于当前形势的判断，如何引导不理性的传播信息是当前传播过程中面临的问题之一。另外，媒体的专业性、公众的核心诉求以及企业的收益保障等因素都会进一步影响气候传播的效果。

基于国与国之间的国际传播是气候传播的重要内容。巴黎会议之后，基于国家自主贡献的减排行动已经成为世界各国积极应对气候变化的新模式。中美、中欧、立场相近国家、最不发达国家的利益都会在中国汇集。因此，在气候变化国际传播的过程中，如何讲好中国故事，加强与国际社会的沟通，树立中国负责任的大国形象，特别是面对一些不友好的声音，如何实现有理有节有效的应对是当前对外传播过程中亟待解决的问题之一。

气候传播是一项系统工程，其会随着形势的变化与时俱进，政府、企业、社会团体、媒体和公众的作用和身份也会随之发生变化。在国内外气候传播的过程中，非政府机构、企业和社会公众作为气候传播的主导者作用会越来越显著，政府作为管理和规则的制定者，综合协调国内外不同利益的关系，保障国家利益的最大化，同时在公共外交领域实现多渠道的交流和合作，通过软实力体现中国在全球气候治理中的领导力与核心地位。

三、气候传播分析框架

气候变化是当今人类社会面临的共同挑战。工业革命以来的人类活动，特别是发达国家大量消费化石能源所产生的二氧化碳累积排放，导致大气中温室气体浓度显著增加，加剧了以变暖为主要特征的全球气候变化。气候变化对全球自然生态系统产生显著影响，温度升高、海平面上升、极端气候事件频发给人类生存和发展带来严峻挑战。

由于人类活动不断增加的温室气体引起全球温升的变化最早由欧洲的科学家发现，由此而引发的政治、经济、文化、伦理等系列问题也逐步得到了世界各国的关注，气候变化成为全球治理的重要内容。气候变化不断演变的过程既是知识不断传播的过程，也是社会各界不断接受并参与其中的过程，尽管这一进程一直存在争议和反复，但是气候变化本身由一个单纯的科学问题变成全球多领域关注的综合性问题却是一个不争的事实。2015年《巴黎协定》的达成，标志着共同应对气候变化已成为国际社会的共识。

在这一过程中，气候传播经历了两个过程：一是基于知识发现的内在扩散和积累的自我传播过程，气候变化由最初的科学问题扩展到多领域的综合问题，本身的扩散问题就是一个自传播的过程，这是一个科学的内在逻辑驱动的扩散过程。二是随着气候变化问题变得日趋迫切，需要越来越多的利益相关方共同行动，特别是提升社会公众的气候变化意识，这是一个由外在因素驱动的拓展过程。作为气候传播的两个阶段，这两种传播行为既有相同点，也有不同之处。

气候变化的这两个不同的过程，决定了二者的传播形式和内容都有很大的不同。

气候变化由最初的物理学领域拓展到政治、经济、社会、军事等多个领域，以科学的不断发展为基础，以学科的积累和交叉为纽带，从一个单一科学问题不断与其他学科融合。气候变化作为一个多学科共同涉及的研究领域，已经逐步形成一个完整的学科体系。在这个体系中，不同的学科之间既相互联系又相对独立。如气候变化涉及大气、水、生物、建筑、交通等多个学科，这些学科之间对于气候变化都有交集，但是又各自成为一个独立的体系。

气候科学在不同领域之间的拓展是一种纵向的增量传播过程。气候在科学领域的传播基于自身内在的知识逻辑，知识创新不断推动气候变化相关学科的建设，知识的延续和拓展是一种链式传播，主要表现为纵向时间轴线的知识积累，从1824年法国数学家傅立叶发现温室效应，到现在大气物理学科的建立，期间经历了100多年的时间，在这100多年的时间中，与气候变化相关的学科也在逐步建立和完善。

气候变化在科学与公众之间的传播是一种横向的存量传播。经过科学家、媒体、社会公众等多个环节，社会对于气候变化的接受程度很大程度上取决于科学对于气候变化的解释程度，此外，和公众自身的利益相关度也是影响公众接受气候变化的一个影响因素。公众接受气候变化并积极应对气候变化，实现从意识到行动的跨越，很大程度是因为气候变化直接影响了公众的利益，特别是极端气候事件以及温升带来的系列影响得到了公众的认可。

全球气候变化引起的极端气候事件在近年来频发，对国民经济造成了巨大的影响。中国作为受气候变化最为严重的国家之一，温度上升的速度要高于全球平均水平。社会公众对于气候变化的理解程度随着时间的推移也不断深入，但是由于气候变化并不能完全直接作用于人的感知世界，因此，社会公众对于气候变化的理解也是千差万别。

气候传播，从广义而言，既关注气候变化问题在学科内的传播和发展，同时也关注气候传播在科学与公众之间架起沟通的桥梁，让更多的人参与到积极应对气候变化的行动中来，用切实的行动来共同解决全球变暖问题。从狭义的角度来看，主要关注不同行为主体对于气候变化的接受程度及采取行动的可能性。

气候变化作为国际治理的重要内容，不同的国家代表不同的利益集团，对于气候变化有着不同的利益诉求。如美国民主党执政期间，积极推进应对气候变化措施，谋求在气候变化中的领袖地位，大力发展新能源，在追求能源独立的战略下，减少气候变化对于全球的威胁。民主党执政期间推行的所谓的绿政，损害了传统行业的利益，特别是制造行业面临着巨大的转型成本，因此在代表制造业的共和党执政之后，迅速改变民主党的低碳政策，改变由行政主导的绿色转型所带来的不利影响。再如欧盟国家对于气候变化问题上力不从心，特别是欧盟内部的债务危机和脱欧力量的不断加强，欧盟在气候变化问题上很难承担起领导者的责任。同时，作为发达国家，以美国和欧盟为代表的伞形国家，在气候变化的问题上具有共同点，同时也有分歧。中国作为发展中国家的代表，组成了以基础四国为代表的发展中国家阵营，在代表发展中国家利益发声的同时，也和发达国家进行谈判，在共同但有区别的责任原则下，实施积极的应对气候变化国家战略，一是争取自身的发展权益，二是与发达国家和发展中国一起合作，共同应对气候变化。在错综复杂的国际环境中，世界各国共同应对气候变化是一个大势所趋，同时，由于各国的利益诉求不尽相同，因此，如何使得其他国家能够认可中国在气候变化领域的战略与措施，达成最大限度的利益公约数，是气候传播所要解决的问题之一。

中国国内公众理解和接受气候变化是实现绿色转型的重要基础之一。中国作为最大的发展中国家之一，既面临发展经济、实现脱贫等一系列目标挑战，同时，也面临着低碳转型、实现绿色发展的现实要求。

在国际层面，如何有效地传播中国政府气候变化的政策主张和态度，加强与国际社会的理解和沟通，增加信任，减少彼此之间的怀疑，特别是针对中国作为全球最大的温室气体排放国，在国际面临着巨大的减排压力，同时，中国政府已经在温室气体减排领域作出了非常大的贡献，作为发展中的大国，中国一方面要生态要发展，另外一方面，也要承担与自身能力相适应的国际能力。中国在积极应对气候变化的过程中，进行了许多有效的探索，如镇江的低碳城市建设，广东省的碳普惠制等。但是在国际舆论中，对于中国近年来取得的成就关注较少，但是对于气候变化的负面消息较多，这固然也与国际媒体的新闻理念有很大的关系，但是和缺乏宣传和沟通也有很大的关系。如何客观公正地让世界了解中国在应对气候变化领域所做的工作，特别是中国提出的解决方案，对于推动全球减少温室气体具有借鉴作用。

在国内层面，如何加强公众对于气候变化问题的关注，提升公众的气候变化意识和参与能力，以自身行动切实减少日常生活中的碳排放。随着近几年国家对于气候变化、绿色发展报道和宣传活动的增加，公众对于低碳发展的理念开始认同，并且用实际行动参与到低碳发展的行动中来。公众低碳意识的提升，不仅需要公众对于气候问题有着清晰科学的认识，同时也需要将意识转变为行动，能够在日常行动中自觉实现低碳生活和消费。在当前的情况下，由于低碳技术还不成熟，一些低碳产品的成本和价格要高于原有的产品。因此在气候传播的过程中，不仅要关注公众对于气候变化的意识提升，还要关注公众对于气候变化消费的价格弹性边界。

当前的气候传播主要是以政府为主导的气候传播模式。作为单一的信息出口，政府不仅是气候变化信息的制造者，同时也是信息的传播者，公众作为信息的被动接收者，受制于信息来源的缺乏和对气候变化科学知识的了解不足，因此，在气候传播的过程中作为末端的接收者，很难发起二次传播。此外，气候变化与环境问题不完全相同，环境问题大多是短期内发生，如污染物只要产生，就会很快地产生负面影响，并且环境问题大多为局部问题，可以通过单独治理进行消除。气候变化问题大多是大尺度问题，其影响往往在十年或数十年之后才能显现出来，同时，作为全球性问题，不是某一个国家或地区可以完成治理，而是需要全球共同努力，如果没有全球共同努力，就会发生如碳泄露等问题。在公众感知方面，气候变化对于公众的直观影响要弱于环境问题，公众可以很快感觉到空气污染、水体污染，但是对于温室气体增加引起的全球地表温度上升却没有直接的感觉。这导致了气候变化与公众切身利益相关性弱，因此在气候传播的过程中，如何科学地让公众更为有效地接受气候变化相关问题，需要比相关的环境传播注意更多的传播手段和传播策略，以提升公众对于气候变化和全球变暖的认知能力。

四、中国气候传播战略思考与建议

1.加强不同学科对气候变化的支撑研究

气候变化学科涉及地球五大圈层的各个领域，不是单一学科就能解决的问题。作为交叉学科，气候变化所涉及的专业已经跨越了现行的学科分科，因此，对于气候变化所涉及的学科加强支持，有利于气候变化工作的自我推动。加强不同学科对于气候变化的研究支撑，首先需要在教育体系内，进一步细化和完善对于气候变化的综合性研究，在自然科学和社会科学领域内，尽管国家财政已经设立专项加强对于气候变化相关基础学科的研究支持，但是与国际社会相比，我们的支持力度和资助范围还不能满足气候变化工作的需要，特别是气候变化作为非传统安全领域的长期影响因素，在战略层面对于气候变化的关注度还不够。作为国民教育系列的初高等教育，要设立系统的气候变化相关知识，这不仅涉及气候变化在青少年中的教化职责，更为重要的是气候变化作为一个大尺度的问题，本身就是一个跨代际的问题，因此，从学龄前教育开始，不断向国民增加关于气候变化的知识科普，是培训气候变化科学素养的根本措施。

除了政府开展气候变化的相关研究之外，公民的自我学习也是提升气候变化意识的重要途径。作为终身学习社会发展理念，鼓励和引导公民增加气候变化的科学素养，既是建立低碳社会的大众基础，也是公民践行社会责任的内在要求。政府在建立低碳社会的过程中，除了发挥宣教功能之外，更要注重干预功能，通过提前介入，利用公益宣传、标准、立法和道德倡导等多种手段，建立低碳社会的行为准则和行业指南，积极引导企业、媒体和非政府组织，在街道、社区开展试点示范项目，通过消费引导，倒逼企业研发使用低碳技术，发展绿色物流链条，从源头和末端双向控制温室气体排放。

2.加强政府等管理者的定位和职责

政府实现由主导和引导的身份转变，强化公众参与，鼓励更多的社会力量参与气候变化工作。

在过去的十多年中，气候传播主要是一种“政府主导”的传播模式，这种模式的特点是所有的信息源都掌握在政府手中，社会公众只是被动地接收相关信息。这种模式在对公众启蒙阶段是十分有效和必要的。但是随着公众对于气候变化信息的接受程度的提高，特别是要求公众积极参与气候变化的进程中时，这种传播模式就会显示出其弊端。一是信息源的单一性。随着公众对于气候变化知识的深入了解，气候变化内部的分歧也会随之逐步公开，由于气候变化是一个涉及多学科的科学系统，内部的分歧是正常和必然的，但是由于知识的壁垒，公众并不能完全清楚这些分歧之间的差别，特别是绝大多数的公众并不具备相关的专业基础，包括媒体在这些领域也不是完全的专业传播，这在某种程度上会放大其中的分歧，其中一个后果是公众对于气候变化的科学性基础缺乏足够的认识，面对科学界对于气候变化的内部分歧莫衷一是，从而会削弱甚至怀疑气候变化的科学性。

随着美国宣布退出《巴黎协定》，气候变化的科学基础受到了很大的冲击，普通民众对于气候变化的理解也随之产生了变化，如何在新形势下加强社会公众对于气候变化的理解和支持，原有的气候传播模式已经难以适应形势的需要。在复杂国际形势下，更需要社会公众的理解和支持，政府作为信息发布的组织者，除了发布气候变化的权威信息之外，更要搭建公众参与的平台，鼓励社会各界积极参与，引导科学家、社会团体和NGO组织，积极宣传气候变化的科学知识、政策措施和成效。

提升社会公众的科学素养，政府首先要发挥作用，特别是作为气候变化政策的制定者，要为公众普及气候变化的科学知识，保障公众在气候变化领域的知情权，并鼓励公众积极参与到气候变化中来，同时，政府作为信息源最为主要的来源要引导公众了解气候变化的科学知识，让公众由被动的接收者变为主动的知识的获取者，公众的科学素养的提升有助于更为有效地提高公众接受科学的能力，特别是具有辨别是非的能力。

政府对于气候变化的引导功能一是建设低碳社会，将生态文明、气候变化和大气污染防治治理紧密结合起来，建立协同治理机制。加强全社会的气候变化素养，特别是青少年的气候变化素养，将气候变化作为公民基本素养纳入国民教育体系中，从幼儿的认知教育和初高中等科学教育中增加气候变化的科学知识，提升青少年关于未来气候变化的认知能力，并引导青少年树立低碳意识。

二是在公众中建立应对气候变化危机意识，使公众充分了解气候变化对于地球生态系统的影响，特别是提升公众对于极端气候事件的应对能力和公众健康自我应对能力，加强公众对于气候变化对生物多样性的影响的关注。

保障公众知情权和提升公众参政议政的能力是公众传播的基础。政府的信息公开和建立公众参与的机制化途径是一个有机的整体。随着公众对于自身利益表述途径的不断完备和气候变化科学素养的提升，公众对于生态文明和气候变化的重大法律法规和政策出台，通过向社会征求意见的形式，保障公众充分表达自身意愿的权利和能力。

公众传播的特征是碎片化传播。往往是基于某些特定事件引发公众的关注，随着舆情的扩散，公众对于原有的事件传播很快会被新的事件所替代。因此气候变化传播需要控制传播的节奏，既要避免公众的审美疲劳，同时也要保证一定的热度，特别是在重大事件过程中，要控制好传播方向的节奏。公众传播也是自传播的一个重要来源，通常对于公众关心的事情，公众会自发地进行传播，这种基于口碑传播的方式，虽然没有像有组织的组织传播一样具有明显的指向性，但是由于公众基数庞大，其对于其他群体的影响也不能小觑。

3.提升媒体在气候传播中的引导功能

回应公众关切，充分利用现代传媒手段进行引导性传播。现代媒体传播是一个立体化的传播体系，面对社会关注的重大题材，细化议程设置，充分利用现代传播技术的发展，形成了平面、影像和互联网平台综合发力的综合性传播体系，既包括实时的现场报道，同时也有深度的分析评论。在传播形式上，打破了传统的你说我听的单向传播模式，围绕议题开展的拓扑式传播，在传播过程中，充分利用舆情监测分析社会公众的关注点实现有效传播。

新闻媒体与专家团队相结合，充分利用现代媒体平台，结合报纸、电视台和网络等传播平台，通过新闻采访、现场直播、微信微博等多种形式，既对地方的发展的典型案例进行报道，同时，也邀请专家开展实时点评，这种传播模式在地方取得了良好的互动效果。

充分利用全国低碳日等重大活动的节点，提前谋划，重点推出系列报道，从战略布局、政策行动、地方工作、典型事例和人物专访等多个角度进行深入报道，将气候变化工作与国家战略、地方发展和人民生活紧密结合起来，使之成为整个国民经济运转体系中不可分割的一部分，人民生活不可或缺的组成部分。全国低碳日作为国内重要的低碳宣传平台，可以进一步强化其宣传功能，一是加强与地方政府的联系和合作，根据每年的主题，确定与联合的部门和省份，共同举办全国低碳日。二是加强与各级媒体的合作，通过提前选题，在电视台、广播电台和报纸进行提前预热和宣传，通过低碳日的平台表彰一批先进典型，发布一批研究成果，推广一批低碳技术、宣传一批先进个人和开展一批重大项目等重大活动，使全国低碳日成为低碳领域综合性传播平台。

气候变化传播要强化正能量传播。气候变化的根源在于人类无节制地排放温室气体，控制温室气体排放，并通过系列碳市场交易、碳税等行政和市场的手段减少温室气体排放，其不仅关系国家的发展，还涉及每个人切身利益。减少温室气体排放，不仅是企业在生产过程中要控制温室气体的排放，社会公众在消费过程中也要控制温室气体的排放，如生活节能减少对于电力和热能的消费、减少燃油车的消费，提倡绿色出行，建立个人碳足迹中和档案等。媒体通过深入生活采访这些优秀的案例，鼓励更多的人参与到低碳生活的行列中，通过这些正能量的传播，建立有利于低碳生活的社会氛围。

讲好中国故事，需要考虑国内和国外两种不同的场合，特别是对于新闻媒体的报道，其中既需要有关于气候变化的深厚的专业知识，同样也要对国内外气候变化的形势有清晰的认识，特别是对于对外传播的领域，还需要从业人员熟知国际的话语体系。气候变化工作涉及部门广，横跨多个学科领域，新闻报道需要经历多年的沉淀，才能对政策、实践和国际动态进行准确的把握。气候变化对内报道需要地方鲜活的案例作支持，特别是地方在开展低碳工作时的系统性设计和做法，以及存在的问题和解决方案。针对不同低碳省份和地区的经验进行概括和提升，讲好中国故事需要对于国内的发展了如指掌，对于国际媒体的报道也要知己知彼。国内记者对于气候变化的常规性谈判了解较少，对于其中的议题动态缺乏常态跟踪报道，这和国际媒体有很大的差距。因此，在作国际报道的时候，需要把国际的舆论与国内的发展紧密结合起来，充分向国内外报道中国故事，有理有据，向国际传递中国声音。

4.强化企业气候传播的社会责任和研发投入

鼓励企业开展绿色传播，履行企业社会责任。在应对气候变化的过程中，企业是重要的组成部分，担负着绿色制造的社会责任。企业也是市场经济的主体，供给侧结构性改革的内容之一就是推动企业产品结构升级，研发制造绿色低碳产品，为消费者提供更多可供选择的产品。企业的低碳理念，贯穿于设计、研发、生产、营销、流通和循环利用的全过程。鼓励企业开展绿色传播包含两个层面：一是要把绿色生产的理念传递给消费者，让消费者了解技术进步给生活带来的便利的同时，也使得公众赖以生存的地球环境遭到破坏，让绿色消费的理念深入人心。二是通过生产、使用低碳产品减少对于石油、煤炭等传统能源的消耗，减少温室气体排放，从根本上减少工业生产和社会生活对于大气的污染。

生产侧开展绿色传播，通过营造良好社会环境，形成有利于企业成长的内部机制和外部环境。目前，企业家大多是通过自发组织的形式参与到绿色低碳的行动中来，如阿拉善、低碳企业联盟等，这些企业自发组织的联盟大多以公益的形式开展低碳活动，吸引了越来越多的企业家参与到低碳行动中来。一些直接从事低碳宣传的企业通过影视作品，组织社会力量开展相关活动，唤起公众参与低碳的意识，将低碳理念转换为产品供给市场消费。

无论是提高企业的社会责任感还是促进企业的低碳经营行为，都需要加强传播工作，以便于更多的人了解和认识低碳产品和消费低碳产品。在当前的形势下，企业的很多的低碳参与都是公益性质的自发行为，通过企业的社会责任感倡导公众积极参与，这是随着公众对于低碳的认知水平不断提升的。企业开展气候传播，重点是向消费者提供低碳产品，满足社会的低碳需求。在目前低碳的财税环境尚不健全的情况下，企业开发低碳产品还存在着很大的风险。因此，单纯依靠企业自身的行为很难支撑低碳的研发和生产，需要国家从财税政策等多个领域进行扶持。

5.扩大公众气候传播中的参与渠道和职责

创新传播方式，提升各个利益相关方气候变化自传播意识。受众是气候变化传播的目的地,是信息的接收者和传播效果的“显示器”，因此,是气候变化传播机制中的一个最为重要的因素，也是传播过程得以存在的前提和条件。

但随着新媒体的广泛发展，气候变化传播机制中受众的定位需要与传统的受众不同，角色应该进行转变。它不应该是被动的信息接收者，而是积极的信息参与者，他们的接受程度及参与度直接决定着政策传播活动的基本方向。其在上一个传播环节中是信息的接收者，但在下一传播过程中扮演传播者的角色，需要积极地做好信息反馈及意见的提出，与政府、媒体进行良好的互动。另一方面，受众也可以作为自传播的主体，开展主动传播，充分利用现在新媒体时代的特点，表达自己的意愿，保证传播的良性发展。

由于传播机制中各要素的地位不同，能否良好地运作，达到信息有效传播的目的，就需要根据信息的不同以及社会发展建立一个良好的运作模式，使各要素的职能得以充分发挥。

传统的传播模式由于政府掌握着信息的准确性和方向性，在传播中占有主导地位，是一种单向直线模式，它明确而又直观地表述了信息，但缺乏反馈的渠道，没有能反映出现实中传播活动所具有的双向和互动性质。

随着气候变化传播的发展，媒体和NGO等的主动参与传播，以及受众意识的提升，使原有的直线式传播模式已不能完全体现新时代气候变化传播的特点。所以需要根据所要传播的信息内容，建立互动式的传播和自传播两种模式。

随着网络科技的发展和新媒体的逐步崛起，传统的媒介、NGO以及受众也可以作为传播者开展二次传播，在二次传播的原有气候变化科学与政策措施的基础上，加入参与者的认知和利益诉求，这在一定程度上有利于在社会公众中产生共鸣。这是一种以自传播为特征的传播模式，特别是当受众对气候变化所引起的某项事件或问题具有较高的关注度时，通过自身平台及舆论进行扩散，进而引起政府的关注，政府再利用媒体对一些热点话题进行集中的报道和解释，从而反馈给媒体和受众。通过气候变化的传播，使得气候变化的科学、政策和公众利益形成一个正向的反馈，在科学、政府、企业和公众之间形成一个良性的循环。气候变化在公众中的传播，本质上是保证了公众的知情权，也为公众参与决策提供了基础。

第三节　博士学位论文三：媒体气候传播角色定位及其传播策略

杨柳，在中国人民大学新闻学院读研究生期间就参与过导师郑保卫教授的一些气候传播及危机传播方面的研究工作。研究生毕业后进入《人民日报》社工作，曾在《人民日报》社河北分社工作多年，后来回到《人民日报》总部工作。她一直关注生态环境和气候变化问题，在进入中国人民大学新闻学院攻读博士学位后，按照博士生导师郑保卫教授的安排，主要作媒体气候传播策略研究。

气候变化问题关系人类的生产劳动、社会生活及未来可持续发展。杨柳希望自己的博士学位论文能够为解决这些问题作些贡献。本节为杨柳博士学位论文《媒体气候传播策略研究》的节选。

一、媒体气候传播的功能

气候变化问题兼具重要性和复杂性，涉及科学、政治、经济、社会、外交等多个方面，关系着人类现实生活和可持续发展。因此，气候变化将是媒体在较长时间内不能忽视却又较难把握的报道领域。如何从国家利益和社会发展的全局高度出发，把握好报道的立场和原则，既准确及时地向公众传达气候变化的科学知识、最新研究进展和相关政策，让公众了解气候变化给自身带来的影响和应当承担的责任，又不造成误导和混乱；如何基于传播环境和舆论动态，把握好报道的主动性和系统性，提高报道的吸引力和感染力，促进国内外舆论对我国节能减排工作的理解与支持，塑造我国负责任大国的形象，这都对我国媒体的气候报道策略提出了较高的挑战。

通过对我国新闻媒体气候传播实践研究发现，新闻媒体在气候传播承担着以下功能：

（一）唤醒公众意识，倡导公众行动

要实现气候传播的目标，新闻媒体首先要唤醒公众应对气候变化的意识，并促使公众将这一意识转变为行动。

（1）传递气候变化信息。及时、准确、充分地传播公众关心的气候变化信息，如气候变化现象与事件发生的状况、产生的危害、应对的办法等，将其有效地告知公众，以满足他们的信息需要，是气候传播中的首要功能。在此过程中，新闻媒体将气候变化的科学知识和为应对气候变化所采取的解决措施合并起来，以此为内容，形成清晰连贯、便于公众理解并富有建设性的信息，并由此促成公众的适当参与。

（2）解读气候变化知识。由于气候变化的科学性和不确定性，新闻媒体在气候传播中承担着为公众普及和解读气候变化知识的功能，通过气候变化报道将气候变化的发生机制、导致气候变化的因素、可能带来的影响，应该采取何种应对措施等知识广泛快速地传播给公众，促进公众对气候变化的准确全面理解。同时，新闻媒体的气候传播普及的不仅仅是科学知识，还应当包含谨慎严密和客观理性的科学精神和思维方式，引导公众科学地看待气候变化。

（3）监督气候变化问题。新闻媒体承担着监督气候变化问题的功能，对浪费资源和破坏环境的行为进行曝光揭发和批评指正，用鲜明生动的事例警醒世人，营造“节约光荣，浪费可耻”的社会氛围，通过舆论压力督促人们自觉抵制破坏生态环境的行为，强化公众的生态责任，促使公众树立生态文明观，增强生态维权意识，自觉维护社会生态安全，提高环境监督的自觉性和责任感。

（4）倡导气候变化行动。应对气候变化离不开公众的参与，新闻媒体在气候传播中承担着宣传绿色低碳的生活方式、为公众提供应对气候变化的行动氛围、鼓励公众积极响应政府节能减排的号召、保护生态环境的功能。因此，需要宣传发挥示范和带头作用的一部分先行者，广泛地向公众宣传生态文明知识，提高公众的绿色行动参与意识。

（二）传播国家声音，助推气候谈判

新闻媒体是重要的谈判助推器。有鉴于此，新闻媒体在进行气候传播时，应当扮演信息沟通者和意见交流者的角色，为国内政府、企业、公众和非政府组织等利益相关方提供表达观点和态度的平台，帮助化解矛盾，缩小分歧，促使各方在应对气候变化的过程中相互配合，相互促进，实现共赢。同时，新闻媒体还可通过详细介绍中国的立场观点、减排目标、行动方案和具体举措，争取国际社会的理解和支持。

另一方面，由于经济社会的发展和政治体制的客观现实，西方媒体凭借自身在全球传播格局中的垄断地位与话语霸权，单向塑造我国以及广大发展中国家的国家形象，使得我国与其他很多国家丧失了被理解与尊重的权利。我国媒体不仅需要提升硬实力，也需提升软实力。在增强与其他国家沟通交流的过程中，树立良好的正面国家形象，传播国家声音，讲好中国故事。

要承担好这些角色和使命，就须十分注重讲究策略和方法，只有这样，才能顺利实现气候传播的目标。要改进和提高我国媒体的气候传播水平，可遵循以下几条原则：一是人文情怀，气候变化是全球关心的话题，新闻媒体的报道也应体现人文情怀，拉近与受众之间的心理距离；二是国际视野，气候问题上，各国家地区都有自己的盘算，可持续报道国际几大阵营的利益诉求，反映各方不同的观点和立场；三是平衡客观，不能偏、窄、狭隘地看待气候问题上的不同立场主张，要反映不同声音，包括官学民企和国际机构、非政府组织，同时照顾穷国和小岛国及其他发展中国家的关切；四是中国立场，应充分介绍中国的立场观点、减排目标、行动方案、具体举措和国际合作，不回避问题但着眼于产生问题的原因和解决问题的办法。

二、媒体气候传播的策略

要提升我国媒体的气候传播水平，需要采取以下策略：

（一）转变传播理念

从我国媒体近十年来的气候传播实践看，一些报道还是宣教式的、自上而下的，缺少人情味，新闻媒体亟待转变传播理念，实现从“重宣传、重说教”向“重事实、重故事呈现”的转变，增强与受众的贴近性，提高气候传播的吸引力，实现气候传播的最佳效果。

（1）报道专业化。一要打牢记者的气候变化知识基础。记者应熟知各种气候变化的背景知识和专业术语，并在报道中不断积累和学习，逐渐成为专家型记者和博广型记者。二要增强记者与科学家打交道的能力。让科学家愿意说，也让自己能充分、准确理解科学家想要表达的意思，将气候变化信息以严谨而生动的方式传递给受众。三要加强媒体间的交流与合作，努力拓宽国际视野。学习国际主流媒体的传播经验，加强同国外媒体同行间的业务交流。善于同国外报道相关领域的媒体记者、非政府组织人士和政府官员进行沟通、互动。四要多深入一线挖掘公众身边的应对气候变化的鲜活素材。让气候传播与公众利益与兴趣相联系，增强主动意识，报道具有真实性和生动性的新闻。五要为记者成长创造良好的体制机制环境。营造关注气候变化的良好氛围，保持气候变化领域的记者队伍的可延续性，注重新一代记者的培养，避免由于人员流动或新老接替造成这一领域出现人才断层。

（2）叙述故事化。首先，记者必须下基层抓“活鱼”，采集与气候变化有关的鲜活素材，用辩证发展的观点思考气候变化问题，多和应对气候变化的积极分子打交道，获取有价值的信息。其次，讲述应对气候变化的故事时要有画面感和现场感。可围绕气候变化的主题，利用一个个细节，添加环境描写，加入人物动作、语言等，场景间穿插一些对事实的描述，记者就可通过文字把读者带到故事发生的现场。再次，讲好故事最好的技巧是真情。做有情怀的记者，讲有温度的故事。气候变化报道只有切中受众关切，才有“含金量”。这些“账目”理清了，报道的传播效果才有保证。

（3）表达人性化。第一，增强贴近性，以公众的衣食住行为切入点，让读者深切体会到气候变化将会给自己的生活造成深刻影响。第二，用数字说话，细算经济账。可注重向公众强调减缓气候变化将带来的经济利益。以个人的实际收益作为驱动力，促使公众为应对气候变化积极采取行动。第三，提高针对性，细化报道议题。将气候变化议题有针对性地细化分类，有助于不同气候变化报道对于目标受众的有效传播，满足不同利益群体和不同知识水平受众的需求。第四，少一些说教，注重表达平实化。在内容、形式和文风上充分考虑公众的思维方式，以便给公众留下感同身受、共担风雨等印象，在潜移默化中树立和巩固公众科学应对气候变化的意识。

（4）版面视觉化。一是运用大尺寸照片。气候变化议题所关联的照片本身也往往具有较大的视觉冲击力，适合用图片的方式来展示，因此可选用适当的图片增强公众对气候变化的认知度。二是增加图片的数量。单幅照片、组合照片、图表、图示等，都可用来论释、佐证有关气候变化的报道，提升文字报道的动态感、现场感，深化报道主体。三是优化版面语言。通过直观形象的图片、生动的标题，以及多样的色彩、灵活的线条、富有意味的空白等版面元素的配合来构建具有强烈视觉冲击力的版面。

（二）突破传播障碍

当前气候传播无论在国际还是在国内都还面临着许多挑战。公众对气候变化还缺乏科学认知，对气候变化影响的范围、程度了解不够深入，由于气候变化的不确定性，导致公众对气候变化是否真实存在还有疑虑。与此同时，当前，我国的气候传播主体还较为单一，亟待实现传播主体的多元化和传播手段的多样化。

（1）增强公众认知度。我国新闻媒体需继续加强气候变化知识的普及和宣传，可制作一批通俗易懂、生动形象的低碳政策宣传节目、广告等，以扩大气候变化知识和应对气候变化政策的普及率。同时，还需在报道中对气候变化的特定或专业词语作出解释和说明。

（2）反映气候变化影响。首先，新闻媒体可追踪报道与人们生产生活相关的气候变化科学研究成果。其次，可在报道中突出由于气候变化的影响给人们生活带来的变化。再次，可告知读者一些数字具体意味着什么。使用生动的自然灾害的图片，或者具有强烈反差的新能源开发的照片，可起到事半功倍的效果。

（3）引导公众理解不确定性。首先，新闻媒体需要经常与科学家进行沟通，了解气候变化研究的最新进展。其次，新闻媒体可在气候传播过程中需要将技术经济效益、环境和道德的复杂性，以及由此引发的不确定性进行更加清晰的说明，打消公众对气候变化的疑虑。再次，善用心理暗示和启发来调动公众的认知和情感复杂性，促使公众对气候变化有更加深入的了解，并采取行动。

（4）改变气候传播单一现象。可利用政府、媒体、NGO、公众、企业等群体作为不同的传播主体，促进个人行为和国家政策改变。调动企业和公众的参与积极性，增强企业的责任意识和公众的参与意识，引导企业和公众自觉投入节能减排、保护环境、应对气候变化、维护生态文明的行动之中，同时，不断拓展新的媒体传播方式，发挥媒体传播的复合功能，实现传播主体的多元化和传播手段的多样化。

（三）服务国家大局

在有关气候变化错综复杂的国际谈判和国家间的利益博弈之中，各国会有不同的政治关切和基本立场。我国新闻媒体应服务国家大局，善于设置符合我国发展利益的议程，并努力使之引起国际社会的关注，以实现助推我国气候变化谈判的目的。

（1）阐释环境问题的历史脉络。我国新闻媒体的气候变化报道应把握好报道的立场和原则。不仅要谈气候变化的现实性和急迫性，也要谈气候变化问题的历史背景，让社会公众认识到发展中国家和发达国家应当承担共同但有区别的责任。同时，倡导气候变化的全球治理，呼吁各国政府共同应对，让世界上每个国家、每个团体、每个人都行动起来，为之呼喊，为之尽力。

（2）厘清世界各国的利益范畴。我国新闻媒体必须认清各国气候变化外交的含义、了解应对气候变化的紧迫性、理解国际社会强调的人类核心利益以及各国之间责任共担的真正内涵。需明确，从本质上来说，新闻媒体在国际和国内的气候传播是不一样的。对国内来说，是如何保护生态环境、实现绿色发展的问题；对国际上来说，则是一场国家与国家之间的利益博弈，新闻媒体要积极应对。具体而言，可增强对国际舆情的采集和管理，做好对气候变化国际舆情的分析和研判，加强核心议程设置，多一些独家报道，并在此基础上采取具有针对性的对外传播策略。

（3）讲好气候变化的中国故事。应对气候变化作为国家战略发展的重要内容已纳入了国民经济和社会发展的中长期规划，我国据此制定了一系列降低能耗和二氧化碳排放的目标任务及实施措施，并开始了应对气候变化的扎实行动。因此，我国新闻媒体有必要向世界说明，中国政府一定会在治理污染、保护环境、应对气候变化方面践行诺言，履行责任，发挥积极作用。要努力发挥主动性和创造力，善于提出一些西方社会能够理解并且乐于接受的表述话语，让我国应对气候变化的基本立场和核心概念能够使国外受众“想了解、听得懂、愿接受”。

（四）提高专业素养

首先，新闻工作者需深刻理解气候变化的成因、影响以及基本概念，随时追踪气候变化科学最新的科研成果。其次，需要具有一定的全球视野和全球治理的背景知识，在国家利益与全球治理格局间获得平衡的报道角度。再次，面对气候变化议题缺乏贴近性，还需寻求与读者的共鸣，促使公众了解气候变化，愿意为应对气候变化采取行动。

（1）平衡科学性与通俗性。首先，新闻媒体需密切跟踪气候科学前沿的科学研究，保持气候变化报道的科学性，注重专业性、权威性解释，有效引导热点难点问题，准确传播科学理念、科学知识。其次，需要在气候变化新闻中寻找故事，拉近与读者的距离，让气候变化报道更容易被读者所接受，用受众思维体现人文关怀，用通俗易懂的语言表达。

（2）增加报道的深度与广度。发挥报纸媒体其容量大、版面多、擅长深度报道的优势，努力拓宽气候变化报道的范围，提高气候变化报道的信息含量，多方面多角度地报道气候变化议题。首先，新闻媒体对重大气候事件的跟踪报道应向全天候、无缝隙迈进，满足公众获取气候变化信息的需求。其次，对气候变化有关的事件进行全面深入解析，全面深入说明跟其相关的事实的前因后果，真正把公众不了解、不理解而又需要清晰了解和透彻理解的重大气候变化相关的问题全面、细致地展开，厘清事件中的因果关系，并引发多方面的反思和探讨。再次，在气候传播中还应告诉公众该采取什么措施应对气候变化，促使公众主动采取改善行为，参与到传播气候知识、科学防灾减灾和应对气候变化的行动中。

（3）掌握话语权与主动权。首先，新闻媒体需密切关注其他媒体对于气候变化的报道情况，提高报道的主动性和策划意识。其次，了解公众的心理特点和信息需求，提高气候变化报道的原创性和特色性。再次，保持与相关人士如政府人员和科学家的交流，提高气候变化报道的权威性和时效性。另外，还可适当进行负面报道，加强对保护生态环境的舆论监督。

（4）实现信息多元与均衡。首先，新闻媒体要摆脱对官方消息和新闻通稿的依赖，尽量拓展消息来源，适当展现与官方不同的视角和观点，反映普通人的生活以及受到气候变化影响的各行各业。其次，尽量深入社会基层和事件发生的现场，关注不同职业、不同年龄、不同知识水平的人对气候变化的看法以及为应对气候变化做出的努力，关注受到气候变化影响最严重地区居民的生活现状，关注各行各业为节能减排作出贡献的普通工作者的经历。再次，善于利用微博、微信等平台快速广泛地了解一线情况和公众意见，并将这些情况和意见总结归纳，体现在报道之中。

（五）创新方式方法

在传统媒体和新媒体加速融合已成大势所趋的背景下，我国新闻媒体在进行气候变化报道时也应善于利用“他山之石”，创新方式方法，给气候变化报道“加点料”，增强可读性，使之不致单调乏味。例如，运用音频、视频、H5等多种报道形式，通过线上线下的结合，使气候变化报道更加立体；运用微博、微信、客户端等新媒体平台，加强与公众的互动，增强公众的参与意识，使报道更适合融媒体时代的需要，起到更好的传播效果。

（1）促进媒介融合。首先，新闻媒体可利用微博、微信、客户端等平台，供公众反映与应对气候变化有关的问题，建言献策，通过这一平台凝聚共识，也为政府提供原因调查、解决问题的时间，有利于形成政府、公众、企业和媒体等的良性互动。其次，可利用新媒体在舆论监督方面的功能，监督相关应对气候变化举措的实施等。在气候传播实践中，新媒体以其时间和效率优势作为信息集散地，一旦有“危机”，公众的参与和监督意识就会觉醒，有利于唤起公众将应对气候变化的意识转为行动的热情。再次，可利用新媒体的平台优势，将线上与线下相结合，尽可能丰富多彩地呈现与气候变化有关的信息。

（2）丰富报道形式。一是丰富报道体裁。改变消息、通讯独大的单调局面，适当提高图片新闻、特写、专访等体裁的比例，使新闻体裁更加多样化，不至于单调乏味。二是美化版面编排。通过版面设计、配置图片和标题设计等方式来提高版面的视觉冲击力，实现由文字为主体到文字和图片相结合的转变，提升受众对气候变化报道的关注度。三是优化表述方式。提高语言的生动性和形象性，推陈出新，使气候变化报道更加贴近现实生活，降低公众对气候变化科学知识的理解难度，善用数据和细节提高气候变化报道的说服力。四是设计互动环节。为公众提供平台，表达他们对气候变化的看法，甚至亲身参与气候变化报道，提高受众的参与感和主人翁意识。五是创新报道形式。运用图解、数读、短视频、H5、直播等新的报道形式，制作生产优质内容。

（3）开设专栏专版。研究发现，新闻媒体对气候变化的报道往往在联合国气候变化大会召开时较为密集，显示出明显的受事件驱动的特征。新闻媒体应当将对气候变化阶段性的密集报道和长期性的常态关注结合，设置专栏专版，打造气候传播的主阵地。利用鲜明的栏目或版面特色，适时推出系列报道，提高气候变化报道的系统性和延续性，提高版面或栏目的影响力和竞争力，培养气候变化的专门受众。

（4）加强互动传播。今后的气候传播需进一步筑牢政府、媒体、NGO、企业、公众“五位一体”的行动框架，政府、媒体、NGO、企业、公众都可作为气候传播的主体。通过互动传播，让作为“主导者”的政府更加主动，作为“引导者”的媒体更加尽心，作为“推助者”的NGO更加积极，作为“担责者”的企业更加尽力，作为“参与者”的公众更加自觉，要齐心协力，让气候传播真正成为社会共识和全民行动。

总之，气候变化议题涉及政治、经济、外交等多个领域，做好气候变化报道也需“厚积”而“薄发”。新闻媒体只有在报道形式和内容两方面都多下功夫，才能使气候传播取得更好的效果。

第四节　国家社会科学基金重点项目“生态文明建设和绿色发展理念背景下我国气候传播的战略定位和行动策略”立项书（摘要）

一、选题依据

本课题根据《2019年国家社科项目选题指南》（新闻学与传播学）第48“绿色发展理念背景下的我国环境传播研究”和第49“我国应对气候变化问题的传播对策研究”两个选题拟定。

党的十八大报告提出了要建设中国特色社会主义“五位一体”的总体布局，将生态文明建设与经济建设、政治建设、文化建设、社会建设相并列；党的第十八届五中全会又提出了“创新、协调、绿色、开放、共享”五大发展理念，并将其写入《中华人民共和国国民经济和社会发展第十三个五年规划纲要》。生态文明、绿色发展与应对气候变化密切相关，正如习近平在巴黎气候大会开幕式上的讲话所言：“中国正在大力推进生态文明建设，推动绿色循环低碳发展。中国把应对气候变化融入国家经济社会发展中长期规划，坚持减缓和适应气候变化并重，通过法律、行政、技术、市场等多种手段，全力推进各项工作。”党的十九大报告又把“引导应对气候变化国际合作，成为全球生态文明建设的重要参与者、贡献者、引领者”，作为我国应对气候变化和建设生态文明的战略目标。

本课题将在习近平生态文明思想统领下，立足生态文明建设和绿色发展这一宏大背景，借助传播学、新闻学等学科理论及方法，以促进生态文明，推动绿色发展，建设美丽中国，实现气候变化全球治理的大视野和大格局，来研究我国气候传播的战略定位与行动策略，并尝试做出顶层设计，为推动我国乃至世界生态文明建设和绿色发展进程作出自己的贡献。

（一）国内外相关研究的学术史梳理及研究动态

1.国外相关研究的学术史梳理及研究动态

气候传播研究最早始于西方国家，主要围绕公众气候变化认知展开，研究框架主要遵循以下路径：公众认知—媒介与新闻文本分析—话语框架。20世纪80年代，美国耶鲁大学、乔治-梅森大学、哥伦比亚大学、皮尤研究中心等，便已开始展开公众气候变化认知状况调查，并致力于通过媒体与传播来推动公众认知的提高。21世纪初英国也开始研究通过传播来提升公众对气候变化问题的认识（何坤，2017）。

西方对气候传播的研究主要关注以下内容：公众如何看待气候变化问题；公众从哪里了解有关气候变化的信息；影响公众对气候变化认知的因素有哪些；谁是气候变化信息的主要发布者；影响气候变化信息建构的因素有哪些；科学界、媒体和政府有关气候变化的话语框架是怎样构建的；各领域气候变化话语的相互影响有哪些形式。其学术成果集中体现在：公众对气候变化的认知；媒体对气候变化议题的建构；不同领域气候变化的话语框架等。对公众认知、新闻文本、话语框架，以及国际气候传播策略层面的探讨，构成了欧美气候传播研究的基本框架（郑保卫、王彬彬，2013）。

2.国内相关研究的学术史梳理及研究动态

我国有关环境议题传播的零散研究在20世纪八九十年代即已出现，但真正以“气候传播”概念为题的研究始于2010年。当年，我国，也是发展中国家第一个气候传播研究机构“中国气候传播项目中心”在中国人民大学成立。项目中心负责人在国内率先提出了“气候传播”这一概念，并围绕气候传播的内涵定义及功能作用；气候传播各行为主体的角色定位及相互关系；气候传播的方式、手段与技巧；受众的认知与分群；传播话语体系及文本的建构等一系列涉及气候传播的理论与实践问题展开探索，开启了我国气候传播研究的进程。

近十年来，该中心在气候传播理论研究和社会推广方面取得了丰硕成果，先后出版多部专著、译著；发表了近百篇论文；举行了多次大规模的中国公众气候变化与气候传播认知状况调查（2012、2013、2017）；举办了多场国内国际学术会议（2010、2013、2016、2018）。项目中心负责人连续出席了自2010年以来的九届联合国气候变化大会，并在中国角举办气候传播国际边会。目前，从中国知网检索到的气候传播学术论文有200多篇。2016年国家哲学社会科学基金首次在新闻学与传播学类别下为气候传播研究立项1个，2017年又立项1个，2019年课题指南中再次出现气候传播课题（2个）。目前我国内地已有近百家高等院校、科研单位、社会组织及相关机构开始气候传播理论研究和社会推广工作。我国台湾政治大学传播学院也有团队作气候传播研究。

我国目前的气候传播研究主要集中在：气候传播的科学定位及不同视角下相关理论与实践问题的综合研究；气候传播各行为主体的角色定位及传播策略与技巧研究；气候传播现状与受众认知及行为、效果研究；中国政府气候谈判策略及其传播话语体系和国家气候变化形象建构研究等。

（1）政府气候传播研究

政府是气候传播的主导者：须构建多元主体参与应对气候变化的治理体系（张丽娜、申晓龙，2015）。政府在气候传播中要发挥主导作用，让更多公众了解气候变化的相关政策及科学知识，理解应对气候变化的紧迫性，共同寻求解决气候变化问题的方法和途径（郑保卫、王彬彬，2012）。政府运用有效传播方式促进社会公众对气候变化问题的认知，引导他们自觉节能减排，保护环境和维护生态（郑保卫，2013）。

（2）媒体气候传播研究

媒体是气候传播的主力：媒体须“提高专业性，进行深度报道；提高针对性，细化报道议题；增强贴近性，提高气候传播吸引力；实现多方互动，提升传播影响力；采取多样化形式，实现气候传播最佳效果；注重全面性，体现气候传播多样化；提高记者专业素质，提升气候传播质量与水平”（郑保卫、宫兆轩，2012）。如何在应对气候变议题上形成深层次的认同体系和集体行动，是气候传播研究的重要关注点（刘涛，2013）。

（3）NGO气候传播研究

NGO是气候传播的重要推助力量：NGO须积极助推气候传播国内化进程，还须参与国家层面气候治理规范设计（郑保卫、王彬彬，2013）。我国NGO还不够成熟，缺乏传播经验，不够客观和中立。另外，NGO同媒体要进一步协调行动，加强合作，实现双赢目标（郑保卫、李玉洁、王彬彬、杨柳，2010）。

（4）企业气候传播研究

企业在气候传播中负有重要责任：企业须借助传播来培育低碳发展企业文

化；要以互联网思维为经，“串联”人际、组织、大众传播全方位地做好气候传播；须控制传播效果，实现催化效果、强化效果与改变效果（王亚莘，2016）。低碳营销是企业在全球气候变化背景下实现可持续发展的现实选择，企业要借助传播来促成这一目标的实现（熊开荣、刘超，2018）。

（5）公众气候传播研究

公众在气候传播中居于中心地位：政府和媒体须大力吸引公众主动参与气候传播；公众的气候传播可以借助个人、组织和大众传媒多种媒介、手段和形式；须引导公众将通过媒体和传播所了解的气候变化信息转化为积极参与应对气候变化的自觉行动（李玉洁，2015）。

（6）气候传播与国家形象塑造研究

中国的气候变化问题在世界上要树立负责任大国的形象：但实际上中国的气候变化问题却被西方媒体贴上了各种负面标签，形成了“中国气候威胁”的国际形象（张丽君，2013）。《纽约时报》就建构了中国的负面形象（郭小平，2010）。英国媒体把中国描述成“世界上最大的污染者”“能源饥渴的巨人”“二氧化碳减排的障碍”等（刘坤喆，2010）。联合国气候大会是我国塑造和改善国家形象的重要平台，经过我国政府、媒体和NGO的不懈努力，国际社会对我国在国际气候谈判中态度和立场的评价已日趋客观和理性（张丽君，2014）。

总之，我国气候传播研究虽起步较晚，但发展势头良好，研究成果丰硕，社会影响明显，今后拓展的空间很大，是一个应该加速开拓的学术“蓝海”。当然我们也要看到，与英美一些起步较早的国家相比，我国气候传播研究也还存在一定差距。

总的来看，已有的一些研究尚缺乏宏观意识和战略眼光，缺乏对气候传播在国家发展总体战略布局的大格局下，作出准确的战略定位，制定有效行动策略的研究。具体看，研究对象多集中在微观层面。而在微观层面的研究中，又主要是关于政府和媒体方面的研究较多，对NGO的气候传播功能、方式及效果的研究，对企业气候传播的角色定位、话语机制、传播策略的研究，以及对公众气候传播手段、方式及效果的研究，都不够系统和充分（张昳丽，2017）。

（二）本课题相对于已有研究的独到学术价值和应用价值

1.学术价值

本课题以促进生态文明，推动绿色发展，建设美丽中国，实现气候变化全球治理的大视野和大格局，来研究我国气候传播的战略定位和行动策略，并尝试做出顶层设计。这一研究站位较高、视野较宽，不仅可以丰富当前我国气候传播理论，而且还可以为其他相关研究提供学术思路和方法借鉴，拓宽气候传播研究的学术视野，提升气候传播研究的学术含量，并为构建气候传播学科学的理论与知识奠定基础，创造条件。

2.应用价值

本课题关于我国气候传播战略定位和行动策略的研究，有助于提升政府、媒体、NGO、企业、公众和智库的气候传播能力与水平，科学推进我国气候传播工作，同时为党和政府做好气候传播顶层设计和宏观指导提供决策依据。

二、研究内容

（一）研究对象

从“五位一体”总体布局、“五大”发展理念、“美丽中国”和“人类命运共同体”建设，以及“气候变化全球治理”等国家战略的高度，在生态文明建设和绿色发展理念引领下，研究我国气候传播对内对外的总体战略定位，以及政府、媒体、NGO、企业、公众和智库等传播主体的气候传播话语体系与行动策略。

（二）总体框架

1.我国气候传播的总体战略定位

通过系统梳理新时代国家战略发展中与生态文明和绿色发展的相关内容，如“五位一体”总体布局中的“生态文明建设”、“五大发展理念”中的“绿色发展理念”、“美丽中国”建设中的“绿水青山就是金山银山”、“人类命运共同体”中的“气候变化全球治理”、“大国担当”中的“中国自主贡献”、“气候变化国际合作”中的“参与者、贡献者、引领者”等，来确立我国气候传播对内对外的总体战略定位。

2.我国气候传播各行为主体的话语体系建构

研究我国政府、媒体、NGO、企业、公众和智库等不同气候传播行为主体的角色定位及各自优势，所针对的受众人群，所拥有的传播手段、传播渠道和所擅长的传播方法，有针对性地进行气候传播话语体系建构。

3.我国气候传播各行为主体的行动策略

研究在气候传播中如何实现政府主导、媒体引导、NGO推助、企业担责、公众参与，智库献策，六个行为主体相互配合、支撑和联动的行动策略。

（1）政府层面：提高气候传播能力，更好地运用媒体与传播发挥好政府在气候变化政策宣传、行为引导和行动干预，以及参与全球气候治理，塑造国家良好形象等方面的主导作用。

（2）媒体层面：扮演好气候变化议题设置者、气候变化知识解释者、应对气候变化行动沟通者和气候变化舆论引导者的角色，推动气候变化社会治理和全球治理。

（3）NGO层面：发挥好民意表达与社会沟通作用；借助传播表达民间声音，促进社会共识，引导公众实现绿色低碳生活方式，推动气候变化民间外交。

（4）企业层面：借助气候传播推进企业低碳经济转型，建构低碳绿色企业文化，做好企业社会责任传播，展示勇于担责的企业形象，通过营销向消费者传播低碳绿色的生活理念和生活模式。

（5）公众层面：确立公众在气候传播中的中心地位，针对公众对气候变化的认知状况，提出有效的传播策略，引导他们积极参与气候变化社会治理行动。

（6）智库层面：明确智库在气候传播中的独特作用，研究当前我国气候变化智库的气候传播认知、理念、做法及效果，打造智库专家气候变化国际传播工具包，更好地发挥智库在气候传播中的作用。

4.我国气候传播主体、受众、内容与行动等各因素之间的影响

通过对气候传播各行为主体话语体系建构和行动策略的探讨，分析各种不同要素之间相互影响的关系。

（三）主要目标

（1）确立我国气候传播对内对外总体战略定位，对内为我国实现低碳绿色发展和加强生态文明建设，对外为实现国际气候治理与合作，保护全球生态，提供新思路和新方法。

（2）建构政府、媒体、NGO、企业、公众和智库“5＋1”的气候传播行为主体行动框架，实现政府主导、媒体引导、NGO推助、企业担责、公众参与、智库献策，六个行为主体相互配合、支撑和联动的科学、高效的气候传播行动

框架。

（3）提供务实的大众传播与社会动员策略，实现“气候变化与气候传播进校园、进社区、进企业、进农村”的目标，让更多的人认识和了解气候变化，让应对气候变化和开展气候传播真正成为社会共识和全民行动。

（四）核心观点

（1）关于“气候传播”的概念及行为原则：“气候传播”，是将气候变化信息及其相关科学知识为社会与公众所理解和掌握，并通过公众态度和行为的改变，以寻求气候变化问题解决为目标的社会传播活动。气候传播要遵循科学性、政治性、世界性、公共性原则，同时要把握专业化、故事化、人性化、视觉化等原则。

（2）关于“气候传播”与“环境传播”的区别：气候变化是环境问题，也是发展问题，但归根结底是发展问题，它涉及国家、社会、民族乃至人类的发展。从这一意义说，“气候传播”是比“环境传播”外延更宽，内涵更丰富，更具概括性和统领性的概念。故本课题使用的是“气候传播”这一概念。

（3）关于气候传播对生态文明建设的意义：在生态文明建设进程中，气候传播可以培育生态文明理念，推动生态文明制度建设的顶层设计、政策普及和落实，提升国家生态文明和绿色发展形象。

（4）关于气候传播主体、角色定位与相互关系：要建构政府、媒体、NGO、企业、公众“五位一体”的气候传播主体行动框架，即政府主导、媒体引导、NGO推助、企业担责、公众参与。要整合多个行为主体的传播资源，打造多元主体传播网络，以构建多主体、多功能、立体化的气候变化传播网络。

（5）关于气候传播与国家形象：我国媒体作为气候传播的主力，须进一步把握自身定位，采取更加积极、有效的传播策略，要突出气候传播的人性化和真实感；我国政府作为气候谈判和气候传播的主导者要主动提供信源，做好信息传播，支持不同社会团体和人群的气候传播活动；要建立多层次的传播主体，相互间加强互动，形成传播合力；要提高公众气候变化认知水平，推动全民参与气候传播。

（6）关于气候正义的概念、原则、制度设计及其传播：“气候正义”，是指因气候所带来的利益和福祉，应公平地分配给全体社会成员，气候变化所带来的不利后果，也应由全体社会成员公平承担。气候正义包括分配正义、矫正正义、代际正义、种际正义，要遵循责任、能力、需求、成本效率、平等协商、全体参与等要素进行制度设计和规范应对气候变化行动。做好气候正义传播，促进气候正义。

三、思路方法

（一）研究的基本思路

（1）梳理我国气候传播的理论与政策基础，明确我国的气候传播对内对外总体战略定位。

（2）以政府、媒体、NGO、企业、公众和智库为传播行为主体，研究不同传播行为主体在接触不同受众的过程中，如何建构不同的气候传播话语体系，采取不同的气候传播行动策略。

（3）研究不同行动策略、话语体系和受众之间如何相互影响。

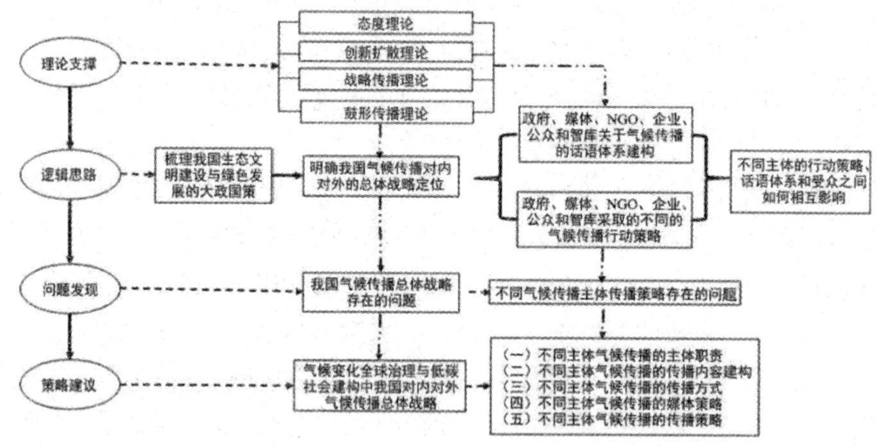

研究的基本思路

（二）具体研究方法

1.问卷调查法和深度访谈法

了解和研究公众对气候变化的态度，及其参与应对气候变化和开展气候传播的行为意向及效果。

2.实地调研法与深度访谈法

搜集并研究政府应对气候变化的改革方案及传播方略、媒体气候变化的报道策略及传播效果，以及NGO、企业、公众和智库参与气候传播的方式及效果。

（三）研究计划及其可行性

1.研究计划

（1）2019. 06—2019. 12 搜集资料，开展调研。

（2）2020. 01—2020. 12 实地调查，开展访谈。

（3）2021. 01—2021. 12 分析资料，发表论文。

（4）2022. 01—2022. 12 撰写专著，准备结项。

2.可行性

国家政策保障：本课题与国家生态文明建设和绿色发展战略，以及推动气候变化全球治理战略相一致，符合国家需要，可以得到国家政策保障。

前期成果丰厚：课题主持人及团队核心成员都有多年从事气候传播理论研究和行动推广方面的经验，并积累了许多研究成果和实践案例。

团队成员精干：研究团队成员包括来自高等院校、政府部门、新闻媒体、智库机构、NGO组织等各领域、各学科、各部门的专家学者，他们在气候传播研究领域理论修养好、行动能力强，可以很好地胜任研究任务。

四、创新之处

（一）学术思想创新

本课题是对我国气候传播战略定位和行动策略作顶层设计和宏观研究，研究成果可以为相关研究提供新思路和新路径，在学术思想提炼和理论体系建构方面具有创新性。

（二）学术观点创新

（1）本课题在国家一系列战略布局和气候变化全球治理的宏观背景下，研究我国气候传播的战略定位与行动策略，这既是研究方法的创新，也是学术观点的创新。

（2）本课题将气候传播作为一种系统工程，提出要实现全社会动员、多元主体参与，以及通过多领域协调，建构气候传播科学、有效的行动纲领及策略。这是本课题提出的气候传播研究新的战略目标。

（3）本课题提出要建构政府、媒体、NGO、企业、公众和智库“5+1”的气候传播行为主体行动框架，并提出六大行为主体须相互配合、支撑和联动，形成气候传播科学、有效的话语体系和行动策略，共同实现气候传播的战略目标。把智库作为气候传播行为主体之一是本课题在新形势下提出的新观点。

（4）本课题提出要采取“两路并进，双向使力”的传播策略，即在国际层面要通过气候传播促进气候变化全球治理目标的落实，在国内层面要通过气候传播动员全社会力量形成应对气候变化共识，采取节能减排、绿色发展和环境保护的一致行动。这是一种全方位的气候传播研究思路及路径方法。

（5）本课题提出要融通和整合“气候”与“健康”两个概念，把涉及公众切身利益的健康问题与气候变化问题联系起来，把建设“美丽中国”和“健康中国”结合起来，做好气候与健康传播，这在国内尚属首次。

（三）研究方法创新

本课题采用多种方法相互交织和支撑的研究方法，有助于更加全面、系统、准确地揭示和表述研究的主题及其内涵，获得更加理想的研究效果。

第七章　学术贡献

中国气候传播项目中心自成立以来，不断丰富研究内容，拓展研究方法，扩大研究成果，在气候传播学科理论建构和行动实践社会推广方面取得了一些成绩。十年中团队成员出版了多部气候变化与气候传播的研究专著，发表了百余篇学术论文，在国内外学术界产生了一定影响，为气候传播学科理论体系和知识体系的建构作出了贡献。

项目中心2011年出版的《气候传播理论与实践研究——气候传播战略研究》一书，是我国第一本研究气候传播的专著。此书在2011年德班联合国气候大会上发行的中英文对照版受到了与会国内外专家的好评。项目中心主任郑保卫教授2014年受“中欧论坛”的委托主持起草的《中欧社会应对气候变化共识文本》，为2015年在巴黎召开的联合国气候大会，传递了来自中欧民间的声音，产生了积极影响。项目中心2015年出版的《论气候变化与气候传播》和翻译的哥伦比亚大学学者编著《气候传播心理学》、2017年出版《绿色发展与气候传播》，内容涉及气候变化与气候传播领域一系列理论与实践问题，大大丰富了气候传播的研究领域和研究内容，为建构科学的气候传播理论体系和知识体系奠定了基础。

项目中心十年发展中在学术领域的主要贡献体现在以下几方面：科学界定气候变化及气候传播的内涵；准确阐释气候传播的研究定位；积极推动气候传播成为社会共识与全民行动。

第一节 科学界定气候变化与气候传播

开展气候传播研究首先需要对气候变化与气候传播等相关概念的内涵作出科学界定，对气候传播研究的定位作出准确阐释，同时要将理论研究与社会推广活动结合起来，推动气候传播成为社会共识与全民行动。

一、“气候变化”的内涵

气候变化不等同于“天气变化”和“气象变化”，它是一个特定的、专门性的概念。政府间气候变化专门委员会（IPCC）①将气候变化定义为：

气候状态随时间发生的任何变化，无论是自然变率，还是人类活动引起的变化，而这种变化可以通过其特征的平均值和/或变率的变化予以判别（如利用统计检验），气候变化具有一段延伸期，通常为几十年或更长时间。

《联合国气候变化框架公约》（UNFCCC）②第一条中将气候变化界定为：

经过相当一段时间的观察，在自然气候变化之外由人类活动直接或间接地改变全球大气组成所导致的气候改变。

这一定义强调气候变化是人类活动所引起的“气候改变”。因此，我们可以把“气候变化”理解为：

---

① 英文名称缩写 IPCC，是世界气象组织（WMO）和联合国环境规划署（UNEP）于 1988 年联合建立的政府间机构。其主要任务是对气候变化科学知识的现状，气候变化对社会、经济的潜在影响，以及如何适应和减缓气候变化的可能对策进行研究。

② 简称《框架公约》，英文名称缩写 UNFCCC，是 1992 年 5 月 9 日联合国政府间谈判委员会就气候变化问题达成的国际公约，于 1992 年 6 月在巴西里约热内卢举行的联合国环境发展大会（地球首脑会议）上通过的公约，是世界上第一个为全面控制二氧化碳等温室气体排放，以应对全球气候变暖给人类带来不利影响的国际公约，也是国际社会在对付全球气候变化问题上进行国际合作的一个基本框架。每年都举办联合国气候变化大会，迄今已举办了 22 届。在第 21 届巴黎气候大会上通过了《巴黎协定》。

主要是指由人类活动所引起的气候异常、改变和极端天气变化现象。

(一)“气象”“天气”与“气候”的关系

我们所说的气候变化中的“气候”，与“气象”和“天气”之间是什么关系呢？

“气象”，是指发生在天空中的，包括风、云、雨、雪、霜、露、虹、晕、闪电、打雷等各种天气现象在内的一切大气物理现象。

“天气”，是指经常不断变化着的大气状态。它既可以是一定时间和空间内的大气状态，也可以是大气状态在一定时间间隔内的连续变化。所以，我们可以将其理解为“天气现象”和“天气过程”的统称。简单说，它是指某一个地方距离地表较近的大气层在短时间内的具体状态。这其中，“天气现象”，指的是发生在大气中的各种自然现象，即某一瞬时内大气中各种气象要素（如气温、气压、温度、风、云、雾、雨、雪、霜、雷、雹等）空间分布的综合表现。而“天气过程”，指的是一定地区的天气现象随时间发生变化的过程。

“气候”，是指大气物理特征的长期平均状态，也可以理解为是所给定的某一地区天气状况和天气发展所显示的变动着的大气状态。“气候”与随时变化的“气温”不同，它具有稳定性。其时间尺度一般为月、季、年、数年到数百年以上。它通常以冷、暖、干、湿这些特征来衡量，以某一较长时间中天气的平均值和离差值作为表征。

比较上述几个概念可以看出，“气象”是个统称，它包括“天气”“气候”和“气候变化”。“天气”是瞬间或过程的现象，指的是一定时间和空间内的大气状态。它可以指某一天气现象，也可以指某一天气过程。“气候”是天气的平均状态和规律，它所显示的是大气物理特征的长期平均状态，其时间跨度通常是以月、季、年、数年或数百年以上来计算的。而“气候变化”则是平均状态和规律的变化，它是对大气物理特征长期平均状态所呈现现象和规律的一种表述。

我们现在所用的“气候变化”概念，其基本含义主要是指由人类活动所引起的气候改变现象。它是依据联合国气候变化框架公约组织（UNFCCC）所作的解释得出的。

气象专家、中央电视台气象主播宋英杰先生指出，目前大家所说的气候变化，是特指除了自然变率之外的，受人为因素影响的那一部分气候变化。以前气象学科传统上认为，气候变化应当包括自然变率和人为因素共同导致的气候变化。现在在此问题上，气象学界也已达成共识。

由此，我们可以把“气候变化”解释为：主要由人类活动所引起的气候异常、改变和极端天气变化现象。

（二）“应对气候变化”与“适应气候变化”和“减缓气候变化”的关系

胡锦涛曾说过：“气候变化既是环境问题，也是发展问题，但是归根结底是发展问题。”这一论断将气候变化问题与国家的经济社会发展联系在了一起，是对气候变化问题的一个很高的性质定位。由此推论，气候传播所涉及的也不仅仅是环境传播问题，而是范围更大的发展传播问题。

所谓“发展”，包括了社会发展、民族发展、国家发展、世界发展、人类发展。正是站在这一高度才形成了气候变化需要社会共治和全球共治的国际社会共识与诉求，才有了让全世界愿意共同遵行、落实和推动的应对气候变化的《巴黎协定》①。

“应对气候变化”，是气候变化理论研究和行动实践中最常用的一个概念。它指的是人们为遏制全球变暖而采取的应付气候变化的一切思维、举措和行动，其中包括了“适应气候变化”和“减缓气候变化”。

所谓“适应气候变化”，指的是增强人们对气候变化的适应能力，包括采取积极行动改善季节性天气预报，保障粮食和淡水供应，提供饥荒预警、救灾应急和灾害援助等，以减少气候变化带来的损害，使之最小化。所谓“减缓气候变化”，是指在当前由于各种原因气候变暖趋势无法完全控制和难以根本逆转的情况下，人们可以通过一些积极、有效的节能减排措施使得温室气体排放的速度放慢，危害减少，以遏制全球气候变暖趋势继续扩大、发展和蔓延。科学研究表明，减缓气候变化的行动可以使气候变暖的速度下降，并最终停止变暖，因此人们对此应充满信心，并努力通过全球共同治理与公众自觉参与来实

① 是2015年12月12日在巴黎联合国气候变化大会上通过，2016年4月22日由170多个国家的领导人在纽约联合国总部共同签署的全球应对气候变化的国际文件。该文件承诺要将全球气温升高的幅度控制在2℃。2016年12月举行的马拉喀什联合国气候变化大会为落实该协定通过了行动宣言。

现减缓气候变化的目标。近些年来国际社会就温室气体排放问题拟定了一系列国际性公约，如《京都议定书》[①]《生物多样性公约》[②]《臭氧层保护公约》[③]等，以及2015年巴黎联合国气候变化大会通过的《巴黎协定》等，为遏制全球变暖，减缓气候变化都起到积极作用。

适应、减缓和应对气候变化是人类保护地球家园、实现永续发展的根本路径，需要全社会的共同关注，需要广大民众的积极参与，需要国际社会的一致行动。

二、"气候传播"的内涵

"气候传播"，亦可称为"气候变化传播"。它指的是将气候变化信息及其相关科学知识为社会与公众所理解和掌握，并通过公众态度和行为的改变，以寻求气候变化问题解决为目标的社会传播活动。简而言之，气候传播是一种有关气候变化信息与知识的社会传播活动，它以寻求气候变化问题的解决为行动目标。因此，它既是解决气候变化问题的不可缺少的一种舆论表达方式，也是人们在应对气候变化过程中可以借助的一种无以替代的信息传播手段。

（一）"气候传播"与"环境传播"等相关概念的关系

"气候变化"的核心问题是"发展"问题。相对于"发展"，"环境""低碳""生态""绿色"等是更具体的，特指某一具体事物的概念。正是有了气候变化问题，才衍生出了"环境""低碳""生态""绿色"等一系列问题。

"环境"，主要指的是大气、水、土壤、植物、动物、微生物等物质因素。

---

① 全称为《联合国气候变化框架公约的京都议定书》，是 1999 年 12 月在日本京都由联合国气候变化框架公约参加国三次会议制定的。其目标是"将大气中的温室气体含量稳定在一个适当的水平，进而防止剧烈的气候改变对人类造成伤害"。

② 是 1992 年 6 月 2 日由联合国环境规划署发起的政府间谈判委员会第七次会议在内罗毕通过的，1992 年 6 月 5 日，由签约国在巴西里约热内卢举行的联合国环境与发展大会上签署。该公约是一项保护地球生物资源的国际性公约，于 1993 年 12 月 29 日正式生效。

③ 是 1985 年 3 月在维也纳召开的"保护臭氧层外交大会"上通过的一项公约，截至 2000 年 3 月，参加该公约的缔约国有 174 个。该公约由联合国环境规划署倡导，旨在通过国际社会的共同行动来保护臭氧层，防止由于臭氧层的耗损造成对人类健康和环境的损害。

而“环境问题”，一般是指由于自然界或人类活动作用于人们周围的环境所引起环境质量下降或生态失调，以及这种变化反过来对人类的生产和生活产生不利影响的现象。

“低碳”，指较低的温室气体（二氧化碳为主）的排放。而“低碳生活”，指的是生活作息时要尽量减少所消耗的能量，从而减少对大气的污染，减缓生态恶化。

“生态”，通常指的是生物的生活状态。“生态建设”，主要是指对受人为活动干扰和破坏的生态系统进行生态恢复和重建，是人们充分利用现代科学技术和生态系统自然规律，通过自然和人工的结合，达到生活状态的高效和谐，实现环境、经济、社会效益的统一。

“绿色”，其基本含义包括自然、环保、和平、宁静、生命、希望等，它意味着环保、清洁、美好，而“绿色发展”则意味着低碳发展、循环发展、可持续发展。

由此看来，这几个概念都有其特定内涵，也都可以同“传播”构成“环境传播”“低碳传播”“生态传播”“绿色传播”等概念，而且可以在特定的语境和环境下单独使用。

然而，由于它们都与气候变化有关，而且都是由其派生和引发出来的，因此，使用“气候传播”，将其作为一个更具概括性和统领性的概念来涵括或替代“环境传播”“低碳传播”“生态传播”“绿色传播”等相关概念。凡与气候变化领域相关的传播理论与实践研究，今后还是以“气候传播”命名为好。不过，这并不影响我们在特定语境和环境下单独使用“环境传播”“低碳传播”“生态传播”“绿色传播”等概念。

（二）气候变化和气候传播中“政府、媒体、NGO、企业、公众”“五位一体”行为主体框架的内涵

近些年来，气候传播研究一直强调在应对气候变化和开展气候传播的过程中，需要建构包括政府、媒体、NGO、企业、公众在内的“五位一体”的行为主体行动框架。这其中，政府是主导者，媒体是引导者，NGO是推动者，企业是担责者，公众是参与者。

实践说明，要应对气候变化，离不开政府的政策主导、媒体的宣传引导、NGO的推动助力、企业的责任承担和公众的行动参与。尤其要注意调动企业和公众的参与积极性，增强企业的责任意识和公众的参与意识，引导企业和公众自觉投入节能减排、保护环境、应对气候变化、维护生态文明的行动之中，特别是企业，要促使其积极承担作为应对气候变化行动主体的责任。

要让气候传播真正成为社会共识和全民行动，就需要在形成“五位一体”的气候传播行为主体行动框架方面有所进展，要努力实现以下目标：让作为主导者的政府更加主动；作为引导者的媒体更加尽心；作为推动者的NGO更加积极；作为担责者的企业更加尽力；作为参与者的公众更加自觉。唯此，才能使得气候传播能够形成更大气候，能够为国家、民族、社会和人类发展作出更大贡献。

（以上内容见郑保卫《“气候变化”和“气候传播”相关概念解读》一文，刊于《采写编》2017年第2期）

第二节 准确阐释气候传播研究定位

一、气候传播与其他相关传播活动的关系

（一）环境传播与气候传播

环境传播形成：20世纪80年代，最早的研究集中在美国。罗伯特·考克斯（2010）将环境传播界定为一种用于理解环境、理解人类与自然环境关系的手段。通过这种手段对环境问题进行建构，并在人与环境之间建立沟通的可能性。

气候变化在西方学者的早期认知中被界定为环境问题。相应地，对气候变化信息的传播很长一段时间里也成为环境传播的研究内容之一。最近几年，随着气候变化人为因素的确认及气候变化问题在全球升温，气候变化超越单纯环境领域的跨学科属性逐渐被确认，对气候传播的专门研究也越来越多。不过，气候传播研究“脱胎”于环境传播，西方很多研究气候传播的学者和机构也是环境传播研究者出身，如耶鲁大学气候传播中心就从属于耶鲁大学森林与环境学院。直到今天，气候传播研究还从环境传播中汲取着养分。比如，环境传播的研究领域已经扩展到“环境话语与修辞、媒介与环境新闻、环境决策中的公众参与、社会营销与环境倡议运动、环境合作与矛盾解决、大众文化与绿色市场中的自然表征等多个方面”①。气候传播研究者受环境传播研究最新进展的启发，或借鉴环境传播的方法，在此基础上推进气候传播研究的发展。

（二）发展传播与气候传播

20世纪50年代，发展传播理论在美国兴起。发展传播通过媒介来教育和影响公众，促进公众通过参与和对话来策略性地推动社会发展。发展传播重在借助知识传播来系统性地干预社会。

---

① 徐迎春：《绿色迷思：环境传播研究的概念、领域、方法与框架》，《中国传媒报告》，2012年第4期。

气候变化归根到底是发展问题。发展传播中的一些理论在环境传播和气候传播等领域中也得以应用，最典型的是参与传播理论。参与传播理论聚焦大众传播中的个人作用，人人都有被倾听的权利，也都有自我表达的权利。公众被鼓励参与与自身利益相关的决策讨论。近几年，公众参与环境决策过程成为舆论热点，气候传播中的公众参与研究也受到越来越多的关注。

发展传播的娱乐教育理论在气候传播中同样有借鉴价值。娱乐教育理论重视传播方式的娱乐化，通过娱乐元素的融入，激发公众对传播内容的兴趣。近年来，娱乐教育理论在健康传播、环境传播等相关领域得以应用。比如美国人口媒体中心的宗旨是通过娱乐教育改变人们的行为，从而提升人类健康和福祉，这家中心的口号是“肥皂剧也能改变世界”[①]。

（三）健康传播与气候传播

美国传播学者罗杰斯认为，健康传播是将医学研究的成果介绍给大众，从而提升大众对健康的认知，进而带来行为的改变。大众态度和行为改变，可以降低患病率和死亡率，有效提高生活质量和健康水平。

气候传播和健康传播都是促进行动以解决相关问题为终极目标，也都面临着对传统传播模式创新的现实挑战，在现实中摸索出的方法可以互相借鉴。此外，健康传播以创新扩散、社会营销和社会学习为主要框架的研究模式及发展中的经验和教训，也值得气候传播研究者学习和借鉴。

此外，气候传播的障碍之一是气候变化问题的“遥不可及”。不过，研究逐渐发现气候变化对人类健康会产生各种影响，健康关系到每个人的生存状态，在气候传播中采用健康框架，可以更好地激发公众采取积极的应对行动。

（四）气候传播与科学传播

英国物理学家J. D. 贝尔纳在1939年出版的《科学的社会功能》一书中专门讨论了科学传播，认为科学传播涉及科学家之间的交流、科学教育和科学普及三个方面，其目的是把科学知识从拥有者传递给接受者。

与科学传播研究的发展过程类似，气候传播也经历了从传统科普到多元传播的过程，也是多主体参与的动态反馈系统。可以说，气候传播与科学传播有一定的交叉。但从科学传播的内容和机制来看，其关注的重心是科学知识的分

① Population Media Center. 检索于 https://www.populationmedia.org/about-us/。

享与普及。气候变化虽然属于科学知识，但气候传播的终极目标是通过提高认知来促进行动解决问题。由此，气候传播和科学传播之间也不能简单地画等号。

（五）气候传播与风险传播

风险传播起源于社会学，尤其受德国社会学家乌尔里希·贝克的影响。1986 年，贝克首次使用“风险社会”的概念来描述后工业社会人类身处的社会。后工业社会的物质财富较之前的发展阶段更为丰富，但也给人类带来包括生态环境、经济、军事等领域的风险。

最早引起社会关注的是生态环境风险。“风险”和“危险”并不是等同的。“危险是真实的，风险却是一种社会建构。”[①] Covello、Zimmermann、Kasperson与Palmlund（1986） 等学者指出，一个良好的风险传播应该具备启蒙、知情权、态度改变、合法性、降低风险、行为改变、公共涉入、参与等功能。通过风险传播，能进一步促进公众彼此了解，对风险有更清晰的界定。认知了风险的存在，可以变被动为主动，采取积极的接纳态度。通过风险沟通机制的建立，可以寻求降低风险的策略并采取保护性的行动。

Grabill和Simmons（1998）等人总结了风险传播模式的三种范式，即科技主义取向、协商取向和批判取向。批判取向是在认识了前两种范式的限制后提出的，把风险传播放在现代化进程的不同情景中，强调风险的建构特性。

气候变化是一种典型的风险，所以风险沟通也是气候传播的工具或话语框架。将风险沟通用于气候传播，可以帮助公众更准确地了解气候变化风险的确定性与不确定性、相关应对原则及主动应对的效果。认知是行动的前提，在认知风险的基础上，带动参与和行动。当然，气候变化并不只有风险沟通一种话语框架，健康、政治、环境、发展、科学都是气候传播可以选用的框架。

（六）气候传播与政治传播

英国学者布赖恩·麦克奈尔的《政治传播学引论》对政治传播做了定义，即所有有关政治的传播就是政治传播。布赖恩认为，政治传播是有目的的。政治传播的研究领域包括政治信息、新闻媒体、公共舆论和新媒体等，其基本理论有政治修辞理论、议程设置理论、沉默的螺旋理论、劝服理论等。气候变化

---

① Slovic P. *Trust, Emotion, Sex, Politics and Science: Surveying the Risk-assessment Battlefield*. San Francisco: The New Lexington Press, 1997: 277.

涉及国际和国内政治，国际关系更是考量全球气候治理的重要视角，但不能完全把气候变化理解为政治学范畴，而忽视了气候变化本身的科学性。

通过回顾并比较上述应用传播领域的研究，有如下发现：

第一，相比六类研究领域，气候传播研究起步晚，在定位上与六类传播领域既相关又有区别，在发展过程中吸收相关应用传播领域的养分。正如对气候变化的研究有不同的视角，不能简单地把气候变化理解为单一学科问题一样，不同的传播领域有其各自的特点，对气候传播进行特殊的学术观照还是有必要的，简单地建立从属关系容易抹杀各自领域的发展潜力。

第二，上述传播领域面临的共同挑战是概念还没有清晰的界定，处于不同的发展阶段。现阶段，各领域的研究重点应是实证研究的积累和跨学科研究的尝试，不必急于建构理论体系和研究框架来束缚自己。

第三，上述传播领域在界定时都面临跨学科尴尬。以政治传播为例，有政治学本位和传播学本位两种界定趋势，两者之间缺少视界融合，也缺少跨学科研究方法的引入。气候传播涉及政治、经济、社会、环境、发展等领域，如果想做深入研究，应在注意气候科学和传播学的视界融合的基础上，加强跨学科研究方法的引入、借鉴，以互相验证。

第四，气候传播和上述相关传播领域均发源于欧美，其中以美国居多，从建构主义的视角来看，其研究发展过程中不可避免地要考虑本国的政治、经济和社会因素，即我们通常所说的“国情”。国内学者跟进这些研究方向时需要在学习、吸收的同时，注意国情差异，主动贡献更多本土视角，使这些领域真正在本土生根。

二、气候传播的主要研究内容

气候传播研究主要应该解决以下一些问题：什么是气候传播；气候传播与气候变化、环境传播、生态传播、低碳传播、绿色传播等相关概念的关系；气候传播的行为主体与角色定位；气候传播的国家战略与行动策略；气候传播的社会推广与公众参与；气候传播的国际交流与合作；气候传播的技能与技巧等。

气候传播研究需要对气候传播现象进行理论概括和系统阐释；需要对气候

传播实践经验进行总结和推广；需要对节能减排和环境保护对于国家及人类经济社会发展的意义进行阐释；需要为政府、媒体、企业和NGO做好气候传播做好理论咨询、提供学术支持等。

此外，如何建构我国气候传播理论体系与知识体系；如何推进气候传播理论研究与行动实践；如何创新气候传播合作模式、完善气候传播策略方法、建立有效气候传播机制；如何推动低碳转型与绿色发展、提升扶贫减贫可持续性与有效性，以及如何维护气候正义等也是气候传播研究中需要解决的一系列问题。

近些年来，中国政府高度重视环境保护和气候变化问题：

2012年中共十八大政治报告把生态文明建设同经济、政治、文化和社会文明建设并列，一起作为国家“五位一体”的国家发展战略。

2014年两会期间，李克强总理在记者招待会上提出“要像向贫困宣战那样向污染宣战”，表达了铁腕治污的坚定决心。

2015年10月中共十八届五中全会确立了“五大发展理念”，即“创新、协调、绿色、开放、共享”，将“绿色发展”上升到了国家发展战略的高度，充分说明了它的重要性。如今习近平总书记提出的“绿水青山就是金山银山”已经深入人心。

2017年10月中共十九大政治报告提出了“加快生态文明体制改革，建设美丽中国”的任务，将“建设美丽中国”与建设“富强、民主、文明、和谐”国家一起，共同作为国家建设的目标。报告还提出要采取“推进绿色发展、着力解决突出环境问题、加大生态保护系统力度和改革生态环境监管体制”等四项重大举措。

我们的气候传播要及时传播中国政府应对气候变化的信心、政策和行动，展示中国在应对气候变化方面付出的努力和成就，增进国际社会对中国气候变化应对工作的了解，使国际社会能够全面、客观、理性地看待和认识中国在应对气候变化方面所做的工作。

气候传播还要传播和倡导“气候正义”的科学理念。气候正义揭示了气候变化领域贫富之间的资源鸿沟。在世界范围内，富国与穷国之间有着不同的发展道路和不同的资源占有，同时存在不同的能源消耗水平。在一国之内，穷人和富人的生活环境、模式与水平各异，其资源占用和能源消耗也存在巨大差异。

因此，气候正义倡导，因气候所带来的利益和福祉，应公平地分配给全体社会成员；全体社会成员无论种族、肤色、性别、国籍，均平等地享有参与气候变化事物的权利——利益共享；气候变化所带来的不利后果，也应由全体社会成员公平承担——后果共担；当这种平衡状态被打破后应按照均等原则加以重建或恢复。

第三节　积极推动气候传播成为社会共识与全民行动

气候传播研究属于一种应用性研究，除了从理论上对气候传播所涉及的理论问题进行阐释与论证，以及构建气候传播科学的理论体系与知识体系外，还有一项重要任务就是要加强实践问题研究，要积极推动气候变化和气候传播成为社会共识与全民行动。

一、让气候传播真正形成气候

气候变化正在成为一个事关人类命运与福祉的国际性议题。放眼世界，各地极端天气现象频发，环境生态危机警报不断，一年一度的联合国气候大会提供的信息、发出的警示不断刺激着人们关注气候变化的神经。人们依据自己的切身体验和感受，越来越关注气候变化，关注气候传播。

中国气候传播项目中心自成立以来，曾在国内举办过多次学术会议，包括国际性会议，另外还先后在联合国气候大会的举办地墨西哥的坎昆（COP16）、南非的德班（COP17）和卡塔尔的多哈（COP18），以及联合国可持续发展大会举办地巴西的里约热内卢（Rio+20），举办过多场国际性的气候传播边会。在这些会议上，中国气候传播项目中心展示了自己的研究成果，发出了中国的声音，表达了中国学者和公众在应对气候变化方面的立场，在国内外形成了一定的学术影响力和实践推动力。

2013年10月11日至13日，由中国气候传播项目中心、中国人民大学新闻与社会发展研究中心、香港乐施会和耶鲁大学气候传播项目中心联合主办的“气候传播国际会议”在中国人民大学举行。这是世界气候传播领域首届大规模的国际性会议。来自中、美、英、俄罗斯、比利时、瑞典、墨西哥、印度等国家的100多位专家学者齐聚中国人民大学，共同探讨如何加强学术研究和国际合作，以便更好地掌握气候传播的理论内涵，做好气候传播的社会推广，为推动应对气候变化工作作出更大贡献。会议以“气候传播：角色定位与全球合作”为主题，确立的目标是“搭建交流平台，聚合研究团队，凝聚学术共识，扩大世界影响”，使气候传播能够真正“形成气候”，进而使气候变化成为公众的重大关切，以推动全社会应对气候变化的自觉行动。

二、让气候传播真正成为社会共识

“筑牢政府、媒体、NGO、企业、公众‘五位一体’的行动框架，让气候传播真正成为社会共识全民行动”，这是中国气候传播项目中心主任、中国人民大学新闻学院郑保卫教授在2016年12月18日召开的“绿色发展与气候传播”研讨会上表达的观点。他说，自在“2013年气候传播国际会议”上我们提出要“让气候传播真正形成气候”以来，如今气候传播在我国已逐渐形成气候，今后我们将朝着新的更高的目标努力。

2016年的“绿色发展与气候传播”研讨会，来自中国气候传播项目中心、中国工程院、国务院新闻办、中国人民大学、中国气象局、中国传媒大学、中央电视台、中国新闻社、中国国际民间组织合作促进会、乐施会、自然资源保护委员会、世界自然基金会、普华永道、深圳航都文化公司、创绿中心、能源基金会、湖北碳排放权交易中心，以及中南民族大学、武汉大学、广东外语外贸大学、江苏师范大学、新疆财经大学、青岛大学、新乡学院、闽江学院、台湾政治大学、康奈尔大学和中国天气网、中国气象频道、《中国经济导报》、《东岳论丛》、《采写编》等单位及其代表出席。在开幕式上，举行了中国传媒大学绿色低碳发展与品牌传播研究中心的揭牌仪式，这标志着一家专门以绿色低碳发展传播研究为任务的高校研究机构的成立。

中国传媒大学国家广告研究院院长丁俊杰教授在揭牌仪式后说，气候传播不仅仅是科学问题，也是文化问题，甚至是政治问题，应当有多个学科的介入。无论是一个国家，还是一个社会、一个公民个体，其对绿色发展的态度决定了他（它）的品质，对绿色发展的行为决定了他（它）的素养，对绿色发展的观念决定了他（它）的文明程度。他表示，传媒大学广告学院和国家广告研究院将全力支持研究中心的工作。

中国气候传播项目中心主任郑保卫教授作了题为“让气候传播真正成为社会共识全民行动”的总结发言。他认为，这次研讨会为全国关注气候变化和气候传播的专家学者及各界朋友搭建起了一个学术平台，与会者踊跃参与，广泛交流，充分研讨，取得了丰硕成果。通过此次研讨会，我们聚集了队伍、壮大力量、扩大了影响，可以说气候传播在中国已逐渐形成气候。与会者通过分析形势、沟通思想，凝聚起了共识，同时谋划了未来气候传播的发展之路。他提出，今后的气候传播要进一步厘清概念，统一认识，明确任务，自觉行动，要筑牢政府、媒体、NGO、企业、公众“五位一体”的行动框架，要让作为“主导者”的政府更加主动，作为“引导者”的媒体更加尽心，作为“推助者”的NGO更加积极，作为“担责者”的企业更加尽力，作为“参与者”的公众更加自觉，大家齐心协力，让气候传播真正成为社会共识和全民行动。

三、让气候传播成为全民行动

如何应对气候变化的举措和气候变化问题的最终解决，还要靠取得社会共识、得到公众响应和支持、公众自觉的参与来实现。正是基于这种认识，中国气候传播项目中心秉持“两路并进、双向使力”的原则，开始把研究的视角转向社会与公众。2012年，中国气候传播项目中心举行了“气候变化和气候传播进社区、进校园、进农村、进企业”活动，举办了气候变化图片展，并在全国范围内开展“中国公众气候变化与气候传播认知状况调查”和“中国城市公众低碳意识调查”。从实践效果看，这些活动在普及气候变化与气候传播知识方面产生了一定的影响，对于推动全社会应对气候变化的行动起到了促进作用。2012年，项目中心的调查显示，中国公众对气候变化的认知度达到93%（美国是64%，英国是72%），这一数据在多哈会议期间被联合国气候变化框架公约高级官员、执行秘书克里斯蒂安娜·菲格雷斯（Christiana Figueres）引用，以此肯定中国政府在动员公众应对气候变化方面所作出的努力。

第八章　社会影响

项目中心成立十年来，在相关部门和有关领导，特别是项目中心顾问委员会和专家委员会专家的指导下，团队成员齐心协力，踏实工作，通过学术研讨、科研合作、人才培养、队伍建设等方式推动气候变化与气候传播，取得了许多成果，产生了积极影响，受到了同行专家、新闻媒体和社会组织的关注和好评。特别是新闻媒体对中心工作作了持续报道，中心主任多次接受人民网、中新网，以及其他一些媒体的专访，进而扩大了项目中心的社会影响。

第一节　十年工作成效

项目中心十年来取得了许多成果，其中包括连续十年参加联合国气候大会并主办气候传播边会、举办气候传播国内和国际学术会议、开展中国公众气候变化与气候传播认知状况调查、开展应对气候变化社会推广活动、发表论文和出版专著等，取得了明显成效，获得了一些表彰奖项，在国内外产生了积极的社会影响。

一、取得的成果

（一）参加联合国气候大会并主办气候传播边会

自2010年以来，项目中心主任郑保卫率团队核心成员，连续十年先后参加了坎昆、德班、多哈、华沙、利马、巴黎、马拉喀什、波恩、卡托维兹、马德里历届联合国气候大会，2012年郑保卫主任还出席了里约热内卢联合国可持续发展大会，较为完整地目睹和经历了国际社会共同探讨如何应对气候变化，促进可持续发展的过程，并在大会举办气候传播边会，阐述中国立场，传播中国声音，对中国气候传播走向世界产生了积极的国际影响。

2012年12月，中国气候传播项目中心和耶鲁大学气候传播项目合办了“中美印三国气候变化公众认知状况与气候传播”边会，这是中国气候传播项目中心第一次通过与耶鲁大学气候传播项目联合发布中美印公众气候变化认知状况调研报告的形式，将来自三个国家的公众声音带到联合国气候变化谈判大会上，有助于推动谈判朝向积极的方向进一步发展。

（二）举办气候传播国内和国际学术会议

2010年4月，中国人民大学新闻与社会发展研究中心与乐施会共同组建了中国气候传播项目中心，启动了气候传播研究项目，这是国内第一个从事气候传播理论与实践研究的专门机构。自项目中心成立以来已先后开展了“后哥本哈根时代政府、媒体、NGO的角色及影响力研究”“通往坎昆——气候传播系列行动”“走向南非——气候传播战略研究”等系列研究项目，通过调查报告、研讨会、工作坊、边会、论坛等形式，为政府、媒体、NGO在国际气候谈判舞台上开展有效的气候传播提供策略建议和理论支持。

2010年5月16日项目中心举办的“气候•传播•互动•共赢——后哥本哈根时代政府、媒体、NGO的角色及影响力”研讨会，是国内第一个高规格的气候传播研究的专业会议，来自政府部门、研究机构、新闻媒体、NGO组织的70余名官员、专家、学者出席，共同就气候传播中政府、媒体、NGO三者的角色及影响、策略与方法，以及政府、媒体、NGO如何在气候传播中加强互动与合作，实现共赢等问题展开了深入研讨。在这次会上，还提出了“气候传播”的概念，开启了我国气候传播理论研究的进程。

2010年12月5日，项目中心将项目成果带到坎昆，聚焦“基础四国”与墨西哥的气候传播策略分享，举办了坎昆气候传播边会，这是中国高校科研机构与NGO第一次在国际气候谈判舞台上举办此类活动。

2011年9月25日，以探讨气候传播国家战略及政府、媒体、NGO三方合作与共赢策略为目标的“通往南非气候变化与气候传播国际研讨会”在北京举行，来自耶鲁大学气候传播项目负责人到会交流，标志着中国的气候传播工作开始与国际接轨。在这次会议上，来自国家发改委和耶鲁大学的代表相继提到项目的“内在化”转型方向，为中国气候传播项目的进一步发展指明了道路。12月2日，项目中心主办的“气候传播国际论坛”在南非德班举行，中国代表团副团长、中国气候谈判首席代表苏伟出席论坛，与来自联合国、美国气候与能源方案中心、GCCA全球气候行动网络、ENJ地球新闻网络和乐施会国际联会等机构的代表共同探讨气候传播在推动国际谈判和全球共同应对气候变化中的积极作用。

另外，2013年，与耶鲁大学合作共同主办了“2013气候传播国际会议”。这是迄今为止世界上第一次规模最大，也是最具影响力的气候传播国际会议。来自联合国系统各机构、国内外高等院校、研究机构、新闻媒体、非政府组织、企业界的100余名代表出席了会议，无论是从会议的性质和内容，还是规模和规格，此次会议都具有开创价值和国际意义。与会者在如何应对气候变化，如何做好气候传播方面达成了许多共识，为进一步推动气候传播理论研究和社会推广起到了一定引领作用。该次会议在“搭建交流平台，聚合研究团队，凝聚学术共识，扩大世界影响”、使气候传播能够真正“形成气候”等方面产生了重要作用。

2016年12月，由中国气候传播项目中心和中国传媒大学绿色低碳发展与品牌传播研究中心、中国传媒大学国家广告研究院联合主办的“绿色发展与气候传播研讨会”，来自中国气候传播项目中心、中国工程院、国务院新闻办、中国人民大学、中国气象局、中国传媒大学、中央电视台、中国新闻社、中国国际民间组织合作促进会、乐施会、自然资源保护委员会、世界自然基金会、普华永道、深圳航都文化公司、创绿中心、能源基金会、湖北碳排放权交易中心，以及中南民族大学、武汉大学、广东外语外贸大学、江苏师范大学、新疆财经大学、青岛大学、新乡学院、闽江学院、台湾政治大学、康奈尔大学和中国天气网、中国气象频道、中国经济导报、东岳论丛、采写编等单位的代表共80余人出席了研讨会。十余名代表在17日上午于职工之家举行的开幕式和大会发言环节中发言。这次研讨会为全国关注气候变化和气候传播的专家学者及各界朋友搭建起了一个学术平台，与会者踊跃参与，广泛交流，充分研讨，取得了丰硕成果。通过此次研讨会，聚集了队伍、壮大了力量、扩大了影响，可以说气候传播在中国已逐渐形成气候。与会者通过分析形势、沟通思想，凝聚起了共识，同时谋划了未来气候传播的发展之路。

通过举办这些研讨会，搭建学术平台，让国内外学者、官员、媒体机构和民间组织人士交流研究心得，展示研究成果，表达立场观点，产生了积极的影响和很好的效果。

（三）开展中国公众气候变化与气候传播认知状况调查

为了准确了解公众对气候变化和气候传播的认知状况，以便更有针对性地做好气候变化信息传播、知识普及和社会发动工作，2012年，开展了首次“中国公众气候变化与气候传播认知状况调查”，这是第一次由独立第三方开展的全国范围公众认知调查，为国际谈判和国内政策制定提供了数据参考。这次的调研工作被收入当年的国家应对气候变化白皮书，并在多哈联合国气候大会上作了英文发布，其相关数据被联合国气候变化框架公约（UNFCCC）执行秘书长Christiana Figures引用，肯定了中国的贡献，鼓励中国采取更积极的行动。

国家发改委副主任解振华在为报告撰写的序言中说："本次调研工作很有意义，调研对各方及时掌握公众应对气候变化意识现状，制定有针对性的政策措施具有重要参考价值。"

2013年，配合国家首次"低碳日"活动又开展了"中国城市公众低碳意识及行为调查"，发布了《四类低碳人：中国城市公众低碳意识及行为调查报告》，报告第一次鉴别出了中国城市公众的四类低碳人，并有针对性提出了行动建议。

2017年，时隔五年，项目中心开展了第二次"中国公众气候变化与气候传播认知状况调查"，形成了《中国公众气候变化与气候传播认知状况调查报告2017》，从中国公众对气候变化问题的认知度、对气候变化影响的认知度、对气候变化应对的认知度、对应对气候变化政策的支持度、对应对气候变化行动的执行度，以及对气候传播效果的评价六个方面作了系统调研和介绍，为政府、媒体、科研机构、社会组织开展下一步相关工作提供了数据支撑。

（四）开展应对气候变化社会推广活动

2012年6月2日，项目中心启动了气候变化与气候传播"进社区、进校园、进农村、进企业"活动，并成立了中国气候传播项目顾问委员会，"四进"活动发出倡议：应对气候变化，不仅需要政府层面的政策推动，还需要学界、各类社会组织和媒体的共同努力，更需要广大公众关注气候变化的影响、传播气候变化知识、参与气候变化应对。项目通过进入社区、校园、农村、企业，通过多种形式进行气候变化传播，有助于促进公众投身到应对和适应气候变化的行动中来，对提高公众的气候变化、气候传播和低碳意识，推动全社会应对气候变化、实现节能减排、环境保护和可持续发展的行动，共建美丽中国和美好世界发挥了重要作用。

项目中心还与其他高校合作推动气候变化和气候传播的行动推广工作。目前，中国传媒大学、河南新乡学院、广西大学、青岛大学、中南民族大学等高校都已建立，或正在组建气候传播研究机构，开展气候传播研究和社会推广工作。如2016年12月20日，协助成立中国传媒大学绿色低碳发展与品牌传播研究中心，这标志着一家专门以绿色低碳发展传播研究为任务的高校研究机构的成立。2018年3月，指导创建"广西大学气候与健康传播研究中心"，这是国内第一家融通气候传播与健康传播研究的科研机构。

（五）发表论文和出版专著

十年中，项目中心多次在《国际新闻界》《现代传播》《东岳论丛》《新闻界》等中文核心期刊上发表，共发表了百余篇论文，其中《我国新闻媒体雾霾天气报道的经验及启示》《论气候变化与气候传播》《论新闻媒体在气候传播中的角色定位及策略方法——以哥本哈根气候大会报道为例》等文章获得较高的下载量和引文量。2010年3月，项目中心以参加哥本哈根气候大会的政府、媒体、NGO代表为对象进行调研访谈，了解他们在大会期间的观察和思考，在此基础上，形成了针对以上三方的三篇分析报告及一篇综合性报告。项目中心将这些报告分别提交给相关政策制定者、媒体和NGO，得到了各方的积极反馈。

2011年年底，出版《气候传播理论与实践研究——气候传播战略研究》（中英文对照本）一书，这是中国第一本研究气候传播的专著。该书在当年的德班联合国气候大会上作了出版发布，受到了国际和国内该领域专家的认同和肯定，产生了重要的学术影响。人民网传媒频道评介道："由中国人民大学新闻与社会发展研究中心主任、中国气候传播项目组负责人郑保卫教授主编的《气候传播理论与实践——气候传播战略研究》（中英文对照本）一书是中国人民大学新闻与社会发展研究中心与乐施会香港共同组建的中国气候传播项目组的研究成果之一，也是中国第一本有关气候传播研究的专著，填补了我国新闻学与传播学研究在这一领域的空白。该书对气候传播的产生与发展、内涵与类别、原则与理念、受众与效果、技巧与方法等进行了全面、系统的论述，并通过一系列案例对中国政府、媒体、NGO及其他社会组织近年来的气候传播实践作了总结和概括，既具有重要的理论价值，又具有很强的实践意义。"

全国政协外事委员会主任、国务院新闻办原主任、中国人民大学新闻学院院长、中国气候传播项目组顾问赵启正教授对该书作了高度评价："20世纪以来人类向大自然高强度的、无止境的索取导致了地球气候变化加剧，人类对生存环境的忧虑再也不是'杞人忧天'了。正当人类总人口到达70亿之际，此书作为中国第一部气候传播研究的专著出版了，它将推动有关气候变化信息与知识的社会传播活动，从而促进公众支持本国政府和国际社会寻求解决气候变化问题的行动。"

2014年，项目中心主任郑保卫教授受"中欧论坛"的委托，主持起草《中欧社会应对气候变化共识文本》，为将于2015年在巴黎召开的联合国气候大会，传递了来自中欧民间的声音。

2015年，出版《论气候变化与气候传播》一书，并且翻译出版了哥伦比亚大学学者编著的《气候传播心理学》一书。人民网传媒频道评价道：“《论气候变化与气候传播》反映了我国气候传播理论研究五年来所走过的路程和所取得的成绩，也可以预示我国气候传播理论研究未来的行动走向和发展趋势。正文部分收录了关于气候传播战略与策略研究、气候传播主体及效果研究、气候传播公众研究、气候传播文本研究四部分内容。”南京信息工程大学语言文化学院副教授、社科处副处长张昳丽在其论文《中国气候传播研究综述》中写道：“近十年来，郑保卫及其中心主要成员围绕气候传播的研究背景、定义、内涵、功能意义、话语结构等诸多问题进行了全面的综合研究，在该领域做了大量开拓性的研究工作，取得了丰硕成果”，“比较能集中代表我国气候传播研究所取得成绩的是2011年郑保卫主编的《气候传播理论与实践——气候传播战略研究》一书，这是中国第一本有关气候传播研究的理论著作”，“对中国气候传播进行综合阐释和研究的另一重要代表成果是2015年郑保卫教授主编的《论气候变化与气候传播》一书。该书论题涉及气候传播战略与策略研究、气候传播主体与效果研究、气候传播公众研究、气候传播文本研究等方面。该书的出版对中国气候传播研究具有极大的促进作用”。

2017年出版了《绿色发展与气候传播》一书，人民网评介道：“该书展现了近年来我国气候变化与气候传播研究领域的最新学术成果，有助于读者了解我国气候传播理论研究的前沿话题，与当前动向及未来趋势”。

（六）凝聚力量，壮大队伍

近些年来，我们努力凝聚各方力量，力图形成研究合力，而且通过人才培养、队伍建设等方式不断壮大队伍，提高研究水平，扩大学术影响，希望气候传播能够在中国真正形成气候。在过去的十年时间里，项目中心开展的系列项目积极搭建国际化传播平台，帮助中国政府、媒体和NGO实现国际气候谈判上的多边对话，共同打造中国“软实力”，树立并维护了中国在国际气候谈判中积极正面的国际形象。同时，在国内，项目中心积极探索运用各种方式帮助媒体和公众加深对气候变化问题，尤其是气候变化与贫困问题的关系的认识，倡导更多公众投身到帮贫穷人适应气候变化的行动中。项目实施多年来，得到中国政府及各个层面的广泛认可和回应。中国气候传播项目用创新的思路、开阔的国际视野和多元化的工作方法，开创了新的公益倡导模式，推动了中国公益事业的进一步发展。2010年11月10日，项目中心在北京举办“通往坎昆——气候传播高级研修班”，来自政府、研究机构、NGO的代表，同30多位从事气候变化报道的记者一起，总结哥本哈根的报道经验和教训，探讨新闻媒体在气候传播中的角色定位和策略方法等问题，为中国媒体科学、客观、公正报道气候变化议题和气候谈判提供建议和指导。

2012年4月项目中心主任郑保卫同项目中心执行主任王彬彬、副主任李玉洁应邀访问耶鲁大学商谈科研合作事宜。经过协商，双方就在气候传播研究领域开展交流与合作问题达成许多共识，形成了一些合作意向。双方还就开展中国公众气候变化与气候传播认知状况调查的一些细节问题进行了深入探讨和协商。

2013年10月，在中国人民大学举行的2013气候传播国际会议上，成立了中国气候传播项目中心专家委员会，聘请了来自国家发展改革委员会、环境保护部、中国工程院、中国社科院、中国农业科学院、中国水利水电科学研究院、全国工商联、国家林业局、国家气候中心、国家疾控中心、中国能源研究会、中国国际民间组织合作促进会，以及中国人民大学等单位的不同学科和不同领域的14名专家为专家委员会成员，为项目中心增添了“智囊团”。

二、项目所获奖项

2012年2月29日，由国家民政部、中央社会治安综合治理委员会办公室、中华全国总工会、中华全国妇女联合会等机构指导主办的“2011中国公益推动力评选活动”在北京举行。经过各大公益组织及主流媒体推荐、网络投票公示、专家评议等多个环节综合评价，乐施会与中国人民大学新闻与社会发展研究中心联合开展的“中国气候传播项目”被评选为“2011年度媒体关注公益品牌项目”。

2013年9月，在由中国网、新浪网、中华网、环球网等近20家媒体联合主办的“美镜中国2013绿色盛典”活动中，中国气候传播中心项目荣获“2013最佳绿色公益项目奖”；中国人民大学新闻与社会发展研究中心主任、中国气候传播项目中心主任郑保卫教授获“2013最佳人物奖”。

第二节 媒体专访与报道

自2011年以来，郑保卫主任先后接受了中国新闻社、《中国青年报》、《中国经济导报》、人民网等多家媒体专访，就气候传播在中国的发展现状和未来走向、中国政府、媒体、NGO等在联合国气候变化大会上的表现等话题介绍情况，阐述观点，在学界、业界和社会上产生了积极效果，扩大了气候变化与气候传播的社会影响。

传播专家：媒体在气候变化报道上意识和知识均显不足[①]

2011年12月2日

中国网南非德班12月2日讯 尽管中国媒体的气候传播起步比较晚，但是从哥本哈根会议之后意识越来越强，这从本次德班大会上随处可见的中国记者身影以及媒体上大篇幅的德班会议专题报道就可窥见一斑。

但是中国媒体的气候报道在国际舞台上的声音还很微弱，气候变化在中国公众中的影响力不够也是客观事实。那么，如何评价中国媒体在气候变化传播方面的作用？如何充分发挥媒体在推动应对气候变化方面的作用呢？

就这个问题，今日中国杂志社记者专访了前来德班出席气候传播国际论坛的全国新闻学研究会会长、中国人民大学新闻与社会发展研究中心主任郑保卫教授。

意识、知识、能力均有不足

郑保卫会长充分肯定了过去几年里中国媒体在帮助扩大政府政策影响、帮

① 中国外文局德班气候会议报道组。原文链接：http://www.china.com.cn/international/zhuanti/cop17/2011-12/03/ontent_24065685.htm。

助公众了解气候变化情况、掌握应对气候变化方法等方面，还是积极努力地做了一些工作。同时他觉得问题也还不少。

郑保卫认为，媒体对气候变化这么重要的事情，关注度显得还不够。胡锦涛主席曾经讲过，“气候变化是环境问题，也是发展问题，但归根到底是发展问题”，这就把气候变化问题提到国家、社会，乃至人类发展的战略高度了。气候变化与国家的经济社会发展，以及人类和世界的发展都有着密切关系。从这方面来看，我们的媒体、政府，特别是公众，认识还远远不够，需要进一步增强气候变化意识。

“一些媒体工作者气候变化方面的知识也不够。”郑保卫指出，很多从事气候变化报道的记者不太了解气候变化相关的专业知识，不知道气候变化是怎么回事，包括气候变化谈判的报道经验也不足，所以媒体工作者需要提高自身素质。

“还有一个问题是我们一些媒体工作者与老百姓之间还有距离，与国际社会有距离。”郑保卫会长说，“媒体工作者要学习的东西很多。”

面向公众、扩大视野、提高技巧

经过在气候传播国际论坛上与国外同行交流，郑保卫会长对中国媒体的气候传播提出了三个建议。

一是要多向公众进行气候变化方面的知识与信息传播。郑会长认为，这两年我国媒体主要关注气候变化国际谈判，以及政府、媒体和NGO在气候谈判中发挥什么作用，在向公众传播方面关注不够。只有公众行动起来，大家都关注气候变化、大家都参与应对气候变化，才能对政府、对媒体和对国际社会有所促进。中国十几亿人口，大家都行动起来了，是个了不得的力量。他告诉记者说，他的朋友、耶鲁大学的丹尼斯教授长年坚持研究美国公众对气候变化的认知，他的调研结果对我们非常有帮助，在美国很多人是不关心气候变化的，在我们中国可能也是这样。

二是媒体需要扩大自己的视野、平台和活动领域，在国际舞台上多说话，才能增强我们的话语权。郑会长说：“中国媒体最大的问题是没有真正赢得国际舆论话语权，在国际舞台上声音很微弱，所以要多利用各种平台发出自己的声音。”他举例说：“今天我们主办的气候传播国际论坛就是个平台，你在台上说了，人家听你说了，对我们还有个评价，这就扩大了影响。”

最后，郑会长指出，中国媒体一定要提高自己的气候传播技巧。“过去我们习惯于以我为主，而传播应该是以受众为主。要向受众传播自己的观点，你得考虑受众的习惯。我常说，我们要说人家听得懂、愿意听、听得进的话。‘听得懂’是解决技巧问题；‘愿意听’，首先是解决感情问题，但也有技巧问题；‘听得进’，而且还要‘接受得了’，也有技巧问题。”（今日中国杂志社记者李五洲发自南非德班）

中国气候传播研究在走向世界[①]

2011年12月11日

中新网北京12月11日电　当地时间12月11日，德班气候大会通过决议，建立德班增强行动平台特设工作组，决定实施《京都议定书》第二承诺期并启动绿色气候基金。

德班气候大会期间，中国人民大学新闻与社会发展研究中心和乐施会在德班共同举办“气候传播国际论坛”。作为国内第一个启动气候传播项目的学者、第一个在国外举办气候传播国际论坛的高校科研机构负责人、第一个出版气候传播研究专著的作者，中国人民大学新闻与社会发展研究中心主任、中国气候传播研究项目中心主任郑保卫教授接受本网记者采访说，中国气候传播研究在走向世界，中国气候传播研究项目中心下一步的工作重点将放在提升公众气候变化意识，促进公众应对气候变化的行动上。

记者：郑教授，听说您刚从德班回国，我们想请您谈谈南非之行的印象。

郑保卫：我们此次南非之行的主要任务是与乐施会共同主办一场气候传播国际论坛，这是继去年在墨西哥坎昆举办边会之后，我们研究中心与乐施会第二次在国外共同举办此类会议。

这次会议有几个特点：一是中国代表团副团长、中国气候谈判首席代表、国家发展改革委员会应对气候变化司司长苏伟先生出席会议，并作主旨报告。

① 原文链接：http://www.chinanews.com/gn/2011/12-11/3523246.shtml。

这是中国代表团的主要官员，首次出席由中方机构组织的主会场外的边会，这显示了政府愿意汇集多方力量，共同推动谈判取得积极进展的决心，因此影响很好。特别是苏伟表示中国政府在气候传播领域会继续保持与NGO和媒体的互动与对话，给媒体和NGO以积极信号。另外，他对论坛举办以及气候传播项目研究成果的肯定，对我们也是一个鼓舞和激励。

二是我们邀请著名演员海清作为演讲嘉宾参加会议并作主题讲演，收到了很好的效果。海清女士是乐施会形象大使，这几年她参与了乐施会和联合国的一些扶贫及应对气候变化方面的活动，对NGO在气候传播方面的功能和作用有许多自己的体会。这次在德班我同她一起考察了当地乐施会组织实施的一些减排治污保护生态环境的项目，加深了对气候变化与气候传播问题的认识。她在会上的发言引起了媒体和与会者的关注，产生了“明星效应”。

三是这次论坛有多位来自联合国相关机构，以及中国、南非、美国、英国、瑞典、日本等国家的政府官员、专家学者、媒体人员和非政府组织人士参加，应当说代表广泛，层次也很高。其中包括乐施会德班气候大会政策总监Tim Gore，美国气候与能源方案中心Timothy Juliani，全球气候行动执行总监Kelly Rigg，联合国全球契约政策顾问Dennis Pamlin，Internews地球新闻网络执行总监、环境项目全球总监James Fahn，以及全球气候行动传播总监Christian Teriete等。他们围绕世界气候传播的现状、存在的问题、面临的形势、发展的战略、实施的策略和方法等展开了充分交流，提出了许多建设性的意见，因此可以说这是一次很有学术含量和实践价值的论坛。

四是会上举行了由我主编的《气候传播理论与实践——气候传播战略研究》一书的首发活动。作为中国第一本气候传播研究方面的专著，此书对气候传播的产生与发展、内涵与类别、原则与理念、受众与效果、技巧与方法等进行了全面、系统的论述，并通过一系列案例对中国政府、媒体、NGO及其他社会组织，近年来的气候传播实践作了总结和概括，既有重要理论价值，又有很强实践意义，在会上受到与会者好评。

总之，这次会议的成功举办，说明我们中国的气候传播研究正在走向世界，并且开始产生了一定的影响力，这更加坚定了我们发挥研究机构加强气候传播研究，推动应对气候变化工作的信心。

记者：这些年你们开展气候传播研究取得了积极成果，引起了国内外的关注，郑教授，您能否向我们介绍一下你们的气候传播研究项目是如何启动和运作的？

郑保卫：我们从新闻学与传播学的学术领域关注气候变化问题，是从2009年年底联合国在哥本哈根召开世界气候大会时开始的。

在哥本哈根气候大会上，中国政府代表团、媒体和NGO组织，其行动是积极的，工作是努力的，实事求是地说也取得了一些成绩和效果，特别是后来，温家宝总理亲赴哥本哈根参加会议，会上会下奔波忙碌，做了大量工作，以图促进大会能够形成一个令大家满意的成果。但是让人们无法接受的是会议后期，西方国家的一些政治人物和媒体却将会议未能取得积极成果的责任推到了中国的头上。

这一结果引起了我们的思考，到底如何评价我国政府、媒体和NGO组织在这次会议上的表现？到底怎样总结其中的经验与教训？到底应当从哪些方面改进我们的工作，提升政府的谈判技巧以及政府、媒体和NGO应对国际谈判，处理气候传播领域各种问题的能力？

正是在这样的背景下，2010年春天，作为教育部所属的人文社会科学重点研究基地，我们中国人民大学新闻与社会发展研究中心，同以扶贫发展为主要工作目标的NGO组织乐施会合作，率先在国内启动了中国气候传播研究项目。项目聘请国务院新闻办原主任，也就是我们中国人民大学新闻学院的院长赵启正同志和原新华社副社长马胜荣同志担任顾问。我们希望通过分析哥本哈根会议期间政府、媒体、NGO的传播表现，总结其经验和教训，以便为我国政府、媒体、NGO制定正确的气候传播策略提供参考。

自2010年3月起，我们项目开始组织问卷调查，并对相关人员进行深度访谈，收集相关资料，在此基础上完成了关于政府、媒体和NGO相关情况的3个分报告和1个综合性的总报告，分别提供给了国家发展改革委员会、国务院新闻办、新华社等政府部门和媒体机构。

2010年5月，我们项目召开了“后哥本哈根时代政府、媒体、NGO的角色及影响力”的国际学术研讨会。这次研讨会重点研讨在应对气候变化过程中，政府、媒体和NGO如何认清自身的角色定位以发挥更大的影响力；如何建立起以政府为主导，媒体和NGO为辅助力量的气候变化传播机制问题，应当说具有很强的针对性和重要的实践意义。

研讨会的成功召开，坚定了我们继续开展研究、扩大研究成果的决心。2010年10月，我们项目又启动了“通往坎昆气候传播系列行动”作为后续项目，开始了新一轮的研究。

2010年12月，我们在坎昆举办了“基础四国与墨西哥气候传播边会”。这次边会是中国高校首次在国外举办此类会议，也是中国科研机构第一次在国际舞台上启动气候传播议题研究。来自中国、墨西哥、印度、泰国、瑞士等国家的高校、研究机构、新闻媒体和NGO组织的专家学者和相关人士参加了研讨会。

今年3月，我们又启动了“走向南非气候传播战略研究”的新项目，决定对年底的南非气候大会再作跟踪研究。9月，我们召开了“气候变化与气候传播国际研讨会”，集中探讨气候变化和气候传播中的战略问题，为年底的南非会议预热加温。而这次德班气候传播国际论坛也是这一项目的成果之一。

我们的气候传播研究虽然时间不长，但令我们欣慰的是已经取得了许多成果，在国内外产生了一定的影响。这也说明政府、媒体、NGO组织，以及社会与公众对气候变化与气候传播问题的关注。

记者：那您能够给我们介绍一下你们项目研究的具体成果及其成效，并做些评价吗？

郑保卫：概括起来看，我认为我们项目研究的主要成果及其成效体现在以下方面：

一是确立了气候传播研究在整个气候变化研究领域和应对气候变化中的地位和作用，扩大了这一研究的社会影响。通过我们的研究能够说明，气候传播对于增强政府、媒体、NGO组织，以及社会与公众在气候传播过程中的交流与沟通，实现相互间的良性互动，进而促进气候变化问题的解决，实现共赢效果可以发挥重要作用。

二是增强了政府对媒体和NGO组织在应对气候变化中的地位与作用的认识，从而有助于政府更加积极、主动地加强同媒体和NGO组织的联系，发挥好它们在应对气候变化中的积极作用。这从苏伟先生在德班国际论坛上的表态，即可看出其效果。

三是扩大了气候变化与气候传播问题在社会与公众中的影响，使更多的民众能够增强气候传播意识，自觉地投入到应对气候变化的行动中去。

四是显示了学术研究在气候传播过程中的价值和意义。我们出版的专著从理论与实践的结合上探讨了气候变化和气候传播中的诸多实际问题，并提出了解决这些问题的策略和方法，具有重要理论与实践价值。

总之，近年来我们项目通过举办国内气候传播研讨会及国际论坛和边会，搭建起了政府、媒体、NGO之间的交流平台，吸引了国内外学界，以及国际社会与公众的关注，对促进气候传播发挥了积极作用。因此可以说，中国的气候传播研究在立足国内、走向国际的过程中已经开始显示出其重要意义及影响。

记者：中国气候传播研究项目已经取得了初步成果，请问你们的项目组今后有些什么考虑？

郑保卫：我在德班国际论坛的总结讲话中谈到，我们项目今后将把工作重点放在提升公众气候变化意识、促进公众应对气候变化的行动上。这应当是我们项目对今后工作的规划与设计。

公众作为气候变化问题的利益攸关方和应对气候变化行动的直接参与者，他们的参与有助于形成全民应对气候变化的体制和机制，增强全社会应对气候变化的意识，促进“低碳”和“绿色”生活方式的形成。

因此，2012年我们气候传播项目拟开展中国公众气候变化与气候传播认知状况调查，组织气候变化与气候传播进社区、进校园、进企业和进农村活动。通过这些活动，真正把气候传播研究的重点移向作为气候传播主要对象的公众，使得气候传播研究更好地体现其社会性、群众性与实践性。

在9月间我们召开的气候传播国际会议上，美国气候传播专家、耶鲁大学气候传播研究中心主任安东尼·莱丝洛威茨（Anthony Leiserowitz）教授介绍了他们在这一领域所做的工作，给我们不少启发。他这几年致力于美国公众气候变化与气候传播认知状况调查，并提出了创建关注气候传播问题的全球性社区（International Community）的思路。

我们期待通过工作重点向公众与民间的转向，能够进一步拓展我们的研究领域，扩大我们的研究成果，使得气候传播研究能够更好地显示出其行动价值与实践意义，为促进应对气候变化的工作更加深入、更加有成效而继续努力！

郑保卫：让中国气候传播研究走向世界、落到民间[①]

2011年12月20日

记者：杨牧

人民网北京12月20日电 德班世界气候大会不久前在南非闭幕。虽然仍留下了不少遗憾，但是经过激烈谈判，大会还是在最后时刻推出了体现发展中国家根本诉求的决议，发展中国家的声音得到彰显，发展中国家的利益得到保护，这样的结果与两年前哥本哈根大会相比，可以称得上是为气候谈判交出了一份“积极的答卷”。

短短两年时间，国际气候谈判为什么能出现如此微妙的变化？中国人民大学新闻与社会发展研究中心主任郑保卫教授19日在做客人民网访谈时，从气候传播的角度，给出了全新的阐释和解答。

“2009年，中国人民大学启动了国内第一个气候传播研究项目。”郑保卫教授说，“我们预期的目标是，推动政府、NGO和媒体在国际谈判中正确表达中国政府的立场，传达发展中国家的声音，赢得国际社会、国际舆论的支持。项目进行两年以来，我们形成了多个研究报告，受到了相关部门的重视，收到了很好的效果。”

谈到启动气候传播研究的动因，郑保卫记忆犹新：“在2009年的哥本哈根气候大会上，中国政府、NGO组织以及媒体虽然做了很多积极的工作，但是一些西方国家仍把大会没有取得进展的责任推到中国头上。作为研究机构，很有必要关注和总结这个会议在谈判过程中，政府、NGO以及媒体所发挥的作用，要研究应怎样推动三者互动，避免西方国家把不实之词强加给中国。”

郑教授说，看到这个教训以后，人民大学就和一个NGO组织——香港乐施会合作，建立项目组，跟踪研究气候谈判会议期间政府、NGO和媒体的作为。经过两年的研究，我们项目对气候传播研究和服务的对象形成了较为清晰的认识。

郑教授建议，第一，在气候传播中，政府可以更加开放，主动和媒体、NGO

---

① 原文链接：http://world.people.com.cn/GB/16656007.html。

接触，使媒体和NGO更好地理解政府的立场、观点，以及政府需要媒体NGO配合开展的事情。我们项目在研究报告中明确提出了一些想法，希望政府通过各种形式，在会前、会中、会后主动和媒体、NGO联系和沟通。

第二，NGO作为民间组织，可以代表和反映民意。郑教授介绍，与人民大学合作的NGO组织——乐施会香港，主要做扶贫发展项目，这几年在应对气候变化方面也做了很多工作。郑教授认为，作为NGO组织，首先要充分了解民意，第二要充分表达民意，表达就是通过各种场合，把民意传达给政府，甚至传达给国际社会，当然也传达给媒体。

第三，对媒体的工作人员，特别是做环境报道、气候报道的记者和编辑，要增强气候变化的意识，增强气候传播的意识。另外，还要增加这方面的知识，总体来看，目前记者对这方面的相关知识掌握不够，这样报道出来的新闻，专家看了觉得不在行，老百姓看了感觉看不懂。所以，应提高技能技巧，使我们气候方面的报道，让老百姓理解得了，并最终把接受和理解的内容化作行动。

第四，是公众，这是我们项目明年要重点投入和研究的方向。我在对气候传播下定义的时候，就突出了公众在气候传播中的作用。定义是这样说的，气候传播作为一种传播现象，是将气候变化信息及其相关科学知识，为社会与公众所理解和掌握，并通过公众态度和行为的改变，以寻求气候变化问题解决为目标的社会传播活动。

这段话当中两次提到“公众”，就是说气候传播最终的落脚点在公众。让公众对气候变化、对气候传播有认识。有了认识之后，明确自己在应对气候变化中、在气候传播中，要承担什么样的义务，有什么责任，让大家主动参与进来，这将是我们的主要研究对象。

第五，就是企业。企业行为是应对气候变化的重要环节，我们要减排，要低碳，要环境保护。如果企业不介入，这方面就会有缺陷。

据了解，目前国际社会在气候传播研究领域，英国政府专门设立了气候传播研究项目组，美国耶鲁大学教授安东尼也有类似的研究。而郑保卫带领的研究团队，丝毫不落后美英等国的研究，谈到这一点，郑教授很自豪：“我们在不了解西方研究的情况下，同时提出气候传播的概念，而且启动了这样的研究项目，非常巧合。耶鲁大学的安东尼教授主要研究公众，而我们此前的研究主要集中于政府、NGO和媒体的互动，两方面的研究形成了互补，基本构成了气候传播研究的对象主体。”

在德班气候大会举办期间，中国人民大学和香港乐施会举行了气候传播第二次边会。郑教授说，我们请来了安东尼先生，在相互交流中，我们都感觉遇到了知音。中国学者积极拓展研究领域，把国外的学者请过来或者我们走出去，建立互动关系，共同做研究，可以有效地提升和改善我们国家的形象。

受安东尼先生研究公众对气候变化与气候传播认知度调查的启发，中国人民大学也准备在明年启动类似调查活动。郑保卫说，“中国的环境问题比较严重，老百姓到底关注到什么程度，要通过明年的调查，最后以数据来说话。不管高也好，低也好，调查很有必要，起码可以帮助我们了解国情，形成研究基础。我们在做好前面三个方面研究的基础上，将把落脚点真正回到气候传播研究的主体——公众身上。”

郑教授介绍，我们最后要通过数据，形成研究成果。要通过媒体做宣传，让老百姓知道。我们初步计划要搞一个叫“气候传播进社区、进校园、进农村”的活动，选择一些社区，一些学校，一些农村，向社会公布调查结果，把我们对气候传播的认识，把当前气候变化面对的形势，应对气候变化应该承担什么责任，给大家做一些宣讲。这样真正让老百姓认识到和增强这种意识，然后变成行动。

关注气候变化，促进环境改善，不是一蹴而就的事情。郑保卫最后指出，全社会关注气候变化，关注应对气候变化，还有一个就是要适应气候变化。在应对的同时还要适应，为什么要适应呢？因为气候变化是一个现实，一下子改变也不可能，所以我们还要适应，适应不是麻木不仁，而是找到积极的适应方式，同时要应对。通过一些具体的工作，使全体公众形成强烈的气候变化和气候传播意识，积极投身到应对气候变化的行动中，为我们国家、为全社会，也为全人类、全世界应对气候变化作出我们中华民族、中国人民应该有的贡献。

提高中国气候传播力

2012年1月9日《瞭望》

在南非德班不久前举办的气候传播国际论坛上，笔者主编的《气候传播理论与实践——气候传播战略研究》一书举行了首发活动。在这部中国第一本气候传播研究专著受到与会者好评的同时，“气候传播”这一话题也引起了国内外读者的关注。

气候传播现象与气候变化问题的产生几乎是同步的。随着世纪之交气候变化问题的日益严重，特别是其全球化趋势的日益显现，人们发现，气候变化问题所涉及的许多国家、社会组织，以及利益相关方，都在自觉或不自觉地运用各种传播技巧与传播策略，来阐释自己对于气候变化问题的立场和态度，来参与国际领域有关气候变化问题的讨论与争辩，来宣传和组织公众投入应对气候变化的行动实践。

这些气候变化领域的传播实践，也促使人们开始将气候传播作为一种理论进行学术探讨，作为一门交叉性学科进行理论架构，于是气候传播理论便渐渐进入了学界的视野。进而引起全社会，特别是引起相关自然科学学科，以及环境学、社会学、地理学、心理学、政治学、新闻学、传播学等社会科学学科学者的关注。

在我国，一些研究气候变化的机构在其学术研究过程中虽然也涉及了一些有关传播的问题，但是将“气候传播”作为一个独立的实践与理论问题进行专项研究却是近几年的事。2010年年初，我们在国内率先成立了“中国气候传播研究项目组”，并首次采用了“气候传播”这一概念，并将“气候传播·互动共赢”作为项目研究的主题，着重研究气候传播中参与各方之间如何实现良性互动与合作共赢，由此启动了中国气候传播理论研究的进程。

气候传播研究首先需要解决的是研究的对象和研究的定位问题。有人提出，用“环境传播”即可涵括“气候传播”。我们理解，“气候传播”的概念要比“环境传播”的内涵丰富得多。胡锦涛主席指出：“气候变化既是环境问题，也是发展问题归根到底是发展问题。”这一论断将气候问题与国家的经济社会发展联系在了一起，是对气候问题一个很高的性质定位，由此推论，气候传播所涉及的也不仅仅是环境传播问题，而是范围更大的发展传播问题。

我们所说的“气候传播”，作为一种传播现象，它是将气候变化信息及其相关科学知识为社会与公众所理解和掌握，并通过公众态度和行为的改变，以寻求气候变化问题解决为目标的社会传播活动。简言之，气候传播是一种有关气候变化信息与知识的社会传播活动，它以寻求气候变化问题的解决为行动目标，目的就是更好地向社会与公众普及，推广和宣传有关气候传播的相关知识、理念，以引起社会与公众对气候变化问题的关注，吸引大家参与气候传播实践与理论的探讨，并在此基础上引导大家自觉地投入到应对和适应气候变化的行动之中，最终寻求气候变化问题的解决

比如，美国耶鲁大学气候传播项目负责人安东尼·莱丝洛威茨教授，多年来坚持开展公众气候传播认知状况调查，就是要让公众意识到了解气候传播知识和理解气候变化对生活所带来影响的重要性，并倡导公众积极采取行动应对气候变化。

中国气候传播项目组今年工作的重点就是要进行“全国公众气候变化与气候传播认知状况”调查，真正把气候传播研究的重心落到民众之中，以推动全社会投入到应对和适应气候变化的行动中去。

气候传播问题的最终解决，除了公众的真诚参与和积极行动外，还需要多方参与，为此，气候传播研究要把为政府、媒体、全业和NGO等社会组织提供学术支持作为重要目标，要通过对气候传播过程中它们之间如何确定自己的角色定位，如何发挥自己的影响力，如何实现自己的传播目标等内容的研究来促进相互之间的良性互动，来凸显其合作共赢的目标。

具体到我国，在气候传播中，政府作为主导者，需要进一步加强同媒体和NGO的沟通，提高交流互动的质量与效果，更好地发挥核心和引领的作用。媒体作为一种信息媒介和舆论手段，需要进一步调整策略，改进方法，提高传播的有效性尤其是要增强传播力，以使新闻报道产生更大的国际影响力，更好地发挥议程设置和舆论引导的作用。企业在应用绿色能源、开发环保技术、践行节能减排等目标上责任重大，也是传播环节中不可或缺的一环。它们借助传播可以展现自己在节能减排、保护环境方面所作的努力，以求得社会与公众的理解和支持。NGO作为一个民间组织，需要进一步加强与政府和媒体的沟通，包

括同国外同行的沟通，更好地发出自己的声音，促进国际社会对中国的了解。

人大教授：中国的可持续发展离不开公众参与①

2012年7月1日

中新网北京7月1日电 刚刚闭幕的“里约+20”峰会期间，中国人民大学新闻与社会发展研究中心携手国际扶贫与发展机构乐施会，在中国代表团展馆“中国角”举办了主题为“可持续发展战略下的公众参与新路径”的边会，这是中国政府在中国角举办的10场边会中唯一一场由高校和非政府组织主办的边会。

从里约出席边会回国的中国人民大学新闻与社会发展研究中心主任郑保卫接受中新网采访表示，无论是应对气候变化，还是实现可持续发展，最终都离不开公众的参与，都是一场社会动员活动。

中新网：中国人民大学新闻与社会发展研究中心2009年启动中国气候传播研究项目，这次参加“里约+20”峰会，对您个人以及你们的中国气候传播项目有什么启示？

郑保卫：会场内外，我亲眼看到了各国政府代表团、NGO人士、企业家、媒体记者、环保主义者的活跃身影。我自己也参加了联合国机构和一些国家组织的边会，听到了各种各样不同的声音。但我发现有一个理念和目标是共同的，即大家都希望和期盼人类社会、整个世界能够实现可持续发展，而且都将其作为“我们憧憬的未来”，并愿意为实现这一目标积极行动起来。这也让我感觉到在实现可持续发展和应对气候变化这一全球议题上，全世界确实需要联合起来，实现经验分享和传播沟通，才能真正有助于推动于这一目标的实现。

这期间，我也看到了我们中国作为一个负责任的发展中大国，是如何以一种积极的和建设性的姿态参与大会进程的。温家宝总理在多个场合的讲话都在传递中国政府积极、负责应对气候变化、促进可持续发展的声音。

① 原文链接：http://www.chinanews.com/gn/2012/07-01/3999275.shtml。

当然，中国也还需要借助这个舞台，运用各种方式来向世界立体地传递和传播中国走可持续发展道路的坚定信念和实际行动。

在里约峰会期间，我也看到不少中国非政府组织、学者、明星、青年人也行动起来了，这些“中国面孔”都有助于让世界更好地认识和了解中国。

这也坚定了今后我们气候传播项目扩展和深化的方向及目标，就是要在国际舞台上为各方搭建传播与分享信息的平台，以促进更好地应对气候变化；在国内则要将国际谈判和国际会议的最新信息传播给国内公众，将政府的气候变化政策和相关知识传播给公众，让他们了解气候变化议题，从而真正改变自己的态度和行动，参与到应对气候变化的行动中来。

中新网：您近几年一直致力于气候变化与气候传播研究，为什么会转向可持续发展研究？

郑保卫：是的，近几年我主要是在进行气候传播方面的相关研究，而且已经取得一些进展及成果，转向可持续发展研究应当说是气候变化研究的一种内在拓展与深化。

我们研究传播在推动公众参与应对和适应气候变化方面所积累的经验和成果，对于我们探讨公众参与在推进可持续发展方面的路径和方法会更有借鉴意义。

公众参与的前提和基础是对可持续发展这一议题有明确的认识。这就需要通过传播，让公众认识到什么是可持续发展；如何才能有效解决发展中的不平衡、不协调和不可持续的问题；如何才能将发展经济和保护环境有机地结合起来，从而真正实现可持续发展；怎样才能在保证今天每个人都能够过上体面生活的前提下，不损害子孙后代生存与发展的利益和需求，等等。

公众参与可持续发展的其他路径的实现也离不开传播。公众参与可持续发展，一方面表现在可以参与国家可持续发展的民主决策上，另一方面表现在可以对政府部门、社会团体和企业机构等实施民主监督上。而在很大程度上，公众参与决策和实施监督大都是通过大众传媒来实现的，总之需要借助传播来实现。

中新网：你们在里约的边会为什么确定以“可持续发展战略下的公众参与新路径”为主题？

郑保卫：中国气候传播研究项目启动以来，我们就始终将公众作为我们研究的重要方面。今年我们更是将推动公众应对参与气候变化作为全年工作的重点。为此，我们启动了两项工作：一是进行“中国公众气候变化与气候传播的认知状况调查”，二是开展“气候变化与气候传播进社区、进校园、进农村、进企业”的“四进”活动。无论是应对气候变化，还是实现可持续发展，最终都离不开公众的参与，都是一场社会动员活动，因此一定要把着眼点和工作的重点放到吸引公众参与上。

推动公众参与促进可持续发展在世界各国已达成共识。但从实际情况看，我国公众可持续发展的意识仍需进一步提高，参与可持续发展的行动还需进一步倡导。而在推动社会与公众参与促进可持续发展方面，我们高校研究机构同政府部门一样，同样肩负着重要责任，同样要为开拓公众参与可持续发展的新路径提供支持。

另外，“可持续发展战略下的公众参与新路径”这一主题也与中国人民大学新闻与社会发展研究中心长期坚持的研究方向一致，即研究如何发挥新闻传播的社会功能与作用，也就是说要研究如何通过传播的力量来推动社会的可持续发展。

作为高校的研究机构，我们此前曾分别在坎昆和德班联合国气候变化大会上举办边会，这次又在里约举办了中国唯一一场由高校和非政府机构组织的边会，意义重大。这充分体现了中国政府支持社会力量和公众参与推进可持续发展的决心和行动，也体现了中国政府对公众参与推进可持续发展的重视和期盼！

郑保卫：中国气候传播的民间旗手

2013年7月23日《中国企业报》

记者：赵玲玲

“该做的我们都做了，我们已经做了，你们还没有做到，你有什么资格在这里给我讲道理？”2011年12月11日，在德班联合国气候变化大会最后一刻，面对发达国家对中国在气候污染问题上的不断诘责，中国代表团团长解振华发火了。

一年以后，在2012年12月的多哈联合国气候变化大会“中国角”的一场边会上，联合国一位气候变化的高级官员引用了《中国公众气候变化与气候传播认知状况调研报告》中所提供的数据，并据此对中国政府积极应对气候变化的工作作了肯定，有力地回应了西方国家的相关质疑。而这项调查的实施者正是由中国人民大学教授郑保卫领导的中国气候传播项目中心。

从“传统新闻学”转战“气候传播学”

郑保卫教授是我国著名的新闻学者，他兼任全国新闻学研究会会长，在新闻学教育与研究领域很有知名度和影响力。然而短短几年时间，他却变成了我国气候传播研究领域的一个旗手。

是哥本哈根会议把他推向了世界气候传播的前台。2010年《中国日报》记者付敬和香港乐施会传播经理王彬彬的意外来访，使得郑教授的研究兴趣发生了重大转向。这两位来访者都参加了2009年12月的哥本哈根联合国气候变化大会。让人们无法接受的是会议后期，西方国家的一些政治人物和媒体将会议未能取得积极成果的责任推到了中国的头上，西方媒体的负面舆论严重影响了中国的形象。一场气候影响政治的舆论战争摆在了面前。

哥本哈根会议后，许多中国人都在反思，为什么总有人在国际舞台上抹黑中国？长期坚守“保卫新闻学”阵地的郑保卫在听完两位来访者对于这次会议谈判一波三折的讲述后，意识到了气候变化谈判的复杂性和艰巨性，更认识到了从传播角度介入气候变化问题研究的重要性和紧迫性，于是，发展中国家第一家专门致力于气候变化与气候传播研究的“中国气候传播项目中心”2010年4月在中国人民大学正式成立了。

同年5月，项目中心召开了“气候·传播·互动·共赢——后哥本哈根时代政府、媒体、NGO的角色及影响力研讨会”，70多位来自联合国、中国、美国、英国、巴西的中外政府官员、新闻媒体和NGO人士应邀与会，共同探讨如何在气候传播中加强三者间的交流与互动以实现合作共赢的目标。

这次会议得到了政府的肯定和重视，国家发改委副主任解振华委托哥本哈根会议中国政府代表团副团长、首席谈判代表、国家发改委应对气候变化司司长苏伟出席会议并致辞。中国气候传播研究的第一炮打响了，这也标志着郑保卫教授实现了从“传统新闻学”到“气候传播学”研究的第一次转向。

由“中国新闻学者”成为“全球气候传播者”

进入一个全新的研究领域，郑教授完全是摸着石头过河，研究队伍也是一只手可以数清。郑教授组建了一个“铁三角”研究团队，除自己外，另两人是自己的博士生李玉洁和乐施会的传播经理王彬彬。由这三人组成的团队2010年年底前往墨西哥坎昆参加了联合国气候大会，并举办了“基础四国与墨西哥气候传播策略”国际边会。

当时墨西哥政府提供的边会举办地是一个地面凹凸不平的运动场，主席台、音响、桌椅都须自己准备和布置，郑保卫三人用了不到24小时便完成了所有会务准备工作。在边会上，郑教授代表中国高校研究机构在国际气候变化谈判舞台上第一次发出了自己的声音。继坎昆边会之后，郑教授带领的气候传播团队接连参加了南非德班、卡塔尔多哈的联合国气候变化大会以及巴西里约热内卢的联合国可持续发展大会，并都举办了自己的边会。经过多次国外办会的实际锻炼，他们举办国际边会已是驾轻就熟。与此同时，中国气候传播项目中心的国际知名度和影响力也在不断扩大，并逐步建立起了自己的国际学术圈。

自里约开始，中国气候传播项目中心举办的边会就被纳入了中国代表团组织的“中国角”系列边会之中。郑保卫在里约期间受邀参加了温家宝总理主持的“中国环境与发展国际合作委员会20年”边会，此外，还参加了联合国秘书长潘基文出席并作主旨演讲的“地方政府如何实现可持续发展”为主题的边会，作为一个中国气候传播学者，他积极活跃在国际舞台上。

近些年来我国政府、媒体、NGO在联合国气候大会期间的传播理念和方式在不断调整和改进，收到的效果越来越明显，产生的影响也越来越好，特别是中国等发展中国家的利益诉求在国际舞台上得以表达，正义之声得以彰显，这样的结果应当也包括郑教授领导的气候传播团队的努力。

对此，郑教授自己很淡定，在他看来，每个人都是地球上的普通一员，每个人都应该是全球气候变化与气候传播的积极参与者和行动者。

从“国际领域研究”到“国内公众调查”

自2012年下半年以来，郑保卫领导的项目中心的工作从主要关注国际领域开始国际国内并重：一方面继续关注政府、媒体、NGO以及企业在国际气候变化领域的传播战略、策略和方法，看他们是如何提升自己的气候传播技巧，更好地发挥自己的作用；另一方面就是看公众，看其是否了解气候变化和气候传播，是否认识到自己该为气候变化做些什么……郑教授形象地将其概括为“两头并进，双向使力”。

近年来，郑教授所领导的中国气候传播中心先后进行了“中国公众气候变化与气候传播认知状况”和“中国城市公众低碳意识及行为”两个全国性调查，以了解公众对于气候变化和低碳的认知。同时，还举办了“气候传播进社区、进校园、进农村、进企业”的“四进”活动，这些活动旨在提升国内公众的气候变化认知，促使公众积极参与到应对和适应气候变化的行动之中。

近几年在跟踪研究联合国气候变化大会过程中，郑教授也目睹了一些国内企业、媒体和本土NGO人士亟待提高沟通与传播能力的案例。一些国内机构与国外机构以及与国内其他机构相互之间还缺乏有效的互动，没有形成合力。特别是2012年6月，中国企业代表团在巴西里约联合国可持续发展大会上的表现，让郑保卫感慨颇深。

此次会议期间，一些国内知名企业的代表在中国角举办了一次“可持续发展”倡议书发布活动。眼看着活动就要开始了，一些企业的代表才陆续来到会场。台上几位企业家在念稿发言，台下观众寥寥无几，国外观众更是屈指可数，场面显得有些尴尬。

对此，郑保卫感慨道：“在联合国气候变化大会期间以及平时的国际学术交流中，我们的气候传播都是需要讲究策略的，要遵循国际规则，要讲求传播技巧，这样才能收到预期的效果，看来我国企业的气候传播需要很好地总结和提高。”

郑保卫提出，应对气候变化要强调“政府主导，媒体和NGO推动，企业主体和公众参与”的思路。没有政府的政策导向和扶持，没有媒体的推动和监督，没有企业对环境问题的重视和对低碳经济的投入，没有公众对节能减排和环境保护的认识和参与，要实现应对气候变化的目标是不可能的。尤其是企业在防治大气污染中，要发挥主力军作用，可以说，如今气候传播问题在我国企业中还没有真正破题。

郑保卫的项目中心2012年10月11—13日与美国耶鲁大学共同主办首届气候传播国际会议。这是我们第一次在全世界范围内竖起气候传播的旗帜，也是对发展中国家气候传播研究的一次成果展示。郑保卫在提及项目中心未来的工作规划时显得尤为兴奋。

人大教授郑保卫：让气候传播能够真正“形成气候”[1]

2013年10月9日

记者：李晓喻、高晓东

中新网北京10月9日电　2013气候传播国际会议将于10月11—13日在中国人民大学举行，主题是“气候传播：角色定位与全球合作”。本次会议由中国气候传播项目中心、中国人民大学新闻与社会发展研究中心、香港乐施会和耶鲁大学气候传播项目中心联合主办。

中国气候传播项目中心主任、中国人民大学新闻与社会发展研究中心主任郑保卫教授9日接受记者专访表示，此次国际会议的目标是“搭建交流平台，聚合研究团队，凝聚学术共识，扩大世界影响”，使气候传播能够真正“形成气候”，进而使气候变化成为公众的重大关切，以推动全社会应对气候变化的自觉行动。

记者：2013气候传播国际会议有什么特殊意义？您预期这次会议将会取得怎样的成果？

郑保卫：此次会议是由中国气候传播项目中心发起倡办的世界气候传播领域的首届大型国际会议。组委会由国家发改委解振华副主任、中国人民大学陈雨露校长、人大新闻学院赵启正院长担任名誉主任，我和耶鲁大学的安东尼教授任主任。

目前已经确认参会的人员中，既有来自英美等发达国家的代表，也有来自墨西哥、印度等发展中国家的代表，还有来自俄罗斯、比利时、瑞典等欧洲国家的代表。参会者既有高等院校和科研机构的专家学者，也有新闻媒体、非政府组织和企业界人士，还有联合国机构和国家政府部门的官员。因此，无论是从会议的性质和内容，还是规模和规格，此次会议都具有开创价值和国际意义，可以说它是世界气候传播领域的一次重要会议。

此次会议的主题是“气候传播：角色定位与全球合作”，将分为中文专场和英文专场两部分。我们把“搭建交流平台，聚合研究团队，凝聚学术共识，

---

① 原文链接：http://www.chinanews.com/gn/2013/10-09/5356772.shtml。

扩大世界影响”，作为此次会议的办会目标，相信这次会议将为世界气候传播的理论建设和行动实践起到推动作用。

记者：您能具体谈谈这次会议对国内与国际的学术影响和实践推动吗？

郑保卫：中国气候传播项目中心自成立以来，曾在国内举办过多次学术会议，包括国际性会议，另外还先后在联合国气候大会的举办地墨西哥的坎昆（COP16）、南非的德班（COP17）和卡塔尔的多哈（COP18），以及联合国可持续发展大会举办地巴西的里约热内卢（Rio+20），举办过多场国际性的气候传播边会。在这些会议上，我们展示了自己的研究成果，发出了中国的声音，表达了中国学者和公众在应对气候变化方面的立场，可以说在国内外形成了一定的学术影响力和实践推动力。

上述会议无论是从规模还是规格，都不好同这次会议相比。实事求是地说，此前在国内和国际气候传播研究领域都不曾有过类似规模和层次的学术会议。

本次国际会议的中文专场会议将为中国国内关注气候变化和气候传播的学者及各界人士搭建学术平台，交流研究心得，汇聚学术队伍，使气候传播能够真正“形成气候”，进而使气候变化成为公众的重大关切，以推动全社会应对气候变化的自觉行动。英文专场会议将组织来自国内外的专家学者和各方面人士就气候传播的主体、内容、渠道、策略等展开深入研讨，并通过案例分析来总结气候传播的实践路径与行动策略。

作为东道主，我们希望通过此次会议在国内外广泛汇聚以气候传播理论与实践为研究目标的学术团队，交流各自的学术进展及成功经验，提升气候传播在世界范围内的话语权和影响力；同时希望在推动社会与公众参与应对气候变化，促进节能减排，保护生态环境方面能够达成更多共识，形成更大的实践推动力。

记者：“气候传播”是一个崭新的概念及话题，您怎样界定“气候传播”的研究领域？

郑保卫：“气候传播”是指从新闻与传播的角度来研究和解读气候变化问题，是一种有关气候变化信息与知识的社会传播活动，它以寻求气候变化问题的解决为研究方向和行动目标。

气候传播研究的根本目的是运用有效的传播方式来促进社会与公众对气候变化问题的认知，并最终体现在引导其自觉投入节能减排、保护环境和维护生态的行动上。而从学科建设角度看，是要研究气候传播的主体、内容、渠道、策略等传播要素的内涵及其相互关系，构建其科学的理论体系和知识体系。我把这两个方面分别看成是气候传播的社会成果和学术成果，其实也就是其实践成果和理论成果。

当前，从中国和世界范围来看，气候传播的学术研究成果都还不是很多，要想取得理论上的突破，一是要借鉴其他学科的相关学术成果，以充实自己的理论体系；二是要盯紧气候传播实践中所存在的问题，要依据实践所提供的线索和经验，从学术层面对其进行解读和探讨，进而指导实践。

记者：中国气候传播研究项目成立以来都做了哪些研究，开展了哪些工作？

郑保卫：2010年4月，中国人民大学新闻与社会发展研究中心同以扶贫发展为主要目标的非政府组织乐施会合作，率先在国内启动了中国气候传播研究项目，首次采用了“气候传播”这一概念，并将“气候·传播·互动·共赢”作为项目研究的主题，即着重研究气候传播中参与各方如何通过良性互动和相互合作来实现共赢目标，由此启动了中国气候传播理论研究的进程。

2010年5月，我们形成了关于哥本哈根气候大会期间各有关方传播行为及效果的调研报告，并在北京举办了“后哥本哈根时代政府、媒体、NGO的角色及影响力研讨会”。在调研报告和会议发言中，我们阐明了我国气候传播各主体之间的关系，提出政府是谈判实施主体、信息发布主体、新闻内容主体；媒体是信息传播者、舆论引导者、第三方观察者；NGO是活动参与者、民意表达者、谈判推动者以及三方沟通桥梁。在此基础上，调研报告提出了三者应建立常规互动机制，加强相互间的对话与沟通，通过日常的互动与交流，彼此认识对方的价值和作用，建立起相互信任，从而实现有效互动，发挥各自在气候传播中的影响力，共同去实现合作共赢的目标。

此后，我们项目中心通过举办各种会议为各类气候传播主体搭建沟通平台。从2010开始，我们项目中心先后在联合国气候大会举办地以及联合国可持续发展大会举办地成功地主办了多场气候传播国际边会，为各国气候变化谈判者和利益方提供沟通交流平台，为气候传播专家和学者提供研究成果分享平台。此外，我们还举办了针对参与报道气候谈判记者的研修班。通过这些活动，我们希望能够为促进气候传播参与者之间的互动，提升各自的传播能力，发挥更加积极的作用。

我们项目中心还与耶鲁大学等高校和国际研究机构建立了良好的国际合作关系，不断拓展国际合作的领域，以提升项目中心在国际气候变化领域的传播力和影响力。

记者：“气候变化”与普通百姓的关系密切，中国气候传播研究项目中心开展过哪些与公众相关的活动呢？

郑保卫：气候变化问题的最终解决，关键是要靠取得社会共识，得到公众响应和支持。实践说明，任何应对气候变化的举措，最后都要靠公众自觉地参与来落实。

正是基于这种认识，我们于2012年6月在中国人民大学举行了“气候变化和气候传播进社区、进校园、进农村、进企业”活动的启动仪式，同时还举办了气候变化图片展，迈出了向公众普及气候变化知识的第一步。7月，我们又进行了全国范围内大规模的“中国公众气候变化与气候传播认知状况调查”，以了解和把握公众对气候变化与气候传播的基本认知情况，以便采取更加有针对性的社会推广活动。这里需要特别指出的是，我们发布的中英文版调研报告在国内外引起了广泛关注，有的数据（如93%的被调查者表示了解气候变化）在多哈会议期间被联合国气候变化框架公约高级官员、执行秘书Christiana Figueres所引用，并以此来肯定中国政府在动员公众应对气候变化方面所作出的努力。今年4月我们又配合国家开展的第一个“低碳日”活动进行了全国性的“中国城市公众低碳意识调查”。这些工作都是我们项目中心开展的与公众有关的活动。从实践效果看，这些活动达到了预期的目的，在社会上和公众中产生了一定的影响，对于推动全社会应对气候变化的行动起到了促进作用。

记者：您认为目前公众对气候变化的认知处在一种什么样的状况？这次会议结束后你们项目中心在面向社会与公众方面还准备做哪些推进工作？

郑保卫：我们项目中心所做的“中国公众气候变化与气候传播认知状况调查”说明，中国公众对气候变化的认知度93%（美国是64%，英国是72%）还是非常高的，并且愿意为应对气候变化采取相应的行动。例如80%的公众愿意为购买相应的环保产品支付更多费用；接近80%的受访者认为要改变自己的行为，才能最终应对气候变化所带来的挑战。这些数据说明，在我国公众中宣传和推广应对气候变化是有很好的社会基础和群众基础的。

此次会议结束后，我们会继续进行相应的公众推广工作，通过一些扎扎实实的工作营造更好的社会环境和舆论氛围，真正将应对气候变化的工作让社会与公众理解、认可、接受，并内化为他们的自觉行动。我们计划采取点面结合的方式，选择一些地方和单位作为典型来逐步推广。

郑保卫：要让中国气候传播“成气候”[①]

2013年10月11日

中国天气网讯　10月11日上午，中国气候传播国际会议暨中国气候传播中心项目中心专家委员会成立仪式在中国人民大学举行。

此次会议是国际气候传播领域首次大规模的专门性会议，主题是“气候传播：角色定位与全球合作”。本次会议由中国气候传播项目中心、中国人民大学新闻与社会发展研究中心、香港乐施会和耶鲁大学气候传播项目中心联合主办。

气候变化研究和报道是个非常综合、复杂的过程，本次会议的主要目的就是为国内外关注气候变化和气候传播的学者及各界人士搭建学术平台，交流研究心得，汇聚学术队伍，凝聚社会力量。中国气候传播项目中心主任、中国人民大学新闻与社会发展研究中心主任郑保卫说：“通过会议，要让气候变化与气候传播能够真正形成气候，成为社会与公众关注的议题，以推动全社会应对气候变化的行动，共同为实现节能减排、绿色发展，建设美丽中国和美好世界献策献力！”

参会的学者既有来自英美等发达国家的代表，也有来自墨西哥、印度等发展中国家的代表，还有来自俄罗斯、比利时、瑞典等欧洲国家的代表。参会者既有高等院校和科研机构的专家学者，也有新闻媒体、非政府组织和企业界人士，还有联合国机构和国家政府部门的官员。因此，无论是从会议的性质和内容，还是规模和规格，此次会议都具有开创价值和国际意义，可以说它是世界气候传播领域的一次重要会议。

本次会议由中国气候传播项目中心、中国人民大学新闻与社会发展研究中

① 原文链接：http://www.weather.com.cn/climate/2013/10/qhbhyw/1985425.shtml。

心、香港乐施会和耶鲁大学气候传播项目中心联合主办，会期三天，分为中文专场和英文专场。

在11日上午的中午专场开幕式上，首先进行了中国气候传播项目中心专家委员会成立仪式。国家气候变化专家会员会主任杜祥琬、中国科学院院士王浩、国家气候中心副主任巢清尘、中国农业科学院农业与气候变化研究中心主任林而达等著名学者被聘为该中心专家委员会成员。

郑保卫：让气候传播走进人心刻不容缓①

2013年10月12日

记者：李晓喻

中新网北京10月12日电　尽管气候变化的后果无人可逃，但公众对此依然不够重视。对此，中国气候传播项目中心主任郑保卫12日在北京呼吁，加强气候传播刻不容缓。

近期，气候变化所导致的极端天气正步步逼近普通民众。2013年入夏以来，中国多地气温和降水量双双突破历史极值，高温蓝色预警和暴雨黄色预警响个不停。

为了应对这一严峻形势，郑保卫指出，加强气候传播正当其时。

作为一种传播活动，气候传播的目的在于使公众准确理解气候变化的科学内涵，包括其形成原因和影响，并促成行动。

郑保卫表示，来自多个方面的“利好因素”为加强气候传播提供了良好机遇。

首先，在联合国的积极推动下，世界各国对人为因素导致气候变暖这一事实基本上表示认可，认为气候变暖是某些国家的“阴谋”这一说法逐渐被否定。

根据联合国相关机构最新发布的报告，最近三十年中的每一个十年都比1850年以来之前的任何一个十年温暖，全球变暖已经成为毋庸置疑的事实。

---

① 原文链接：http://www.chinanews.com/gn/2013/10-12/5372514.shtml。

其次，中国在应对气候变化领域的参与度和影响力也在提升。

为了降低碳排放量，中国近年来在产业政策、财政补贴等方面采取了一系列举措。如通过节能提高能效，优化产业结构，大力发展可再生能源、清洁能源，加强生态建设等。

同时，中国政府还和美国一道，成立气候变化工作组，在载重汽车减排、温室气体数据以及建筑和工业能效等五大方面展开合作。

此外，中国近年来在联合国气候大会上的表现也可圈可点。在多哈会议和德班会议上，中国代表团积极斡旋，为达成协议作了建设性的贡献。

再次，随着中国媒体的气候变化报道不断深入，气候传播研究自身的影响力也在加强。

与此同时，郑保卫也指出，加强气候传播需要跨越诸多“拦路虎”。

挑战之一表现为思想认识和行动的脱节。

中国气候传播项目中心此前一项调查显示，80%的公众愿意为购买相应的环保产品支付更多费用；接近80%的受访者认为只有改变自己的行为，才能成功应对气候变化带来的挑战。

但是，郑保卫指出，虽然公众多表示有意愿参与应对气候变化，但实际行动却往往滞后。“要让公众真正了解气候变化的科学内涵，自觉参与行动，还有许多工作要做。”

挑战还在于顶层设计的缺失。在郑保卫看来，气候传播应当上升到国家战略的高度予以推进。此外，中国气候传播起步较晚，研究的方法也需要进一步完善。

针对这些问题，郑保卫表示，未来将借助经济学、社会学、心理学等多个学科，拓展气候传播的深度和广度。同时，还将运用本地化的传播策略，使气候传播更加接地气，真正“形成气候”。

郑保卫：气候传播向“形成气候”更进一步[①]

2013年10月13日

记者：李晓喻

中新网北京10月13日电　为期3天的2013气候传播国际会议13日晚间在北京闭幕。在会议的发起倡办方、中国气候传播项目中心主任郑保卫看来，这次会议使气候传播向“形成气候”更进一步。

气候传播是指通过传播活动，使人们了解气候变化的现状、原因和影响，并采取行动。

当前，全球气候变暖已毋庸置疑，而频繁现身的极端天气也让人们领教了气候变化的恶果。即使是这样，公众对此仍未足够重视。让气候传播走进人心，“形成气候”，便成为当务之急。

作为世界气候传播领域的首届大型国际会议，本次气候传播国际会议以“气候传播：角色定位与全球合作”为主题，与会专家围绕气候变化的影响，公众对气候变化的认知，以及政府、新闻媒体、非政府组织、企业等不同主体在气候传播中的作用等若干议题，展开了探讨。

会议期间，携手共同应对气候变化引发了政府官员和多位专家学者的共鸣。

国务院新闻办公室原主任赵启正认为，每个人都是气候变化的利益攸关者，在这一问题上没有旁观者。他呼吁，世界各国应当加强合作，共同参与全球气候治理。

这一观点也得到了海外学者的赞同。耶鲁大学气候传播项目主任安东尼指出，应对气候变化“可能是全世界共同开展的一项最有利的协同行动”。

对此郑保卫指出，应对气候变化是全球性问题，单纯依靠少数国家、少数人不可能解决，需要各国政府共同应对以及全世界的共同治理。

为了应对气候变化，加强气候传播的重要性和紧迫性成为与会代表的共识。

郑保卫指出，应对气候变化必须依靠社会共识。而气候传播，正是凝聚社会共识的必经之路。“可以说，治理和应对气候变化离不开媒体和传播。”

---

① 原文链接：http://www.chinanews.com/gn/2013/10-13/5373488.shtml。

国家应对气候变化战略研究和国际合作中心信息处主任张志强指出，现在中国气候传播的效果还比较有限，与应对气候变化的严峻形势不相适应。

针对如何开展气候传播，专家认为，气候传播需要把气候变化领域的科学知识与政策、公众的切身利益相结合，这样才能引发人们的充分重视。

一些学者也指出，新闻媒体在从事气候传播时，应当以“平衡、科学、有立场、看得懂”为原则，遵从主流科学的观点，坚决维护国家利益，同时使报道尽量通俗易懂。

郑保卫总结说，在气候传播中五大主体需要各司其职：政府是主导者，媒体是引导者，NGO是推助者，企业是责任者，公众是参与者。

郑保卫指出，这次会议有助于达成共识，协调行动，使气候传播不仅在中国，也在世界各国渐开风气，“形成气候”，更好地服务于应对气候变化的事业。

中国气候传播项目中心由中国人民大学新闻与社会发展研究中心以及国际发展及人道救援机构乐施会发起成立，一直致力于气候变化和气候传播理论与实践研究，以及国家气候变化政策制定与实施过程中的传播战略研究。

郑保卫：公众愿意为应对气候变化作出努力[①]

2013年10月13日《中国青年报》

人物档案

郑保卫，中国气候传播项目中心主任、中国人民大学新闻与社会发展研究中心主任。

对话背景

2010年4月，中国人民大学新闻与社会发展研究中心同以扶贫发展为主要目标的非政府组织乐施会合作，率先在国内启动了中国气候传播研究项目，首次采用了“气候传播”这一概念，并将“气候·传播·互动·共赢”作为项目研究的主题，即着重研究气候传播中参与各方如何通过良性互动和相互合作来实现共赢目标，由此启动了中国气候传播理论研究的进程。

① 原文链接：http://zqb.cyol.com/html/2013-10/13/nw.D110000zgqnb_20131013_1-03.htm。

10月11日，由中国气候传播项目中心、中国人民大学新闻与社会发展研究中心和耶鲁大学气候传播项目中心等联合主办的2013气候传播国际会议在中国人民大学举行，此次会议是世界气候传播领域首届大规模的专门性会议，主题是“气候传播：角色定位与全球合作”。气候传播对于中国学界和普通公众有什么意义？气候传播如何推动环境改善？为此，《中国青年报》记者专访了郑保卫。

《中国青年报》：“气候传播”对于公众和学术领域都还很陌生，是什么契机促使你成立了发展中国家第一个专门致力于气候变化与气候传播研究的中国气候传播项目中心？

郑保卫：2009年12月的哥本哈根联合国气候变化大会上，让人们无法接受的是会议后期，西方国家的一些政治人物和媒体将会议未能取得积极成果的责任推到中国的头上，西方媒体的负面舆论严重影响了中国的形象。一场气候影响政治的舆论战摆在面前。哥本哈根会议后，许多中国人都在反思，为什么总有人在国际舞台上抹黑中国？我意识到气候变化谈判的复杂性和艰巨性，更认识到从传播角度介入气候变化问题研究的重要性和紧迫性，于是，在同行的鼓励和香港乐施会的资助下，“中国气候传播项目中心”2010年4月在中国人民大学正式成立。

“该做的我们都做了，我们已经做到了，你们还没有做到，你有什么资格在这里给我讲道理？”2011年12月11日，在德班联合国气候变化大会最后一刻，面对发达国家对中国在气候污染问题上的不断诘责，中国代表团团长解振华发火了。

一年以后，在2012年12月的多哈联合国气候变化大会“中国角”的一场边会上，联合国一位高级官员引用了《中国公众气候变化与气候传播认知状况调研报告》中所提供的数据，并据此对中国政府积极应对气候变化的工作作了肯定，有力地回应了西方国家的相关质疑。这项调查的实施者正是我们这个中国气候传播项目中心。

《中国青年报》：怎样界定“气候传播”的研究领域？

郑保卫：“气候传播”是指从新闻与传播的角度来研究和解读气候变化问题，是一种有关气候变化信息与知识的社会传播活动，它以寻求气候变化问题的解决为研究方向和行动目标。

气候传播研究的根本目的是运用有效的传播方式来促进社会与公众对气候变化问题的认知，并最终体现在引导其自觉投入节能减排、保护环境和维护生态的行动上。从学科建设角度看，是要研究气候传播的主体、内容、渠道、策略等传播要素的内涵及其相互关系，构建其科学的理论体系和知识体系。我把这两个方面分别看成是气候传播的社会成果和学术成果，其实也就是实践成果和理论成果。

《中国青年报》：中国公众对气候变化的关注度高吗？与其他发达国家相比如何？

郑保卫：2013年7月，中国气候传播项目中心发布的《中国公众气候变化与气候传播认知状况调查报告》显示，93%的中国公众愿意了解气候变化，同样的调查，美国是64%的公众关心气候变化，而英国的数字是72%，欧盟国家比美国更关注。2012年12月多哈会议上，联合国高级气候官员表示，在公众对气候的关注度上中国政府工作做得好。美国公众之所以对于公众关注度比较低，是因为美国国会有两派，其中一派认为气候变化和温室效应是伪命题。但美国去年发生了飓风，美国总统奥巴马说是由于气候变化引起的。

目前，全球对于气候变化的共同认知是：当前出现的极端气象和事件主要是由于人为因素造成的，工业化时期人类发展经济大量破坏生态，造成的主要影响是温室效应，气候变化异常。中国民众对于气候变化关注度高是因为中国地大人多，自然条件很差，百姓感受极端天气带来的危害很深切，比如大城市的雾霾天气、小城市的旱涝等。

《中国青年报》：气候变化问题的最终解决关键是要靠取得社会共识，得到公众响应和支持。中国气候传播研究项目中心开展过哪些与公众相关的活动？

郑保卫：我们于2012年6月在中国人民大学举行了“气候变化和气候传播进社区、进校园、进农村、进企业”活动的启动仪式，同时还举办了气候变化图片展，迈出了向公众普及气候变化知识的第一步。7月，我们又进行了全国范围内大规模的“中国公众气候变化与气候传播认知状况调查”，以了解和把握公众对气候变化与气候传播的基本认知情况，以便采取更加有针对性的社会推广活动。今年4月，我们又配合国家开展的第一个“低碳日”活动进行了全国性的“中国城市公众低碳意识调查”。这些工作都是我们项目中心开展的与公众有关的活动。从实践效果看，这些活动达到了预期的目的。

我们项目中心所做的“中国公众气候变化与气候传播认知状况调查”还说明，中国公众愿意为应对气候变化采取相应的行动。例如，80%的公众愿意为购买相应的环保产品支付更多费用；接近80%的受访者认为要改变自己的行为，才能最终应对气候变化所带来的挑战。这些数据说明，在我国公众中宣传和推广应对气候变化是有很好的社会基础和群众基础的。

《中国青年报》：应对气候变化，中国作为发展中国家应该拿出怎样的思路？

郑保卫：应对气候变化要强调“政府主导，媒体和NGO推动，企业和公众参与”的思路。没有政府的政策导向和扶持，没有媒体的推动和监督，没有企业对环境问题的重视和对低碳经济的投入，没有公众对节能减排和环境保护的认识和参与，要实现应对气候变化的目标是不可能的。尤其是企业在防治大气污染中，要发挥主力军作用，可以说，如今气候传播问题在我国企业中还没有真正破题。有一些好的企业，环保意识比较强，做得不错，但很多企业的社会责任感不强，只从自身利益出发，对节能减排绿色环保没有放到应有的地位，包括一些大型国有企业，环保的力度不够，效果不明显。

中国气候传播与公众参与

——人民网强国论坛访谈

2014年8月12日

主持人：今天很高兴邀请到中国气候传播项目中心主任、中国人民大学新闻与社会发展研究中心主任郑保卫教授来我们人民网，就“中国气候传播与公众参与”这一话题接受强国论坛和中欧社会论坛共同组织的采访。欢迎您，郑教授。

嘉宾郑保卫：主持人好！各位网友大家下午好！非常高兴今天有机会同各位网友通过人民网强国论坛这个平台就气候传播与公众参与问题跟大家作个交流。

主持人：郑教授，听说你们中国气候传播项目中心作了一项《中国公众气候变化与气候传播认知状况调查》，形成了一个很好的研究报告，这是一份很有分量的材料。请问您如何评价我国公众的气候变化认知现状？您认为，公众的认知状况会如何影响他们参与应对气候变化的行动？

嘉宾郑保卫：《中国公众气候变化与气候传播认知状况调研报告》是我们项目中心2012年在对全国公众作了科学抽样调查之后完成的一份研究报告。这个报告我觉得还是很有价值的。它提供的相关数据对政府有关部门全面了解我国公众气候变化与气候传播的认知状况，并借此来制定相关政策，推进我国应对气候变化工作具有重要参考价值。所以，受到了政府有关部门的肯定，被写入当年出版的政府应对气候变化白皮书中。

后来我们在当年的多哈联合国气候变化大会上提供了英文版报告，联合国气候变化一位高级官员在讲话中引用了报告中的数据，并借这个数据肯定了中国公众对气候变化的认知，肯定了中国政府在这方面做的工作。应该说国内外对这个报告的评价都是很高的。我们的调研报告当中有一个基本的数据，就是在接受调查的人员当中，有93%的人表示了解气候变化，相类似的调查，英国是70%多，美国是60%多，咱们这个数字应该说比较高。

我们综合其他一些相关调查数据总体有一个感觉，就是这些年我国公众对气候变化的认知状况在不断提高。虽然各家的调查数据不太一样，但大体能看出一个趋势，即大概有七成以上的受访者认为自己了解气候变化，或是听说过气候变化，或是知道全球变暖的问题。

另外，公众对气候变化问题的担忧程度比较高。他们很担心气候变化会给自己带来什么影响，我们调查的数据是78%。公众为什么担心，说明他了解一些情况，如果不了解他就不会担心。所以说大多数公众已经认识到气候变化是一个很紧迫的现实问题。为什么会出现这种情况，我分析有这么几个原因：一是与我们国家这些年极端天气出现较多有关系。大家平时体验到，或是受到气候变化的影响比较直接。像这几年的雾霾，谁也回避不了，你得天天得面对它，因此大家都知道雾霾是气候变化引起的，气候变化给人们生活带来很大的影响。

但是通过调查数据我们也发现，公众对气候变化产生的原因还不太了解，特别是对气候变化主要是由人为活动引起的这一原因，共识度还不是太高，只有61%表示赞成这个观点。因为气候变化有一个基本内涵，即所谓“气候变化”，是指由人为因素或者人为活动造成的气候发生变化。你认可“气候变化”这个概念，就等于你要认可一些极端天气现象是由人为活动造成的。这一点只有61%的人赞成，说明有的人虽然认识气候变化，但他们不太知道气候变化的科学内涵，以及产生的真正原因。

另外，对应当怎样来适应、减缓和应对气候变化了解得不多，特别是对自己怎么参与进去，怎么发挥作用，知道得不多。再一个是对全球范围内气候变化的状况以及应对气候变化的情况了解得较少。我想这些问题的存在，影响到了公众参与气候变化行动的积极性。所以要想让群众积极、主动、自觉地参与到应对气候变化的行动当中，就需要加强对公众气候变化意识的提升和气候变化相关知识的传播，让他了解气候变化是怎么回事，怎么来应对气候变化。政府作为应对气候变化的主导者承担着很重要的作用，他要加强对公众气候变化知识的教育、普及、宣传和培训，特别要发挥媒体在气候变化知识普及和传播过程中的作用。另外，就是要增强专家、科技人员以及新闻从业人员传播沟通的技巧，进而更好地影响公众参与到应对气候变化行动中。许多科学家知道很多气候变化的知识，但怎么让科学知识变成通俗的大众语言，用科普的方法让老百姓知道，我觉得这几个方面我们做得都还不够，而这些都会影响到公众参与到气候变化活动中来。

主持人：国家发改委应对气候变化司副巡视员孙桢，在总结近年来我国气候传播工作时曾谈到，“今后我们既要加强对公众的气候变化教育，同时也要在传播策略上面有一些改进”。郑教授，您能否为我们讲述一下如何在具体的传播策略上进行改进？

嘉宾郑保卫：气候变化的传播有很多特点。首先是专业性强，涉及地理、气象、地球、环境等多领域的科学知识。其次是具有复杂性，因为气候变化是一个长期过程，人们往往难以觉察、辨识和预测。所以要传播起来，特别是要收到好的传播效果难度比较大。因此我认为，我们要做好气候传播需要讲究策略，掌握技巧，遵循规律。

改进气候传播策略须从多方面考虑。具体策略和方法很多，但我考虑最重要和最关键的还是要确立一个基本概念或者基本方针，就是要以公众为中心，确立以公众为中心的工作导向，这个观点应该说是习近平总书记的观点。他在去年全国宣传思想工作会议上提出：“思想宣传战线要树立以人民为中心的工作导向。”按照这个要求，我想气候传播应该明确确立以公众为中心的传播导向，坚持把公众作为气候传播的出发点和落脚点。要知道，我们为什么要做气候传播，是为了公众。看气候传播做得怎样，最后要落到公众身上，要得到公众的认可，总之要围绕公众来做文章。

气候传播的一个根本目的，就是要借助传播手段，运用一切有效的传播方式，促进社会与公众对气候变化问题的认知，并最终体现在引导公众自觉投入到适应、减缓和应对气候变化的活动之中。因此我想无论是传播内容也好、传播形式也好，都要服从和服务于这个目的。也就是说要服从和服务于公众的需求，把服务公众和教育引导公众结合起来，把满足公众的气候变化信息需求和提高公众的气候变化知识素养结合起来。我觉得这是一个很重要的原则或策略。

有了这样的指导思想就要在气候变化的议程设置和话语框架建构上下功夫。议程设置也好，话语框架建构也好，也要以公众需要作为前提。具体讲就是传播的内容要同公众的劳动、工作、学习、日常生活紧密联系，同公众关注的热点、疑点、难点问题相联系，归根到底就是要跟公众的切身利益相联系。例如，雾霾是怎么产生的，给人们带来什么影响，怎么消除雾霾，这一系列问题都要围绕公众的需求，公众关注的热点、疑点、难点问题来做文章。

再一个是要善于运用公众喜闻乐见的形式和手段进行传播。气候变化问题有时会涉及一些专业性问题，要使这些专业的科学问题让老百姓了解和接受，就要在传播形式和手段上下功夫，特别要注重运用视觉传播手段，通过一些形象的、生动的图像和影视作品来增强传播内容的冲击力、感染力和说服力。我看到前段时间发生雾霾时，有的媒体登了几幅照片，一幅是雾霾发生之前的照片，一幅是雾霾发生过程中的照片，很多人都戴上了口罩。这些照片比文字表述显然效果要好，因此我们可以多采用这样一些传播形式。另外，要善于采取通俗易懂的语言文字来表达，把科学术语变成大众话语，这样效果也会比较好。总而言之，要通过改进传播形式和传播手段，使传播的内容让公众更愿意听，并且能听得懂、听得进，能够理解和接受，这样才能够收到好的传播效果，才能达到预期的传播目的。

主持人：郑教授，您如何评价当前我国气候传播理论研究与社会实践的现状？

嘉宾郑保卫：我国的气候传播理论研究相对西方发达国家起步要晚一些，特别是明确用“气候传播”这个概念，是在2009年哥本哈根联合国气候变化大会之后。2010年春天，我们中国人民大学与乐施会共同组建了一个气候传播研究机构——中国气候传播项目中心，正式提出了“气候传播”的概念。虽然起步比较晚，但这几年发展比较快，社会影响力也在不断提升，现在已经有越来越多的人在关注气候变化、气候传播，并且主动参与到气候变化和气候传播当中来。

去年我们项目中心和耶鲁大学共同主办了一个气候传播国际会议，这是世界上第一次大规模的气候传播国际会议，在这个会上我提出要让气候传播在中国真正形成气候，中国新闻社的新闻用这个做了一个标题。可以说这个目标在我们国家正在实现，我想今后气候传播会更加普及，会成为推动气候变化科普时代到来的一个重要的手段。

“气候变化科普时代”，是国家发改委应对气候变化司孙桢同志在参加我们项目中心2012年举办的“气候变化与气候传播进社区、进校园、进企业、进农村启动仪式”时提出来的。他说这个会标志着中国气候传播的科普时代到来了。什么意思呢？就是说我们的气候变化开始面向公众传播了。如果普及得好，会促进科普时代的到来。

具体从理论研究方面来看，有一个重要现象值得一提。就是从2010年开始，一批人文社会科学学者开始投入到气候变化研究当中来。因为，此前大多是一些研究地理的、气象的、气候的自然科学学者关注和研究气候变化。自从2009年哥本哈根联合国气候大会之后，有一些新闻学、传播学、心理学、公共政策学、管理学、经济学、法学，甚至市场营销学等文社会科学领域的学者开始关注气候变化与气候传播问题，而且形成了一些有影响的研究成果。

比如2012年由我牵头组织编写了一本中英文对照的《气候传播理论与实践》，这是中国第一本有关气候变化、气候传播的研究专著。后来又陆续有一些研究环境报道，研究气象传播、生态传播的书籍出版。所以这些年从理论研究上讲，我国关于气候变化与气候传播的研究已经开始起步，出现了一些成果，并为下一步拓展奠定了一定基础。特别是这几年我国关于公众气候变化认知状况的相关调查工作进展较快，很多机构在从事这方面的调研工作。过去的研究很少做实证调查，研究的样本、数据也比较小，2009年以来，很多研究机构开始运用科学抽样方法来进行全国性公众认知状况调查。刚才提到的我们项目中心的调查，就是2012年作的，抽取了4000多个样本，比较科学、规范，效果也比较好。这些调查所提供的数据为我们开展理论研究提供了支持。

从社会实践方面来看，近几年有关增强公众气候变化意识、促进公众参与应对行动、提高媒体气候传播能力的实践活动也越来越多。另外，面向社会和公众的社会推广活动也在积极开展。这些活动的开展对于增进公众气候变化意识，促进他们参与应对气候变化都起到了很好的作用。

这里我要特别强调一下，我觉得政府在这方面的实践很重要。这几年我国政府主管部门，像国家发改委应对气候变化司就做了很多工作，取得了很好的效果。比如他们主动跟媒体、NGO沟通；给媒体开吹风会，通报情况；组织媒体报道人员进行专业培训；开展公众气候变化宣传教育培训活动，等等，都做了大量工作，可以说在实践上已经很深入了。

另外，NGO也在积极开展活动，比如说一直跟我们项目中心合作的乐施会，就做了大量这方面的工作。还有，我们科研机构除了搞理论研究外，也搞了一些社会推广活动。刚才提到的我们项目中心2012年组织的“气候变化与气候传播进社区、进校园、进企业、进农村”活动，就是面向社会的一种推广活动。再是媒体，一方面媒体要做好气候变化宣传普及工作，另一方面要倡导社会公众行动，同时也要加强自身能力建设，提高气候传播的质量和水平。总而言之，社会实践方面无论是政府也好，NGO也好，媒体也好，科研机构也好，都做了很多工作，企业和公众也在行动。所以现在可以说在我国已经形成了一个“政府、媒体、NGO、企业、公众”共同参与的“五位一体”气候变化与气候传播的社会实践格局。

主持人：郑教授，您去年曾在中国人民大学举办的“2013气候传播国际会议”上提出，“要让气候传播在中国真正形成气候”。那么这一年来，你们中国气候传播项目中心为此都做了哪些工作，今后的努力方向及目标又是什么呢？

嘉宾郑保卫：去年我们项目中心联合美国耶鲁大学共同主办的气候传播国际会议，邀请了几十位国内外著名气候传播专家和学者聚会人民大学，共同探讨和总结气候传播的理论与实践，在许多问题上达成了共识。会上，我充满自信地说：“我们要让气候传播在中国真正形成气候！”当天，中新社就以此为标题发了新闻稿，使得这句话很快就传开了。我想要让气候传播真正在我国形成气候，须靠扎扎实实的努力，要做许许多多细致的工作。在会后半年多的时间里，我们项目中心已经做了不少推进工作。比如我们跟耶鲁大学合作，就我们作的公众气候变化认知状况调查的相关数据做一些深度开掘和细化研究。另外，我们翻译出版了一本哥伦比亚大学编写的《气候传播心理学》，想通过这本书使大家知道怎样从心理学的角度来认识公众，同时掌握一些应对气候变化思维方式和行动选择的特点及规律，这样可以更好地引导与激励公众参与适应、减缓和应对气候变化的行动。

此外，我们还跟国家应对气候变化战略研究和国际合作中心合作，开展了关于应对气候变化公众宣传、培训、教育相关规划的制定和活动推广工作。

另外，我们还同中欧社会论坛合作，承担了他们准备提交给“中欧社会论坛2014年巴黎气候大会”的“中欧民间应对气候变化共识文本”的起草工作。受中欧社会论坛委托，该文本由我和中山大学一位教授作为总指导，组织中国人民大学和中山大学两所高校的团队共同完成。通过起草这个文件，我想我们可以为推动中国和欧洲在气候变化方面加强合作起到一些作用。这个文本是要把中欧民间社会对如何实现经济转型和可持续发展，保持地球存续和人类发展，共同应对气候变化的共识提炼总结出来，提交给年底即将在巴黎举行的“中欧社会论坛2014年巴黎气候大会”，待大会通过后再提交今年年底在秘鲁利马举行的第20届联合国气候大会。我们特别希望能够把这个文本提交给一些中欧高层领导，还有联合国机构相关负责人，传递出中国和欧洲民间社会的声音，以促进全球共同应对气候变化。因此，此项工作可谓意义重大。

我们还配合今年国家低碳日活动，举办了媒体气候变化高级培训课堂，请了一些相关媒体从事气候变化报道，特别是将采访联合国气候大会的采编人员，对他们进行培训。因为做好气候传播主体是媒体，要让他们更加专业、水平更高。

刚才我谈到要形成“政府、媒体、NGO、企业、公众”共同参与的“五位一体”的气候变化社会实践格局，同时我们还要努力促成这五个行动主体在气候变化与气候传播方面的互动和沟通，搭建起“五位一体”的应对气候变化和开展气候传播的行为主体行动框架。我们之所以把他们都作为传播主体，是因为在应对气候变化过程当中，政府也好，媒体也好，NGO也好，企业也好，公众也好，都可以作为传播的主体来发挥自己的作用。

另外，在国际层面我们还将继续跟踪联合国气候变化谈判，探讨国际会议传播的特点及规律，为进一步提高我国政府、媒体、NGO、企业等在国际会议传播方面的能力及水平提供理论支持。目前我们正在准备参加今年年底在秘鲁召开的第20届联合国气候大会，也包括参加年底在巴黎召开的“中欧社会论坛2014年巴黎气候大会”。总而言之，我们希望通过这些活动加强同一些国际机构、高校的交流与合作，推动气候传播的国际化。我们已经确立了这样一个目标：不但要使气候传播在中国真正形成气候，而且要为促进气候传播在世界上也渐成气候而做出努力。

主持人：据我们了解，当前我国民众虽然表示有意愿参与应对气候变化，但实际行动却往往滞后。郑教授，在您与其他国家专家学者沟通过程中，他们有哪些有效的经验我们可以借鉴？

嘉宾郑保卫：你提的这个问题很好，其实在国外也有类似的情况。你要是问老百姓了解不了解气候变化，他说了解。问他愿不愿参与应对气候变化，也愿意。但是具体行动上怎样体现，怎么落实到行动上，还有距离。所以无论国内国外，一些相关研究人员，包括政府部门，都很关注怎样让公众把意愿变成行动这个问题。我觉得国外这方面有一些经验值得我们借鉴。比如说英国政府从2000年开始实行了一个项目，叫“气候变化与低碳发展项目”。这个项目规划提出政府部门应当从多方面来促进公民参与应对气候变化，参与低碳发展和低碳生活行动。他们还专门设计了一个促进公民行为转变的模型，就是通过提升公众能力，激励公众参与应对气候变化的积极性。

日本则非常注重发挥名人效应来推动公众参与应对气候变化。他们有一个活动叫“全民环保运动减排6%”，以减排6%作为目标搞一个全民性环保运动。在这个运动当中，主办方邀请了很多社会精英、公众人物参加，像一些官员、企业家、影视明星、运动员以及一些知名的动漫角色人物等，在网上公布他们的姓名和他们的承诺及行动，借着这些名人的知名度和影响力来吸引平时那些对气候变化议题不太关注的公众。因为有这些名人参加，他们就关注了，同时也吸引媒体来作报道，从而扩大了活动的影响力。

这一点我们也在做，并且感觉效果不错。比如我们项目中心就聘请了著名影星海清作为形象大使。2011年我们在德班联合国气候大会和2012年在里约热内卢联合国可持续发展大会举办的气候传播国际边会都邀请她参加。她不但作大会演讲，而且还和我们一起搞社区调查，参加一些社会推广活动。海清人缘好，粉丝多，知名度高，吸引了不少公众关注。我想这也是一种好的方式，可以借鉴和推广。

主持人：您认为全球哪些国家在减缓气候变化和适应气候变化方面做得好些？它们有哪些做法和经验值得我们借鉴？

嘉宾郑保卫：由于各国国情不同，因此在适应、减缓和应对气候变化方面自然会存在差别，会有不一样的做法。但应对气候变化是个国际性话题，是全球和全人类的共同事业，实现气候变化全球共治是国际社会的一种共同意愿。在这个基本目标上，世界各国的认识是共通和一致的，因此会有许多相似之处。我刚才提的国外很多做法和经验值都是值得我们学习和借鉴的。

这里我要特别介绍一下我们这几年跟美国耶鲁大学的合作。应该说耶鲁大学安东尼教授带领的气候传播研究团队是美国在气候变化和气候传播研究领域做得最好的，我们和耶鲁大学一直保持着合作关系，去年我们共同在北京主办了一次迄今为止世界上规格最高、规模最大的国际气候传播会议。通过跟他们沟通交流，我觉得他们有很多做法值得我们学习和借鉴。比如他们做公众气候变化认知状况调查，已经连续搞了多年，他们把这些调查数据集中起来做对比研究，可以发现其中的特点和规律。这样在对公众做工作时就可以区别不同情况，从而更有针对性。特别是他们把公众分成六类，这六类人对气候变化的认知与行动都是不一样的。按照六类人的不同特点有针对性地开展工作就会更有说服力，我觉得这些经验就很值得我们学习和借鉴。另外，他们主动提出要把美国和中国、印度的公众认知调查数据进行横向对比，从中找出一些规律性的东西。我们表示支持，并在2012年多哈联合国气候大会上，联系了印度学者，共同举办了一场中、美、印三国公众气候变化认知状况比较研讨会，收到了很好的效果。

当然，我们国家作为一个发展中国家，同西方一些发达国家在国情上还存在很大差异，因此在适应、减缓和应对气候变化方面面对的问题更多，情况更复杂。在这种情况下，我觉得我们关键还是要立足本国国情，认真总结自身的经验和教训。在此，我特别想再强调一下，我们应该努力建构起“五位一体”的应对气候变化行为主体行动框架，并使其充分发挥作用。

在“五位一体”中，政府、媒体、NGO、企业、公众，这五个行为主体的角色是不一样的，政府是主导者，媒体是引导者，NGO是推助者，企业是担责者，公众是参与者。这就是说政府要起到主导作用，不管是宣传、普及、教育也好，还是具体应对、减缓、适应气候变化的行动也好，政府始终要作为主导者发挥作用。媒体要起引导作用，除了宣传、普及知识、报道相关信息之外，很重要的是引导大家怎么来看待气候变化，怎么积极投身气候变化行动。NGO组织作为一种社会团体要起到推动作用。这几年我参加联合国气候大会，看到很多国际NGO组织在推动应对气候变化上做了大量有益的工作。

企业则要承担起责任。我们的企业在节能减排、绿色发展、环境保护方面承担着重大责任。中国科学院的一位科学家讲到，现在的气候变化问题，特别是雾霾问题，产生的原因主要有两个方面：一个是燃煤废气，一个是汽车尾气。大家很关注尾气，其实还有一个原因就是汽车的燃油不合格，这些都和企业相关联。建筑行业、电力行业、能源行业、石油石化天然气这些行业，能不能承担起节能减排的责任，对应对气候变化非常重要，每家企业都应该对此有充分认识，自觉地担负起自己的责任，发挥好自己作为担责者的作用。

公众要做积极的参与者。这些年我深深体会到，在现代社会任何一项事业，任何一项工作，要想最终达到目的，都要搞社会推广，都要有公众参与。如果没有社会推广，没有公众参与，都实现不了。比如应对气候变化，老百姓都不关心，都不投入，那么无论是节能减排也好，环境保护也好，还是绿色发展也好，就都难以达到目的，所以在“五位一体”的行动框架中，公众的参与非常重要。为此我们特别强调要充分发挥好公众的参与作用，要千方百计吸引公众积极参与、自觉参与、主动参与。我希望能够达成一个“从我做起、从现在做起、从身边小事做起”的共识，人人都自觉地参与到适应、减缓和应对气候变化的社会行动之中。

我想只要政府、媒体、NGO、企业和公众都承担起自己的责任，大家齐心协力，共同奋斗，就一定能在节能减排、环境保护、绿色发展方面不断取得新的进展，我们建设生态文明的美好家园和美丽中国的宏伟目标就一定能够实现。

谢谢大家！

（说明：本文在收入时有个别修改）

郑保卫：应对气候变化已进入“新时间”需增强公众参与[①]

2015年4月8日

记者：彭大伟

中新网北京4月8日电　距离今年12月巴黎气候变化大会只剩半年多时间，

① 原文链接：http://finance.chinanews.com/cj/2015/04-08/7193046.shtml。

中国和世界各国从去年利马大会至今，在应对气候变化方面取得了哪些新的进展？气候传播又面临哪些掣肘问题？对此，中国气候传播项目中心主任、中国人民大学新闻学院教授郑保卫8日向记者表示，全球应对气候变化已进入“新时间”，但在气候传播中，中国媒体和NGO仍存在公信力不足等问题，需要采取更多努力，增强社会与公众对气候变化问题的认知度和参与度。

2014年12月举行的利马气候大会达成了关于继续推动德班平台谈判的决定，进一步明确并强化要在公约下，遵循“共同但有区别的责任”原则的基本政治共识，初步明确各方2020年后应对气候变化国家自主贡献所涉及的信息，为各方于今年年底巴黎会议前尽早提出各自2020年后应对气候变化行动目标提供参考依据。截至目前，已有超过30个联合国气候变化框架公约（UNFCCC）缔约方正式提交了国家自定贡献预案。

郑保卫表示，利马气候大会最终达成了一份4页纸的协议，这标志着从那时起到今年年底巴黎第21届联合国气候变化大会召开，全球应对气候变化已进入了一个“新时间”。在这个时间段内，中国和整个国际社会将会为落实会议协议的相关内容采取实际步骤。

2014年被世界气象组织认为是“史上最热的一年”，而关键性的2020年时间节点已越来越近。郑保卫指出，应对气候变化是当前中国和全世界需要共同关注和治理的一个紧迫问题，对此应当有一种“责无旁贷和时不我待的紧迫感”。

具体到气候传播领域，郑保卫指出，在中国气候传播项目中心此前进行的公众气候传播认知状况调查中，公众在对接受气候变化信息可信度的评价中，媒体和NGO的排位靠后，“虽然原因是多方面的，但我认为其中最重要的还是公信力问题”。

他分析，这些年中国媒体的气候传播还处在“摸着石头过河”和“边干边看边总结边提高”的阶段。一些媒体常常是跟在外媒后面亦步亦趋，因而显得传播力不足、影响力有限、专业性不强、报道能力和水平偏低。

“我国媒体在今后的气候传播中，须注意采取既符合我国国情又与国际传播规则接轨的议程框架和传播策略，以逐步获得气候传播领域的国际话语权，从而在国内外公众中建立起自己的公信力。”郑保卫同时指出，中国NGO同样有这方面的问题。许多NGO组织在国际上知名度不高，影响力也很有限。

他建议中国的NGO，包括设在中国的国际NGO机构着力向社会与公众展示自己的能力和形象，尤其要注意加强自身的传播力、影响力和公信力。

除了积极倡导气候传播的研究和实践，郑保卫所在的中国气候传播项目中心还将在今年10月同耶鲁大学共同在美国举办第二届气候传播国际会议。

“希望通过这样一种会议机制，能够聚集全世界气候传播研究领域的力量，共同为应对气候变化提供学术和理论支持。”郑保卫说。

我国气候传播“渐成气候”①

2016年12月23日《中国经济导报》

记者：公欣

雾霾当头，一系列关于环境和气候的问题都成为公众关注的焦点。气候传播作为应对气候变化中的一个重要手段，一直为政府所重视、社会所关注。为此，《中国经济导报》记者就气候传播发展的相关问题对中国人民大学中国气候传播项目中心主任、新闻学院教授郑保卫进行了专访。采访中，郑保卫坦言气候传播在我国已逐渐“成气候”，要进一步筑牢政府、媒体、NGO、企业、公众“五位一体”的行动框架。

气候传播的作用“不可小觑”

《中国经济导报》：很高兴您能够接受我们的专访，首先请您对气候传播的内涵给我们作个简单介绍。

郑保卫：我们所说的“气候传播”，指的是将气候变化信息及其相关科学知识为社会与公众所理解和掌握，并通过公众态度和行为的改变，以寻求气候变化问题解决为目标的社会传播活动。简言之，气候传播是一种有关气候变化信息与知识的社会传播活动，它以寻求气候变化问题的解决为行动目标。

《中国经济导报》：讲好中国故事，塑造中国形象。在应对气候变化工作中，这一点显得尤为重要。您认为气候传播对于树立中国良好的国家形象有何促进作用和积极意义？

郑保卫：做好气候传播对于塑造良好的中国形象意义重大。我国作为能源

① 原文链接：http://www.chinadevelopment.com.cn/zk/yw/2016/12/1110961.shtml。

消耗和碳排放大国，始终是国际社会关注的目标，特别是一些西方国家总喜欢拿气候变化问题对中国“说事”。2009年哥本哈根联合国气候大会期间，一些西方国家政治人物和新闻媒体把大会没有能够形成具有法律效应协议的责任推到了中国头上，严重损害了我们国家的形象。虽然造成这一结果的原因很复杂，但是传播不力、话语权不足却是重要原因之一。

经过几年的努力，如今我国政府、媒体和NGO在气候传播议程设计、话语权掌控等方面越来越主动，越来越有能力和水平。去年我国代表团在《巴黎协定》的签署中发挥了重要作用。美国国务卿克里说，《巴黎协定》的签订，“中国的参与很重要”。从哥本哈根会议时的被“污名化”和“妖魔化”，到巴黎会议的被肯定和称道，原因是多方面的，但其中我国政府、媒体和NGO传播能力的提升是重要因素之一。

气候传播仍处于初期阶段

《中国经济导报》：如今，气候传播工作有条不紊地向前推进，在国内外都取得了不俗的成效。您如何评价当前国内外气候传播的现状？

郑保卫：我国的气候传播研究起步较晚，最初主要是从环境的角度介入，研究环境问题和相关报道实践。国内最早将“气候传播”作为一个独立的实践与理论问题，并且将其置于“气候变化”的前提和语境下进行专项研究的，是我们中国气候传播项目中心。2010年我们率先采用了“气候传播”这一概念，并将“气候·传播·互动·共赢”作为研究主题，由此开启了我国气候传播实践与理论研究的进程。

当前，西方国家的研究侧重于媒体的气候传播实践、气候传播的策略与技巧和气候传播中的公众态度及传播效果等。我国的气候传播研究与实践目前都还处于初期阶段，今后还有许多需要我们关注的问题，任重而道远。

《中国经济导报》：在气候传播的过程当中，势必会遇到各种困难，在您看来，目前气候传播工作遇到的最大障碍和困境是什么？

郑保卫：当前气候传播无论在国际还是在国内都还面临着许多挑战。在国际层面，因为气候变化议题和全球气候治理的双重复杂性，国际气候治理规范的完善进程仍面临着许多挑战。另外，在国际传播中如何平衡国家利益，准确地将国际气候治理的复杂性传递给受众，需要气候传播者的智慧和能力。

在国内层面，从国家战略发展层面和国际气候治理高度对气候传播的顶层设计和理论研究还不够。另外，公众对气候变化的影响范围、程度还缺乏科学认知。因此，气候传播研究需要集聚各相关学科的力量，需要得到政府和全社会的爱护、培育和支持。

新媒体为公众参与气候变化带来新机遇

《中国经济导报》：在气候传播中，媒体的作用很独特。请您从中国媒体的参与情况入手，谈谈媒体在气候传播过程中所起到的作用和所遇到的问题。

郑保卫：新闻媒体作为气候变化知识传播者、气候变化议程设置者、气候变化问题监督者和应对气候变化行动推动者，在“五位一体”的气候传播行为主体中居于核心地位。新闻媒体可以借助其独特的信息传播和舆论表达功能，起到传播知识、沟通信息、协调行动、促进合作的作用，促使各行为主体在应对气候变化的行动中相互配合，相互促进，实现互利共赢的目标。

当前，我国新闻媒体在气候传播中应该注意解决以下问题：增强专业性，做好深度报道；增强针对性，细化报道议题；增强互动性，扩大与公众互动；增强贴近性，回应社会关切；增强多样性，丰富传播内容；增强科学性，提升传播水平等。

《中国经济导报》：公众在气候传播的过程中扮演着什么样的角色？您认为应该采取什么样的措施来提高公众对于气候变化的认知意识和参与气候传播的积极性？

郑保卫：气候传播是以寻求气候变化问题解决为目标的社会传播活动，而在实现这一目标的过程中，公众的参与十分重要。可以说，调动公众的参与积极性是应对气候变化，也是做好气候传播的必然选择。

新媒体，特别是社交类媒体的出现，为公众参与气候传播提供了难得的机遇和条件，我们应充分利用各种媒体和传播渠道，特别是社交媒体和自媒体，让受众更好地接受气候变化信息，传达气候变化理念，协调应对气候变化行动，实现气候传播的社会化和大众化，增强气候传播的参与性和互动性。

《中国经济导报》：您曾说过，气候传播的最终目的就是使全社会在气候变化问题上达成共识，使人们更多地去关注气候变化，保护生态环境。那么，究竟该怎么实现这个目标？请您简单谈一下。

郑保卫：这些年我们一直在宣传和强调一个理念，即要建构“政府、媒体、NGO、企业、公众”“五位一体”的应对气候变化的行为主体的行动框架，并实现其良性互动。这一理念充分体现了应对气候变化的社会参与性。

今后的气候传播要进一步筑牢政府、媒体、NGO、企业、公众“五位一体”的行动框架，要让作为“主导者”的政府更加主动，作为“引导者”的媒体更加尽心，作为“推助者”的NGO更加积极，作为“担责者”的企业更加尽力，作为“参与者”的公众更加自觉，要齐心协力，让气候传播真正成为社会共识和全民行动。我想这应该是实现“使全社会在气候变化问题上达成共识，使人们更多地去关注气候变化，保护生态环境”目标的重要路径和基本方法。

《中国经济导报》：未来的气候传播工作还有很长的路要走，对于推进这一工作您有何具体的规划或者时间表？

郑保卫：2013年，在我们与耶鲁大学共同主办的“2013年气候传播国际会议”上，我曾提出要“让气候传播真正形成气候”。3年过去了，如今可以说气候传播在我国已经逐渐“形成气候”。因为气候变化和气候传播已经越来越广泛地被社会与公众所认知，“五位一体”的行为主体行动框架已经基本确立起来，气候传播已经收到了一定的社会效果，产生了一定的社会影响。

然而，未来的气候传播工作还有很长的路要走，我们要朝着新的更高的目标努力。为此，我们需要增强国情意识，扩大国际视野，展现人文情怀、强化专业精神，以提高气候传播的质量和水平，让气候传播更加有思想、有温度、有品质。

增强国情意识，就是要立足于解决我国在应对气候变化、实现绿色发展、建设美丽中国过程中的现实问题，立足于满足社会与公众在气候变化方面的信息需求与表达需要。

扩大国际视野，就是要把气候传播置于气候变化全球共治的视野和背景下设置议程，谋划议题，掌控话语，实施传播。

展现人文情怀，就是要把人民群众对低碳绿色生活的向往和追求作为气候传播的立足点和落脚点，要反映其诉求，表达其心声，维护其利益，弘扬其智慧和奉献。

强化专业精神，就是要以科学精神做好气候传播，要科学解读气候变化知识，善于用通俗易懂的语言和形式传播气候变化，营造应对气候变化的良好社会环境和舆论氛围。

郑保卫：让气候与健康传播走进千家万户[1]

2018年10月24日

记者：林艳华、陶云

中新网南宁10月24日电　“我们把气候传播与健康传播两支队伍聚合到一起，树立起‘气候与健康传播’的旗帜，明确融通聚合气候传播与健康传播的方向，形成一个新的学术领域和研究平台。”中国气候传播项目中心主任、广西大学新闻传播学院院长、中国人民大学新闻学院博士生导师郑保卫表示，要扎实稳步推进气候与健康传播，尤其注重实践推广，让气候与健康传播走进千家万户，为共建共享美丽中国和健康中国作出更大贡献。

郑保卫23日接受中新网记者专访时表示，无数事实表明，气候变化不但对人类的生产和生活环境造成不可逆转的严重破坏，而且对人类生存和健康也带来难以预料的巨大威胁。联合国气候变化专业委员会（IPCC）的第五次评估报告中得出这样的结论：气候变化对人类健康、人类安全、生计与贫困的影响日益突出，而这三个方面都是实现人类福祉的重要内容。该报告指出，人类的健康对气候的变化非常敏感，危害极大。

据介绍，2015年联合国完成的一份评价健康和气候变化关系的报告，认为积极应对气候变化是21世纪全球健康发展的最大机遇。世界银行也开始这方面的研究，并提供类似的研究报告。

基于此，中国气候传播项目中心从2015年开始关注气候变化与健康的关系问题，并考虑如何把气候传播与健康传播融通整合起来，把“美丽中国”与“健康中国”建设相互联系起来。在2016年年底的摩洛哥马拉喀什联合国气候大会气候传播边会上，该中心明确表述了这一想法。

2017年年底，郑保卫受聘于广西大学新闻传播学院担任院长，在作学科布局和科研规划时，他了解到学院的吴海荣老师这些年一直在作健康传播研究，并且取得不少成果，拥有很多学术资源。因此他把气候传播研究资源与健康传播研究资源整合在一起，于今年3月组建成立“广西大学气候与健康传播研究

① 原文链接：http://www.chinanews.com/gn/2018/10-24/8658723.shtml。

中心”，致力于研究气候与健康传播融通整合，构建起气候与健康传播的理论框架和知识体系。

气候与健康传播，是将气候变化影响人类健康的信息及相关科学知识向社会与公众传播并使其理解和掌握，并通过公众态度和行为的改变，以寻求气候变化问题的解决，维护人类健康福祉的社会传播活动。

郑保卫说，在气候传播中五大主体需要各司其职：政府是主导者，媒体是引导者，NGO是推助者，企业是责任者，公众是参与者。其中，要特别重视发挥公众的作用，因为，无论是气候问题还是健康问题的最终解决，都要靠公众的参与和支持。

“广西大学气候与健康传播研究中心”于日前筹办国内首个融通气候传播与健康传播的学术会议“气候与健康传播研讨会”，聚集气候传播和健康传播研究领域的知名专家和青年学者，共同探讨如何在原有研究成果的基础上，打破原先的学科壁垒，克服气候传播与健康传播的“两层皮”现象，进一步整合资源，加强合作，联合攻关，不断拓展研究领域，提升研究水平，争取在气候与健康传播融通整合研究方面有所突破。

郑保卫认为，广西是个有着丰厚自然资源的生态旅游大区，也是著名的健康长寿之地，在广西做好气候与健康传播有着特殊意义和独特优势。广西的气候与健康传播要注意打好“生态旅游牌”和“健康长寿牌”，通过工作让气候与健康传播走进千家万户，让气候意识与健康意识人人知晓、户户明白。

第九章　思 考 展 望

从2009年跟踪研究哥本哈根联合国气候变化大会起，我们的气候传播理论研究和实践活动已经走过了十年的路程。如今，当新的十年即将开始之际，我们有许多思考和展望。我们对当前所面临的形势和所肩负的责任，对未来所承担的使命和所实现的目标，有着清醒的认识和深刻的理解，更充满奋斗的激情和成功的渴望。

一、客观审视国内国际新变局

十年来，在全球范围内新兴经济体，特别是中国在完善全球治理体系过程中扮演着重要的角色。展望未来，我们必须全方位审视当前我国所面临的国内国际新形势新变局。

2009年联合国哥本哈根气候变化大会之后，欧洲主流的声音认为，2009年的历史性谈判是欧洲走下坡路的标志，而中国开始在全球气候变化治理领域崛起，将成为气候变化领域的全球旗手。当然，这是欧洲不自信的表现。事实上，欧盟在推进全球气候变化谈判和国际气候治理，推动欧盟绿色政治，提供示范型绿色公共政策工具，推动制造和商业领域的金融和技术的绿色创新，倡导环保教育，公民行动和全民教育等领域都走在世界前列。需要指出的是，2015年，在法国和欧盟的推动下，在习近平主席和时任美国总统奥巴马的共同努力下，《联合国巴黎气候变化协议》得以顺利签署。即使在美国威胁退出巴黎协议的背景下，自2018年年底的阿根廷G20峰会起，中国、法国和联合国开启了又一个“小多边”进程，协调立场，推动巴黎协议的落实。

过去十年，国际社会经历了“二战”以来最严重的经济危机，同时又遭遇百年未遇之大变局的背景之下，中国在应对气候变化领域也从跟随者、参与者成为贡献者、引领者。因此，发挥引领作用的定位是未来中国气候变化故事的基调。

这体现在，从国内的角度，应对气候变化的国际承诺在思想理论、发展方略、政策实践和公民动员等多个层面进行了转化：生态文明建设成为中国“五位一体”总体布局和实现中国梦国家战略的支柱之一，在“绿水青山也是金山银山”等生态文明理念的指导下，健康中国和绿色中国建设目标高置于中国发展的议题单中；推进生态环境管理体制改革，建立生态环境部，将气候变化谈判职能从发改委转到该部，与反腐同样力度强化环境监察，经济发展换档升级进入新常态，绿色发展已然成为中国推动高质量增长的引擎之一。国家发展目标，如正在实施的“十三五”（2016—2020）经济和社会发展规划，正在制定的“十四五”（2021—2025）规划，以及“两个百年目标”，和十九大提出的中国现代化的2035和2050目标，实现美丽中国，都与应对气候变化、发展模式转型、能源革命等有密切关系。

在国际层面，中国承诺将在2030年前后使温室气体排放达到峰值并主动深化与国际社会的减排合作；中国也是联合国可持续发展目标（SDGs）的重要推动者；气候变化领域成为中国对外援助和南南合作的新领域。值得一提的是，在2013年习近平主席提出“一带一路”倡议之后，该倡议的内涵不断得到丰富。2016年3月，法国的诺欧商学院和中国日报社在巴黎组织了一个论坛，探讨如何充分利用欧洲的绿色技术及专业知识和中国的资本及生产能力，共同建设“绿色一带一路”。当年8月，习近平在推进“一带一路”建设工作座谈会并发表讲话强调，总结经验、坚定信心、扎实推进，聚焦政策沟通、设施联通、贸易畅通、资金融通、民心相通，聚焦构建互利合作网络、新型合作模式、多元合作平台，聚焦携手打造绿色丝绸之路、健康丝绸之路、智力丝绸之路、和平丝绸之路，以钉钉子精神抓下去，一步一步把“一带一路”倡议推向前进，让“一带一路”建设造福沿线各国人民。2017年5月，习近平在“一带一路”国际合作高峰论坛开幕式演讲中倡议，建立“一带一路”绿色发展国际联盟（简称联盟）。联盟定位为一个开放、包容、自愿的国际合作网络，旨在推动将绿色发展理念融入“一带一路”倡议，进一步凝聚国际共识，促进“一带一路”参与国家落实联合国2030年可持续发展议程。2019年4月25日，“一带一路”绿色发展国际联盟在京成立，打造绿色发展合作沟通平台。对“绿色一带一路”理念的丰富进程进行追述，为进一步阐释我国新时代气候传播扩大了活动领域，增加了工作范畴。

“一带一路”倡议是我国对构建人类命运共同体，建立新型大国关系和国际关系的顶层设计，而“绿色一带一路”是这个倡议的重要内容。如何实现“绿色一带一路”，相关国家在应对气候变化上的协调一致是重要抓手。在中国成立了国际发展署，说明社会组织国际化步伐在不断加大。在对外投资不断攀升的背景下，我们需要深入研究守成国家在全球进行绿色援助时的案例，特别是传播战略，以便使我国对外绿色合作和援助能够更加符合国际规范，落地更加顺利，从而能够与受援国合作国家在理念上相互融通，互学互鉴。中国还提出要凝聚全球力量，鼓励广泛参与，提高公众意识。应对气候变化的全球努力给我们思考和探索未来全球治理模式、推动建设人类命运共同体带来宝贵启示。但在国际社会，我们也必须看到，在逆全球化、单边主义、极右主义和孤立主义等思潮和行动的影响下，美国退出《巴黎气候协议》，这一行为对该协议命运，以及我国的传播战略都会带来非常态影响。

我们也要承认，在气候传播和国际传播领域，中国面临的挑战很大，需要我们审视这一在很长一段时间里由西方中心主导的全球治理体系和话语体系的发展流变。总之，我们要看到，应对气候变化从科学到政策，再到转化为国内经济、社会发展实践和国际合作的重要抓手，在很大程度上和在很长一段时间内，话语权和议程设置始终把持在西方国家手中，是其国际传播、发展模式和国际援助着力点的重要组成部分。举例说，从20世纪90年代末期开始，美国就在中国推动排污权交易试点，而中国碳市场的建设也与美国的支持离不开；加拿大从治理淮河污染开始，在中国实施清洁生产计划，帮助中国完成了清洁生产法立法。这些案例说明话语权不是虚无缥缈的，而是由一个又一个生动的实践产生的。

看到挑战，但我们不应妄自菲薄。在2009年我国被西方媒体和政客无端指责和污名化（西方媒体称“中国劫持了哥本哈根大会”）之后，我国政府、知识界、企业界、媒体、智库乃至公众对气候变化和气候传播的研究和实践进行了深刻的再认识，危机意识得到提升。特别是中国人民大学新闻学院教授郑保卫带领的气候传播团队，开创性地对中国气候传播战略定位及行动策略进行深入研究，多次举行国际会议与全球同行进行沟通，出版专著，培养了气候传播专业方向博士，并在他任职广西大学新闻与传播学院院长后，融通气候和健康，成立了广西大学气候与健康传播研究中心，拓展了气候传播理论研究和社会实践的新领域。

联合国政府间气候变化专门委员会（IPCC）前副主席、比利时范•伊佩斯尔（Jean-Pascal van Ypersele）教授2018年10月在广西大学举行的气候与健康传播学术研讨会上表示，中国提出的绿色中国和健康中国理念可以转化为“健康世界”和“绿色世界”。这是典型的利用平台成功引领国际舆论和理论的案例。

展望未来，发挥气候变化与气候传播实践性强的特点，要立足为动员国内力量实现生态文明和绿色发展提供工具箱的使命，同时为我国在国际社会建立人类命运共同体，有效应对气候变化，实现可持续和绿色包容发展，推动“一带一路”建设，在全球层面提供有效的应对气候变化和实现绿色发展的新战略新方案和新概念新表达，贡献中国智慧和中国方案。

二、准确把握国内国际气候传播新动态

为了更加有效地实现行动目标，我们需要把握国内和国际气候传播的最新理论和实践动态。在国内，我们要梳理十八大以来习近平在应对气候变化，实现绿色发展，做好气候传播，以及建构中国特色哲学社会科学学科体系等领域的重要思想和理念进行梳理和研究。

习近平于2016年5月17日在北京主持召开哲学社会科学工作座谈会讲话中指出，一个国家的发展水平，既取决于自然科学发展水平，也取决于哲学社会科学发展水平。一个没有发达的自然科学的国家不可能走在世界前列，一个没有繁荣的哲学社会科学的国家也不可能走在世界前列。他还指出，观察当代中国哲学社会科学，需要有一个宽广的视角，需要放到世界和我国发展大历史中去看。这表明，要更好地推动气候传播研究，将气候变化问题放到国际社会图

景中对比大国传播战略研究应是题中之义。无论中国是跟随者还是引领者，我们都要虚心学习和接受在气候传播领域的国际经验和教训。正如习近平说的："我们既要立足本国实际，又要开门搞研究。"

习近平强调创新实践和增强问题意识是研究的起点。他在讲话中指出：历史表明，社会大变革的时代，一定是哲学社会科学大发展的时代。当代中国正经历着我国历史上最为广泛而深刻的社会变革，也正在进行着人类历史上最为宏大而独特的实践创新。他说，问题是创新的起点，也是创新的动力源。只有聆听时代的声音，回应时代的呼唤，认真研究解决重大而紧迫的问题，才能真正把握住历史脉络、找到发展规律，推动理论创新。

我国政府、媒体、企业、社会组织和公众在气候传播领域的实践，无疑是气候传播研究的重点，更是未来做好气候传播的起点。梳理不同主体在传播过程中遇到的问题也显得更加紧迫。比如政府官员在国内不同的群体传播过程中如何传递恰当的信息和故事并取得好的传播效果值得深入研究；而在国际场合，如何把握传播时机，提炼中国语境中的政策语言，进而将其转化为大众语言，并在适当场合和平台进行有效传播，需要精到的议程设置并进行效果评估。

习近平指出，发挥我国哲学社会科学作用，要注意加强话语体系建设；在解读中国实践、构建中国理论上，我们应该最有发言权。但实际上我国哲学社会科学在国际上的声音还比较小，还处于有理说不出、说了传不开的境地。他的这个判断同样适用于气候传播领域。从总体上说，我国在气候传播中的全球舆论领袖数量少，顶尖科学家数量也不多，有影响力的名记者数量也很少；我国在气候变化领域议程设置、传播工具箱设计、信息提炼、传播效果管理等方面仍需要下大力气。

习近平说，在国际领域，要善于提炼标识性概念，打造易于为国际社会所理解和接受的新概念、新范畴、新表述，引导国际学术界展开研究和讨论。要鼓励哲学社会科学机构参与和设立国际性学术组织，支持和鼓励建立海外中国学术研究中心，支持国外学会、基金会研究中国问题，加强国内外智库交流，推动海外中国学研究。要聚焦国际社会共同关注的问题，推出并牵头组织研究项目，增强我国哲学社会科学研究的国际影响力。要加强优秀外文学术网站和学术期刊建设，扶持面向国外推介高水平研究成果。对学者参加国际学术会议、发表学术文章，要给予支持。学习习近平对哲学社会科学工作的讲话精神，对于气候传播领域的学科建设，进而构建科学的气候传播理论体系，提升我国气候传播的国际传播力、引导力和影响力有着很强的指导意义。

我们还应该看到，技术革命，特别是互联网、移动多媒体、大数据和人工智能等催生的第四次工业革命，将对传媒生态和传播实践产生深刻影响。做好气候传播，必须顺应我们正在经历的技术革命。

我们还要看到，国际环境与气候传播学界有诸多值得我们借鉴和思考的经验。西方环境传播研究起步于20世纪六七十年代，经过半个世纪的发展，已经成长为一个学界普遍认可的学科领域。国际环境传播学会（IECA）对环境传播界定为“关于环境事务的传播”。从这个宽泛的定义出发，我们可以总结出一些启示。

第一，环境与气候传播的主体多元且广泛。从理论上讲，任何从事环境事务、参与环境议题讨论的个人、组织或机构都是传播行动者。这意味着，不管是积极支持环保，还是强烈反对环保的人士，从专业到业余的参与者，都是环境传播者。这给我们的启发是，环境传播研究应该关注到多方主体、多方向的传播行动。

需要特别说明的两点：一是需要打通学界与业界的界限，形成双方的良性互动。在欧美国家，环境倡导历史可以追溯到20世纪六七十年代的左派运动。数十年来西方环境NGO发展出了许多成熟的公众倡导、政府游说方式。进入新世纪之后，它们又依靠互联网发展出一系列在线传播的方式。中国致力于气候变化议题的NGO主要在2007年后起步，如今大部分气候NGO还处于初创和发展期，在组织成熟度和专业性上不及许多大型国际NGO，因而在许多重要事件，比如国际气候变化谈判中，还不能像国际NGO一样扮演重要角色。虽然西方环境NGO的经验在中国的社会环境中会遇到“淮橘为枳”的问题，但是一些专业操作可以为我国业界和学界提供借鉴。比如通过研究成熟NGO如何通过各种方法倡导公众，我们可以总结环境信息在我国的传播规律，了解我国公众对环境议题的特殊解读方式，用以更好地改进行动。二是需要强调多向传播。不少学者已经指出环境传播过程中单向传播的误区。这种传播模式体现在气候变化议题上，即将公众视为被影响和传播的消极群体。一般政府引领的气候传播，往往会依赖这种精英群体主导的单向传播，结果便是政治话语趋于专业化，只属于精英话语，不能够真正影响并动员公众。有西方学者批评中国的环境话语是“没有公众参与的领域”。因此，当我们强调政府为行为主体的时候，要警惕自上而下的单向传播的思路，尊重公众，提高公众参与度。研究发现，当公众获取到足够多的环境信息，感知到自己和议题紧密关联，就会比那些只接触到有限信息、远离决策的公众更可能参与行动。因此我们可以探索和开发政府与公众互动型，以及更有利于公众参与气候行动的政府主导型传播模式。

第二，环境与气候传播必然是一个跨学科的研究领域。环境传播研究的对象，是研究环境议题中传播的角色、方法技巧及影响，主要从传播学、心理学、社会学和环境科学、政治科学汲取理论和方法。我国学者刘涛通过研究国际传播学界最有影响力的数据库“传播与大众媒介合集”1938—2007年70年间上千篇研究文献，总结出环境传播研究的九大领域：（1）环境传播的话语与权力；（2）环境传播的修辞与叙述；（3）媒介与环境新闻；（4）环境政治与社会公平；（5）社会动员与环境话语营销；（6）环境危机传播与管理；（7）流行文化中的环境表征；（8）环境与国际政治外交转型；（9）环境哲学与生态批评。我国气候传播研究还在起步阶段，当前我们尤其应该拓展学科视野，鼓励拥有不同学科背景和擅长不同范式研究的学者一起加入气候传播的研究领域中来。

第三，与其他研究领域相比，环境与气候传播有一个非常显著的特点，即它有鲜明的目标，肩负行动使命。国际环境传播学会认为，环境传播承担有两个广泛的社会功能：其一，传播的目的在于实践。传播本质上讲就是告知、说服、教育和提醒他人。在这个意义上讲，环境传播是一个实用工具，用来传播环境信息。其二，传播是创造意义的过程。传播影响我们如何看待、评价世间万物。因此，环境传播也是我们影响他人如何看待环境问题、发展问题、人与自然关系，继而如何采取行动的过程。

可以看到许多西方环境传播学者不仅思考人类与自然的关系，同时积极投身致力于社会和环境相应的变革。比如，DiCaglio、Barlow和Johnson这三位学者在2018年提出了六点关于环境传播的建议。其中，他们主张环境传播不应该只适应既有的主流观念，而应该追求社会价值的转变。另外，他们还强调知识到经验层面的转变，政策到实地层面的转变、这些建议无不可以应用到我们的气候传播上。

上述情况说明，虽然我国已日益成为国际气候治理的重要角色，同时也成为学界关注的对象，然而我们要看到，国际环境传播研究的重镇依然在北美和欧洲。以中国为代表的新兴经济体国家和广大发展中国家在这方面的研究无论是规模、人数，还是质量、效果都还存在一定差距。今后我们的气候传播要与西方国家同步前进还需要做出很大努力。

三、努力推动气候传播助力“美丽中国”建设和气候变化全球治理

回顾中国气候传播自2009年哥本哈根联合国气候大会以来的十年，可以看到，我们既有许多成功经验，也有不少问题教训，需要认真加以总结。十年中，在国际层面我们既经历了哥本哈根气候大会被人指责的无奈，也收获了助力《联合国巴黎气候变化协议》成功签署的喜悦。在国内层面我们既确立了“环境友好型和资源节约型”“两型社会”的奋斗目标，也形成了习近平“绿水青山就是金山银山”的生态思想；既经历了雾霾肆虐的日子，也看到了政府铁腕治污后“蓝天”回归的景象。许许多多有关气候变化的故事被广为传播。总之，这十年我国政府、媒体、公众、企业和社会组织在组织气候传播，讲述气候故事方面都有长足进步。

今后，我们的气候传播研究应当坚持以问题为导向，对涉及气候变化攸关方的传播策略、行动效果进行全面检视，要全景梳理我国在气候变化领域从跟跑者到引领者的角色转换，以及在传播战略和行动上的成功经验，为实现生态文明和绿色发展目标、推动应对气候变化、促进绿色和可持续发展提供可资借鉴的建议。

具体讲，我国的气候传播研究要在以下几个方面有所突破：

一是要坚持开门研究。要通过学习借鉴国外经验，总结气候传播规律，打造气候传播工具箱，更好地指导气候传播各行为主体做好气候传播。

二是要发展气候传播教育。要坚持面向中小学生和大学生开展气候传播教育，将气象学、生态学、环境科学、发展经济学、政治学、新闻学和传播学等学科相互贯通，实现交叉互动，夯实学科基础，为学科发展储备人才，切实为我国气候传播提供人才供给服务。

三是要凝练气候传播新概念、新范畴、新表达。要不断学习，总结经验，拓宽视野，深化研究，丰富学科知识，凝练气候传播新概念、新范畴、新表达，引导国际国内对气候传播开展深入研究和讨论。

四是要为气候变化谈判中国代表团提供决策咨询和学术支持。要从宏观上研究气候传播的战略定位，从微观上研究气候传播的行动策略，为政府部门，特别是气候变化谈判中国代表团做好建议清单提供学术支持。

五是要在南南合作框架下做好发展中国家媒体从业人员气候传播能力培训。要通过培训，提升发展中国家媒体从业人员气候传播能力，使气候传播团队在世界范围内不断发展壮大，从而更好地为实现气候变化全球治理目标服务。

六是要形成和扩大气候传播研究朋友圈。要联合一切可以联合的力量，搭建起更多更大的学术交流平台，不断壮大研究团队，使我国的气候传播研究成果更多，效果更好，影响更大。

总之，我们要努力做好气候传播，为美丽中国建设和气候变化全球治理继续贡献我们的力量！

说明：比利时鲁汶大学气候传播方向博士研究人员潘野蘅，为该章写作提供了全球气候变化传播研究最新动态；中国日报社中国观察智库资深编辑刘毅为该章写作作出了贡献。

中国气候传播项目中心十年大事记

（2009—2019）

2010年

3月初，《中国日报》环境记者付敬（郑保卫教授在中国新闻学院任教时的学生）同乐施会传播官员王彬彬到人民大学拜访郑保卫教授。他们介绍自己参加哥本哈根联合国气候变化大会的见闻与体会，谈到我国政府、媒体和NGO在会议期间的传播效果问题，感觉由于经验和准备不足，而未能有效把握传播话语权，致使在西方媒体将会议未能取得实际效果的责任推到中国政府身上时，缺乏应对能力。他们建议中国人民大学新闻与社会发展研究中心将气候变化传播能力及效果问题作为课题开展研究。王彬彬表示乐施会可以出资资助项目研究。双方达成协议，共同组建气候传播项目中心，开展相关研究。

3月20日，郑保卫教授应邀参加"绿色媒体的力量：大众传媒与低碳世博"学术对话活动。就"低碳世博与环保公共宣传"的议题，与国内外学者展开对话。

5月16日，中国气候传播项目中心主任郑保卫教授在中国人民大学主持召开"气候•传播•互动•共赢——后哥本哈根时代政府、媒体、NGO的角色及影响力研讨会"，来自国内外政府机构、媒体、NGO和研究机构的50余名官员、学者出席研讨会。这是气候传播项目中心组建以后举办的第一个研讨会，旨在总结、研讨哥本哈根联合国气候变化大会期间我国政府、媒体和NGO在信息与新闻传播方面的做法及其效果，以便为今后的改进和提高提供依据。中心聘请的两位顾问——国务院新闻办原主任、中国人民大学新闻学院院长赵启正和新华社原副社长兼常务副总编辑马胜荣。清华大学原常务副校长何建坤，国家发改委气候变化司司长、中国政府代表团副团长苏伟等出席研讨会。

5月27日，项目中心主任郑保卫教授到联合国计划开发署驻华代表处，会见了该处气候变化高级顾问安杰利思、Goerild Heggelund和新闻官员张薇，就在气候传播领域加强合作问题进行了交流与协商。

7月30—31日，项目中心主任郑保卫教授应邀参加贵阳市政府和北京大学共同主办的“2010生态文明贵阳会议”，在以“生态文明转型背景下的国际传播能力建设”为主题的国际传播分论坛上作题为“从哥本哈根世界气候大会报道看中国媒体的气候传播能力及效果”的主题演讲。

11月10日，“通往坎昆气候传播高级研修班”在北京开班。研修班由中国气候传播项目中心和乐施会共同主办。项目中心主任郑保卫教授和乐施会项目经理梅家永致辞。项目中心顾问、新华社原副社长兼常务副总编辑马胜荣，国家发改委应对气候变化司副司级巡视员孙桢，《中国日报》驻布鲁塞尔首席记者付敬，乐施会中国部传播统筹王彬彬发言，介绍气候变化报道的相关经验、技巧，以及NGO与媒体合作策略。中国新闻社、《南方周末》、《新世纪周刊》、《第一财经日报》、《南方都市报》、新浪网、腾讯网、网易等30余位从事气候变化媒体报道的记者参加了研修班。

12月5日，项目中心主任郑保卫教授首次以观察员身份出席联合国气候大会，并主持“基础四国与墨西哥气候传播边会”。国家发改委能源研究所能源环境与气候变化研究中心主任徐华清、《今日中国》拉美分社社长吴永恒、乐施会墨西哥地区项目协调员Emilia Ramírez、印度人民科学活动国家召集人Soumya Dutta、中国农业科学院农业环境与可持续发展研究所许吟隆研究员、日内瓦环境NGO代表 Christina Stuhlberger等参会并分别发言。来自基础四国和墨西哥的NGO、学者、媒体代表参加了此次边会。中国新闻社在报道中称“这次边会是中国高校首次在国外举办此类会议，也是中国科研机构第一次在国际舞台上启动气候传播议题研究”。

2011年

5月22—23日，项目中心主任郑保卫教授应邀出席在中国大饭店举行的“应对气候变化与绿色低碳发展高级别国际研讨会”。此次研讨会由国家发展和改革委员会应对气候变化司和联合国开发计划署、联合国环境规划署、联合国工业发展组织共同主办。会议期间，郑保卫主任同国家发展和改革委员会副主任解振华、发改委应对气候变化司司长苏伟就开展气候传播研究问题进行了交谈。

6月26日，项目中心主任郑保卫教授参加由中国光华科技绿色基金会和新闻基地联合举办的“绿色媒体论坛”暨“光华绿色媒体联盟”启动仪式。

9月24日，项目中心主任郑保卫教授在中国人民大学会见了美国气候传播专家、耶鲁大学森林与环境研究学院教授安东尼·莱丝洛威茨（Anthony Leiserowitz），并与他就如何应对气候变化及如何开展气候传播等问题深入交流，达成了一定共识。

9月25日，项目中心在中国人民大学举办“气候传播战略国际研讨会”。项目中心顾问、新华社原副社长兼常务副总编辑马胜荣、国家发改委应对气候变化司原副司长孙桢、美国耶鲁大学气候传播项目主任安东尼教授等出席研讨会。会上孙桢提要使气候传播研究实现“内在化”的建议。

10月29—30日，中国国际气候变化论坛在北京举办，项目中心主任郑保卫教授应邀出席会议。本次论坛由联合国工业发展组织与国际节能环保协会共同联合世界有关国家环境部、气候变化部、能源部等伙伴共同举行，本次论坛的主题为“绿色发展：政策与行动”。

12月2日，由中国气候传播项目中心、中国人民大学新闻与社会发展研究中心和乐施会共同主办的联合国气候大会气候传播边会在德班举行。

12月19日，项目中心主任郑保卫做客人民网，就气候传播问题接受记者专访。针对记者的提问，郑教授介绍了中心与乐施会自2010年以来共同组建气候传播项目组，开展气候传播研究的情况，重点谈了12月2日在南非德班主办气候传播国际论坛的情况。

2012年

1月17日，项目中心主任郑保卫教授到国家发改委向解振华副主任汇报气候传播项目组2012年工作思路和计划，征求意见。

2月23日，项目中心主任郑保卫教授在人民大学会见了清华大学中国-巴西气候变化与能源技术创新研究中心主任刘德华教授和巴西里约热内卢联邦大学常驻中国-巴西气候变化与能源技术创新研究中心代表郭逸朗（E. Guperstein）先生。三方就开展气候变化与气候传播研究合作问题，特别是就在巴西举办气候变化与气候传播国际论坛事宜进行了交流和洽谈。

2月29日，由国家民政部、中央社会治安综合治理委员会办公室、中华全国总工会、中华全国妇女联合会等机构指导主办的“第四届中国公益新闻年会暨2011中国公益推动力发布盛典”在北京举行。“中国气候传播项目”被评为“2011年度媒体关注公益品牌项目”。

4月2—3日，项目中心主任郑保卫教授应邀访问耶鲁大学，与该校气候传播项目中心主任、环境与森林学院安东尼教授，副主任丽莎女士商谈科研合作问题。经过协商，双方就在气候传播研究领域开展交流与合作问题达成许多共识，形成了一些合作意向。双方还就开展中国公众气候变化与气候传播认知状况调查的一些细节问题进行了深入探讨和协商。

4月19日，项目中心主任郑保卫教授应邀出席了在布鲁塞尔召开的“欧盟-中国绿色世界合作伙伴关系研讨会”。此次研讨会由欧洲学院主办，来自中国、比利时、英国、法国、德国，以及欧盟组织相关机构的官员、学者200余人出席会议。参加本次会议的中国专家主要来自国家发改委宏观经济研究室、中国环境与发展国际合作委员会、同济大学等单位。

4月20日，中心主任郑保卫教授在比利时参加“欧盟-中国绿色世界合作伙伴关系研讨会”期间，应邀访问了乐施会国际联会驻布鲁塞尔办公室。乐施会国际联会政策总监瑟琳•莎菲蕾亚特、欧盟议题政策顾问里斯•科瑞奈斯特、传播官员安吉拉•科贝伦代表乐施会国际联会会见了郑保卫主任。

5月26—27日，项目中心主任郑保卫教授在中国人民大学主持“第八届中俄大众传媒发展研讨会”，在研讨会上作《气候变化与公共传播》主题讲演。莫斯科大学新闻系和圣彼得堡大学新闻系5位老师参加。此届会议的主题为“信息化时代与公共传播”。

6月2日，项目中心与乐施会、中国人民大学新闻学院等单位共同主办的“气候变化与气候传播‘进社区、进校园、进农村、进企业’”活动启动仪式在中国人民大学举行。来自政府部门、新闻媒体、高等院校、研究机构、NGO组织，以及高校的师生代表共300余人参加。郑保卫主任在代表主办单位的致辞中提出："应对气候变化要靠社会的关注和公众的投入，大家都来践行绿色低碳生活方式，承担起社会责任。"国家发展和改革委员会应对气候变化司司长苏伟，耶鲁大学环境与森林学院教授、耶鲁大学气候传播项目主任安东尼教授和联合国环境记者培训首席专家、英国广播公司原资深环境记者科比先生分别就如何有效传播气候变化知识和记者应该如何做好气候报道等问题作了发言。会上宣读了《应对气候变化我们一起行动》的大会倡议书，呼吁公众关注气候变化影响、传播气候变化知识、积极参与气候变化应对。

6月2日，中国气候传播项目中心顾问委员会成立会议暨顾问委员会第一次会议在中国人民大学举行。全国政协外事委员会主任赵启正、国家发改委副主任解振华、中国人民大学校长陈雨露被聘为顾问委员会主任委员，成员包括马胜荣（新华社原副社长）、苏伟（国家发改委应对气候变化司司长）、何建坤（国家应对气候变化专家委员会副主任、清华大学原常务副校长）、迟福林（中国改革发展研究院院长）、文步高（国家发改委新闻办公室主任）、邹骥（国家应对气候变化战略研究与国际合作中心副主任）、孙学兵（香港乐施会政策统筹总监）、安东尼（美国耶鲁大学气候传播项目主任、环境与森林学院教授）、科比（联合国环境记者培训首席专家、英国广播公司原资深环境记者）、丹尼斯（瑞典21世纪新前线负责人、联合国政策咨询专家）。

6月5日，世界环境日主题为"绿色消费"，项目中心主任郑保卫教授应邀到北京电视台作节目，谈气候变化与气候传播和绿色消费、绿色发展问题。

6月6日，项目中心主任郑保卫教授接待全国低碳经济媒体联盟副秘书长，谈加强交流与合作问题。

6月7日，项目中心主任郑保卫教授应邀参加巴西驻华大使胡格内先生在使馆内举行的午宴，交流即将在巴西举行的联合国可持续发展大会（里约+20峰会）的情况。

6月20日，项目中心主任郑保卫教授到巴西里约热内卢出席联合国可持续发展大会（里约+20峰会）。在中国代表团展馆"中国角"举办主题为"可持续发展战略下的公众参与新路径"的边会，来自中国、巴西、俄罗斯、英国、德国、比利时，以及中国香港等国家和地区的50余位政府官员、高校专家、NGO

人士和媒体记者出席边会，共同探讨如何更好地推动公众参与以实现全球可持续发展。代表主办单位致辞，表示将进一步发挥传播在推动公众参与方面的作用，搭建更多传播和沟通的平台，普及应对气候变化及实现可持续发展的相关知识，推动更多公众参与到可持续发展的行动中来。

6月21日，项目中心主任郑保卫教授应邀出席中国环境与发展国际合作委员会（简称国合会）和中国代表团在中国角举行的“中国环境与发展国际合作委员会成立20周年”主题边会。边会由温家宝总理主持。

11月1日，项目中心主任郑保卫教授出席由中国气候传播项目中心在中国人民大学举办的《中国公众气候变化与气候传播认知状况调研报告》成果发布会。在致辞中指出，此次调研是为了更好地了解和掌握中国公众对气候变化及相关议题的认知状况，其最终目的是唤起公众的气候变化意识、提升公众对气候变化的适应能力、促使公众参与应对气候变化的行动。

11月2日，项目中心主任郑保卫教授应邀出席由中国国际民间组织合作促进会实施的“中国气候变化教育项目”启动仪式，并被聘为项目顾问。在致辞中表示中国气候传播项目中心今后将实施“两路并进，双向使力”的方略，在国际和国内两个领域推进公众参与和适应气候变化与气候传播的行动，并愿意同中国国际民促会合作，在气候变化与气候传播教育方面多做些促进工作。

11月19日，项目中心主任郑保卫教授出席由搜狐网、英国大使馆文化教育处和中国气候传播中心共同主办的“中国寄语多哈”卡塔尔多哈联合国气候大会行前准备会。在致辞中希望参加多哈联合国气候大会报道的记者注意总结以往国际会议报道的经验和教训，增强国际视野，丰富传播方式，提升专业水平，完成好报道任务，并希望媒体记者能够对项目中心的工作予以支持，同时欢迎记者出席将于11月26日—12月7日在卡塔尔多哈举行的第18届联合国气候变化大会。

11月21日，项目中心主任郑保卫教授，应邀出席了由国务院新闻办举办的《中国应对气候变化的政策与行动2012年度报告》（也称“气候变化白皮书”）发布会。项目中心举行“中国公众气候变化与气候传播认知状况调查”一事被收入白皮书。

12月1日，郑保卫主任出席多哈第18届联合国气候大会，并在中国角主持“公众参与全民行动应对气候变化”边会。边会上发布了《中国公众气候变化与气候传播认知状况调查报告2012》英文版的主要结论，并邀请来自美国、瑞士、中国等国嘉宾就如何更好地推动公众参与气候变化应对问题进行了专题研讨。

郑保卫在致辞中强调说公众是应对气候变化的“起点和落脚点”。应对气候变化是一项社会性工作，除了政府的积极努力，以及企业、媒体、非政府组织等中间机构的行动以外，也需要社会与公众的广泛参与。

中国代表团副团长、首席谈判代表、国家发展改革委应对气候变化司司长苏伟先生出席边会并致辞，项目中心执行主任王彬彬介绍了《中国公众气候变化与气候传播认知状况调查2012》英文版报告的主要结论，中国国家应对气候变化战略研究及国际合作中心副主任邹骥，“21世纪新前线”项目组负责人、联合国全球契约政策顾问丹尼斯·帕姆兰（Denis Pamlin）作为专家对报告结论进行了点评。

在“公众参与在应对气候变化中的重要性”专题研讨环节，耶鲁大学气候传播项目负责人安东尼·莱丝洛威茨（Anthony Leiserowitz）、乐施会国际联会政策顾问蒂姆·戈尔（Tim Gore）、美国环保协会中国代表张建宇、创绿中心的李莉娜作了发言。

12月2日，项目中心与耶鲁大学气候传播项目中心在多哈国际展览中心共同举办“中美印三国气候变化公众认知状况与气候传播”边会。项目中心主任郑保卫在致辞中表示：“尽管三个国家国情不同，遭受气候变化影响的程度不同，公众的认知也各有特色，但开展公众调查的目的是一致的，都是为了了解公众的气候变化认知状况，为提升公众气候变化意识，推动公众参与应对气候变化提供数据参考。从调查结果看，中美印三国公众均支持政府应对气候变化，这就为开展比较研究奠定了基础。”

耶鲁大学气候传播项目负责人Anthony Leiserowitz教授、中国气候传播项目中心执行主任王彬彬和印度学者Jagadish Thaker对中美印三国公众气候变化认知状况进行了对比分析

这是中国气候传播项目中心第一次通过与耶鲁大学气候传播项目联合发布中美印公众气候变化认知状况调查报告的形式，将三个国家的调查数据带到联合国气候变化大会上。

2013年

2月21日，项目中心主任郑保卫教授应邀出席“留住蓝色地球之美丽中国低碳行”启动仪式。中国气候传播项目中心的王彬彬、李玉洁、吕美、任媛媛等也应邀参加。此次活动由国家应对气候变化战略研究和国际合作中心主办。国家发改委应对气候变化司司长苏伟和国家应对气候变化战略研究和国际合作中心副主任邹骥到会致辞。

6月21日，中国气候传播项目中心在北京钓鱼台国宾馆举行《四类低碳人：中国城市公众低碳意识及行为调查报告》发布会，项目中心主任郑保卫教授出席会议并致辞。调查实施单位中国传媒大学调查统计研究所丁迈老师，以及中国气候传播项目中心执行主任、乐施会气候变化项目经理王彬彬，项目中心成员、乐施会气候变化项目官员吕美分别就调查方法及相关内容与结论作了发言。郑保卫教授在致辞中表示，设立“低碳日”，这在世界上是一个创举，这一行动再次表明了中国政府应对气候变化的决心。“低碳日”的设立，使得低碳意识真正落到民间，落到低碳行动的基础上。通过低碳日活动，会有越来越多的老百姓意识到低碳同自己日常生活的紧密联系，并且会自觉行动起来，真正实现“人人低碳”。

9月27日，由中国网、新浪网、中华网、环球网等近20家媒体联合主办的“美镜中国2013绿色盛典”活动在北京举行。“中国气候传播项目”获“2013最佳绿色公益项目奖”；项目中心主任郑保卫教授获“2013最佳人物奖”。

10月9日，项目中心主任郑保卫教授接受中新社专访，中新网以“让气候传播能够真正‘形成气候’”为题播发。此次专访是为迎接即将举行的2103气候传播国际会议进行的。在专访中郑保卫主任向记者表示，此次国际会议的目标是“搭建交流平台，聚合研究团队，凝聚学术共识，扩大世界影响”，使气候传播能够真正“形成气候”，进而使气候变化成为公众的重大关切，以推动全社会应对气候变化的自觉行动。

10月11日，由中国气候传播项目中心，中国人民大学新闻与社会发展研究中心，中国人民大学环境学院、新闻学院和统计学院联合主办，乐施会协办的“2013气候传播国际会议中文专场暨中国气候传播项目中心专家委员会成立大会”，项目中心主任郑保卫教授出席会议并代表主办单位致辞。

10月11日，项目中心主任郑保卫教授会见前来参加2013气候传播国际会议的耶鲁大学气候传播项目负责人安东尼教授一行及其他外宾。

10月12—14日，项目中心主任郑保卫教授出席由中国气候传播项目中心、耶鲁大学气候传播项目、中国人民大学新闻与社会发展研究中心、乐施会、中国人民大学新闻学院和联合主办，中国人民大学环境学院、中国人民大学统计学院、欧洲学院、联合国气候变化与环境主题工作组、中国新闻出版研究院等协办的“2013气候传播国际会议”，在中国人民大学举行。郑保卫主任代表主办单位致辞，指出此次会议是世界气候传播领域首届大规模的会议，会议的目的是为各国专家学者提供学术交流平台，打造气候传播研究的学术共同体和人际网络；分析基本理论，探讨气候传播理论和知识体系的建构思路；研究政府媒体NGO公众企业等传播主体的角色定位，及其传播策略和方法。来自联合国相关机构、国内外高等院校、研究机构、新闻媒体、非政府组织、企业界的100余名代表出席了会议。

10月14日，项目中心主任郑保卫教授在闭幕式上的总结发言中概括了研讨会明确的10个共识：气候变化正在发生；气候变化主要是人为因素造成的；气候变化归根到底是个发展问题；气候变化需要共同应对全球治理；气候变化的治理和应对离不开媒体与传播；气候传播要把握五大行为主体；气候传播的核心主体是公众；气候传播要掌握技巧、注重效果；要让气候传播研究渐成气候；借助气候传播的纽带建立友谊、加强联系、开展合作。表示希望这些认识能够成为与会者的共识，能够为以后的气候传播研究扫清认识上的一些障碍，能够为中国同国内外朋友加强联系、建立友谊、开展合作奠定基础。

11月12日，项目中心主任郑保卫教授应欧洲学院院长Jörg Monar教授的邀请，访问了位于比利时布鲁塞尔的欧洲学院，双方就在气候传播领域开展科研合作的问题进行了深入交谈，并达成了初步合作意向。

11月18日，“气候传播和公众意识”边会在华沙第19届联合国气候变化大会中国角举行。郑保卫主任应邀出席此次边会，在开幕式上致辞并作了题为“新闻媒体在气候传播中的角色与影响力分析”的主题演讲。郑保卫教授在演讲中提出，气候传播战略研究不应该拘泥于一国的研究，而应该寻求国际合作与经验分享，以提升各国气候传播的能力，增强气候传播的效果，真正让气候变化信息能为各国公众所接受，从而促使他们积极地参与到应对气候变化的行动之中。此次边会是由中新社和国家发改委国家气候司战略规划处共同主办的，是华沙联合国气候变化大会“中国角”17场系列边会之一。

2014年

1月14日，项目中心主任郑保卫教授应邀参加了由国家气候变化战略研究与国际合作中心举办的“应对气候变化宣传教育培训专家研讨会”。会议由中心副主任邹骥主持，国家发改委应对气候变化司司长苏伟致辞，中心信息与培训部负责人张志强介绍了该中心承担的“公众参与气候传播战略研究”课题的成果，与会者围绕该成果形成的结论和提出的问题，就如何加强气候传播的顶层设计，如何做好气候变化的宣传、教育和培训工作，如何实行正确的气候传播战略与策略，如何形成气候传播的合力等话题展开了广泛研讨。

2月17日，项目中心郑保卫主任在北京会见了日本早稻田大学新闻学研究院负责人、《每日新闻》原副总编辑濑川至朗教授。郑保卫主任向濑川至朗教授介绍了新闻与社会发展研究中心的基本情况，并重点介绍了中国气候传播项目中心近年来开展气候传播研究的情况。他表示，中国公众对气候变化问题的认知和关注程度还不够，需要政府、媒体、NGO和企业共同努力，做好气候传播工作。而在这一方面，中日学者可以加强合作与沟通，为共同推动全球应对气候变化献计献策。项目中心副主任李玉洁和项目组核心成员叶俊参加了会见。

2月27日，2014年“应对气候变化媒体课堂”第一期活动在国家林业局举行。此次活动由国家应对气候变化战略研究和国际合作中心、中国绿色碳汇基金会、中国气象局公共气象服务中心和中国人民大学新闻与社会发展研究中心共同发起和举办。项目中心主任郑保卫教授，以及国家发改委应对气候变化司战略处处长田成川、中国绿色碳汇基金会秘书长李怒云、中国气象局公共气象服务中心副主任李海胜、北京林业大学教授李铁铮等出席活动并发言。

3月20日，中国气象局气象宣传与科普中心和公共气象服务中心等单位共同组织录制《直击天气：与科学家聊“天”》电视节目。项目中心主任郑保卫教授应邀作为访谈嘉宾参加录制工作。节目由中国气象台《天气预报》节目著名主持人宋英杰主持，参与访谈的嘉宾还有国家气候中心气候变化适应室首席孙颖女士和中国科学院气候学博士后李汀女士。

8月12日，项目中心主任郑保卫教授应邀做客人民网，就“中国气候变化传播与公众参与”问题接受强国论坛访谈。此次访谈是中欧社会论坛同人民网共同组织的2014巴黎气候大会中欧对话系列访谈节目之一。参与12日访谈的还有中国工程院原副院长、国家应对气候变化专家委员会主任，也是中国气候传播项目中心专家委员会主任杜祥琬院士，他的访谈题目是“气候变化的科研共识，减缓和适应是关键”。

8月30—31日，项目中心主任郑保卫教授应邀出席由国家气候战略中心主办的“2014中国低碳发展战略高级别研讨会”，并作为点评嘉宾参加了“社会治理与体制创新”专场研讨会。国家发展改革委副主任解振华、国务院发展研究中心主任李伟、国务院扶贫办主任刘永富、清华大学校长陈吉宁等出席开幕式并致辞。国家发展改革委气候司司长苏伟主持开幕式。国家气候变化专家委员会主任、“中国低碳发展宏观战略研究项目”专家委员会主任杜祥琬院士，国务院参事、科技部原副部长刘燕华，中国气象局原局长、中国科学院院士秦大河，清华大学原常务副校长、国家气候变化专家委员会副主任何建坤等作主题发言。

11月1日，“世界青年论坛气候变化分论坛——绿色未来与青年创新”和利马联合国气候变化大会青年代表团出征仪式在中国人民大学逸夫会议中心举行。项目中心主任郑保卫教授出席活动并作开场致辞。郑保卫主任在致辞中说：“气候变化是一个全球共同关注的话题，它关系到人类的生存和发展，关系到世界的前途和命运。青年人是世界的未来，是社会公益行动的主体，也是应对气候变化的主力军。在当前气候变化问题日益严峻的情况下，每个青年人都应该关注气候变化议题，都应该成为传播环保理念和践行低碳行动的先锋。”郑保卫主任希望通过这次论坛活动，各位青年朋友能够共同研讨“气候变化与全球治理”的议题，展示“绿色时代青年创想家”的风貌。为更好地应对、减缓和适应气候变化作出青年人应有的贡献。他希望更多的青年朋友能够尽快行动起来，积极投入到应对气候变化的事业之中，为实现绿色发展、为建设美好生态、为保护我们美丽的地球家园作出自己的贡献。

11月15日，项目中心主任郑保卫教授应邀出席了在杭州举行的“2014海洋文化传播与海洋文化产业国际学术会议”，并作了题为“论我国海洋文化传播的战略定位与策略思考”的基调发言。郑教授在发言中结合中国气候传播项目中心近年来的实践，对如何打造海洋文化传播的国际平台、提升我国海洋文化传播的国际影响力提出了建议。郑教授最后总结说，海洋文化传播对于维护国家的海洋权益、塑造国家的海洋形象、助推国家的海洋战略至关重要，其相关研究大有可为。

12月1—5日，中心主任郑保卫到巴黎参加由中欧社会论坛主办的“应对气候变化反思社会发展模式共建公民伦理暨中欧社会论坛第四届大会”，来自中国和欧洲的知名企业家、政府官员、专家学者、NGO从业者、青年代表、媒体记者，以及公民个人总共300余名嘉宾出席大会。项目中心主任郑保卫教授作为此次大会顾问应邀在开幕大会上发言，并作为第七场分论坛（主题为“低碳意识教育传播与公民个体行为”）中国主办方代表同法国主办方代表、法国4D协会执行主任Vaia Tuuhia女士共同主持了该场研讨会。在分论坛上，作了题为“加强气候变化信息传播推进应对气候变化社会行动”的主题演讲。

12月5日，在2014年中欧社会论坛巴黎气候变化大会上，讨论通过了《中欧社会应对气候变化共识文本》（以下简称《共识文本》），这是此次会议最重要的成果之一。4月，中欧社会论坛组成专门的起草委员会开始《共识文本》的起草工作。受论坛委托，项目中心主任郑保卫教授与中山大学地球环境与地球资源研究中心主任周永章教授共同作为中方总指导，负责主持起草工作。经此次巴黎大会讨论通过的《共识文本》将提交正在举行的利马联合国气候变化大会。正式文本将在继续完善、修改之后于明年春天发表，并提交欧盟委员会及中国和法国政府，以期为2015年年底在巴黎召开的联合国气候变化大会（COP21）提供参考。

12月8日，项目中心郑保卫主任出席在秘鲁利马召开的联合国气候变化大会，并同国家气候变化战略研究和国际合作中心、中新社，在中国角共同举办了题为“气候传播与公众意识主题边会”。中国代表团团长、国家发改委副主任解振华应邀到会并发表重要讲话。

12月8日，项目中心郑保卫主任在出席利马联合国气候变化大会期间，应邀出席多场专题会议。8日下午，郑保卫主任应邀出席了由中国低碳联盟等单位在中国角共同举办的“中国企业低碳发展论坛及‘今日变革进步奖’颁奖典礼”，并作为点评嘉宾对企业如何增强社会责任、坚持低碳发展作了评论。他提出低碳发展是坚持可持续发展的必然要求，也是社会与公众的企盼，企业应抛开自身利益，站在国家、民族和人类利益的高度，用踏踏实实的行动发展低碳、保护生态、促进国家的可持续发展。

12月9日，项目中心郑保卫主任应邀出席了由中国国际民促会等单位联合举办的“第三届中国、欧洲、南美三方对话会”。与会者就三方NGO如何加强相互间的交流与合作问题展开了深入研讨。针对外国朋友对中国改革与发展提出的一些疑问，郑保卫教授在发言中谈到，中国的发展道路是中国人民总结历史的经验教训，依据中国国情作出的选择，中国走的是和平发展道路，愿意与欧洲和南美国家加强包括气候变化在内的各个领域的交流与合作，实现共同发展。郑教授说，三方虽存在差异，但也面临着许多共同问题，特别是在应对气候变化领域，因此，应该求同存异，相互学习借鉴，以实现互动共赢。而在这方面，NGO组织可以发挥重要作用。

12月11日，郑保卫主任参加了在联合国气候变化大会主会场的会议，听了法国、刚果、圭亚那、斯洛文尼亚、毛里求斯、乌干达、几内亚比绍、越南、老挝、柬埔寨、缅甸等十几个国家的环境部部长及相关负责人，以及联合国气候变化框架公约秘书处执行秘书菲格雷斯和美国前副总统戈尔的发言。他们在发言中都对当前气候变化给人类带来的灾难表示重大关切，认为气候变化已经不仅仅是一个环境问题，也不仅仅是一个遥不可及的虚幻的问题，而是成了一个全世界和全人类当前就应该紧急行动起来共同面对的重大社会问题和政治问题，世界各国政府、每个社会成员都应该为减缓、适应和应对气候变化作出贡献。

2015年

1月5日，由中国人民对外友好协会、绿色低碳发展智库伙伴、中国民间气候变化行动网络联合主办的“联合国利马气候大会分享会”在对外友协和平宫举行。来自外交部、中国人民大学、新闻媒体和NGO等亲历利马大会的代表，从不同角度对本次利马气候大会的成果及谈判过程进行了分享与交流。清华大学能源环境经济研究所、中华环保联合会、欧美同学会、世界自然基金会，以及一些媒体的代表参加了会议。项目中心主任郑保卫教授应邀出席会议，并作了题为“全球应对气候变化进入新时间——从巴黎到利马的见闻和体会”的大会发言。郑保卫教授在发言中谈了他先后参加巴黎和利马气候大会的见闻与体会，并结合近年来我国政府、媒体和NGO在联合国气候大会上的行动实践，提出了要构建起政府主导、媒体引导、NGO推助、公众参与、企业担责的“五位一体”应对气候变化的行动框架，同时建议加强政府、媒体与NGO的互动，大力推动气候传播工作的开展。他还提出了“全球应对气候变化进入新时间”的观点，认为以2014年12月份的巴黎会议和利马会议作为一个节点、作为一个时间段来看，此后一年时间全球应对气候变化面临着一个全新的形势。2015年这一年是非常重要和关键的节点和时间段，需要大家共同努力，为促成2015年巴黎第21届联合国气候变化大会能够达成一个具有法律效应的协议文件贡献自己的智慧和力量。

4月28日，项目中心与国家发改委国家气候战略中心、中国碳汇基金会、中国气象局公共服务中心在中国科技会堂共同举办2015年度“应对气候变化媒体课堂”。郑保卫主任应邀出席并发言。

6月24日，郑保卫主任应邀出席宋庆龄基金会气候变化国际圆桌会议，作《气候变化、气候传播与气候正义》大会发言，首次在中国气候变化领域提出了“气候正义”与“气候正义传播”概念，强调气候正义关乎全球气候治理的实现与国际气候制度的建立，做好气候正义传播意义重大；提出媒体要搭建公共讨论平台，探讨最具合理性的气候正义原则，并且要善于掌控话语权，提升传播力，为建立符合气候正义的国际气候制度贡献智慧。此后，他先后在多所高校和研讨会上作以气候正义及其传播为题的学术报告。

11月23日，应邀参加世界青年论坛2015北京峰会，作题为“青年人与气候变化”的主题发言，并在世界青年论坛巴黎气候大会出征仪式上致辞，指出世界的未来在青年，未来气候变化全球治理的希望也寄托在青年身上，中国青年应该担负起这一使命，作出自己的贡献。

11月30日—12月6日，郑保卫主任出席巴黎第21届联合国气候大会。

11月30日早晨，到达巴黎，赶往会场聆听习近平主席在大会开幕式上的讲话。深受鼓舞，感受到中国政府和中国人民应对气候变化的奉献与担当精神。

12月2日，在中国角主持“气候变化与公众参与”边会，致辞并作题为“气候变化与气候正义”的主题发言。杜祥琬院士等出席，张志强、王彬彬、付敬等参加。

12月3日，在中国角出席气候变化中美城市论坛。

12月5日，出席中国代表团新闻发布会和世界青年论坛中国代表团联欢会。

此次气候大会在各国代表团的共同努力下实现了人们多年来期待的目标，达成了《巴黎协定》。中国国家领导人和中国代表团作出了重要贡献。

回国后，先后为武汉大学新闻与传播学院、武汉大学法学院、西南政法大学新闻与传播学院学生作讲座“巴黎气候大会见闻与思考”。

12月22日，参加中国国际民促会巴黎气候大会分享会，谈参加巴黎会议感受，并对今后如何做好气候传播，为《巴黎协定》的实施营造良好的舆论氛围，创造良好的社会条件。

2016年

6月30日，项目中心举行工作会议，商讨举办“绿色发展与气候传播研讨会”事宜。郑保卫主任主持，张志强、徐红、鞠立新等参加。

9月6—12日，郑保卫主任与项目中心专家委员会主任委员杜祥琬院士、项目中心气候传播形象大使宋英杰主播，应邀作为顾问参加中国气象局主办的“应对气候变化•记录中国——走进新疆”采访考察活动，先后实地考察了天山冰川、风力发电、吐鲁番坎儿井、克拉玛依油田等地，了解了气候变化对新疆古丝绸之路自然灾害应对、能源、生态、经济等多方面的影响，以及当地应对气候变化和自然灾害采取的新办法、新举措，指导媒体对新疆应对气候变化情况作了一次集中报道。

9月24日，郑保卫主任应邀参加中央财经大学绿色金融国际研究院成立大会，就如何做好绿色金融传播发表演讲，并被聘为研究院顾问。

11月9—14日，郑保卫主任应邀出席马拉喀什参加第22届联合国气候大会。

11月12日，项目中心在马拉喀什联合国气候大会中国角举办气候传播边会，郑保卫主任致辞并作题为“绿色发展与气候传播”的主题发言。

12月17日，项目中心在中国人民大学主办“绿色发展与气候传播研讨会”，杜祥琬院士、马胜荣、潘进军、丁俊杰、宋英杰等80余人参加。郑保卫主任发表题为“积极推动绿色发展，努力做好气候传播”致辞。项目中心团队王彬彬、张志强、李文竹、李晓喻、杨柳等介绍研究成果。

中国传媒大学绿色低碳发展与品牌传播研究中心同时举行揭牌仪式，郑保卫主任被聘为顾问，中心主任为鞠立新。

12月18日，“绿色发展与气候传播研讨会”举行中国传媒大学绿色低碳发展与品牌传播研究中心与天津市精武镇战略合作协议签字仪式。代表们讨论今后行动计划与合作模式。郑保卫主任在闭幕式作《让气候传播真正成为社会共识全民行动》的总结讲话。

12月22日，连日来，全国中东部地区出现大面积雾霾，各地发出预警，北京车辆限行、中小学停课，市民议论纷纷，人们切身感受到了气候变化对社会生活带来的巨大影响。

2017年

1月12日，郑保卫主任应邀参加由一点资讯和中国天气网共同举办的题为“一点•新气象”的战略合作发布会，对两家传媒机构共同打造气候传播平台，实现融合共赢表示支持和期待。

2月18日，郑保卫主任应邀参加中央财经大学绿色金融国际研究院第一届理事会第二次会议暨学术委员会第一次会议，被聘为研究院学术委员会委员。在会上作气候正义与绿色金融传播发言，强调加强传播是做好绿色金融的保障，倡导要将“气候正义”概念引入绿色金融传播之中。王瑶院长主持会议，理事会主要成员暨全体学术委员会委员出席。

2月20日，郑保卫主任主持中国气候传播项目中心会议，研究2017年工作。张志强、王彬彬、赵新宁等参加。会议确定2017年为气候传播学术年，要做好学术研究、公众调查、典型总结、学术推广等工作，办好气候传播学术研讨会。

5月3日，郑保卫主任应邀参加国家信息中心“低碳中国行”公益活动组织实施及宣传推广项目启动会，就信息中心与民促会共同承担的项目作论证。科技部原副部长、国家应对气候变化专家委员会主任刘燕华、国家发改委气候司副司长孙桢、国务院新闻办詹安玲等出席。

9月8日，郑保卫主任应邀访问青岛大学新闻与传播学院，与院长赵秀凤、新闻系主任姜昕及赵星耀等商议开展气候传播与健康传播研究。

10月26日，郑保卫主任应徐红老师邀请给中南民族大学新闻系学生作题为“气候传播在中国”的讲座。

11月1日，郑保卫主任参加《2017年中国公众气候变化与气候传播认知状况调研报告》发布会并致辞，王彬彬介绍调查分析报告。

11月8—12日，郑保卫主任应邀参加波恩第23届联合国气候大会。波恩是当年东德首都、联合国气候大会秘书处所在地。此次会议由斐济承办，斐济委托波恩代办。

11月10日，气候传播边会在中国角举行，中国驻德国大使馆经济参赞致辞，郑保卫教授作题为“中国气候传播的理论探索与社会推广”的主题演讲，王彬彬介绍第二次调研成果，安东尼介绍美国最新调研情况。联合国气候大会秘书处代表、联合国可持续发展目标推进办公室官员、世界银行官员、浦东干部学院代表，以及陈素平等发言。

11月10日下午，举行中美公众气候变化认知状况比较研讨会，王彬彬、安东尼分别介绍中美的最新调研情况。

2018年

3月，受聘广西大学新闻传播学院院长的郑保卫教授在进行学院科研规划和学科布局时，建议将自己拥有的气候传播研究资源与广西大学新闻传播学院吴海荣教授拥有的健康传播研究资源整合起来，即打通气候传播与健康传播，组建“广西大学健康与气候传播研究中心”，作为学院的四个研究方向之一。

9月17日，郑保卫教授应邀出席“第三届中国（深圳）国际气候影视大会”，作主题演讲，结合深圳航都文化产业公司的做法及经验，强调要重视发挥企业在应对气候变化、做好气候传播方面的作用。

10月20—21日，首届气候与健康传播研讨会在广西大学举行。郑保卫教授代表学院和研究中心致辞，并作“做好气候与健康传播　建设美丽和健康中国”的主旨报告。联合国气候变化专业委员会原副主席范·伊佩斯尔（Jean-Pascal van Ypersele）作主旨报告；马胜荣、黄浩明、宋英杰、比利时布鲁塞尔大区议员大区环保原部长EvelyneHuytebroeck女士、瑞典环保组织顾问丹尼斯、潘进军、祁晓霞、吴海荣、傅华、赵大兴、罗桂香、项定先、姜超、陈素平等作大会演讲；詹安玲、刘新传、陈玉、诸葛蔚东、徐美苓、唐远清、余易安、鞠立新、姜昕参加对话；张志强、付敬、王彬彬、徐红、鞠立新、祁晓霞、姜昕等团队骨干出席。

12月6—11日，郑保卫教授应邀出席卡托维兹联合国气候大会。张志强、王彬彬、覃哲参加大会。

12月7日，项目中心在中国角举办气候传播边会，解振华出席并致辞。郑保卫主任作题为“做强做大中国气候传播 为气候变化全球治理作出更大贡献”的主旨发言。

同日，郑保卫教授出席世界青年联盟（中国）新闻发布会并致辞，希望中国青年发挥先锋和引领作用。张志强、王彬彬、俞岚、詹安玲、陈素平、王则开等参加。

2019年

1月13日，郑保卫教授到中南民族大学文学与新闻传播学院，与陈俊俊院长商谈承办第二届气候与健康传播研讨会和组建气候传播研究机构事宜，与徐红谈组建气候传播研究机构和共同申报国家社科基金项目问题。

1月27日，完成国家社科基金重点项目“生态文明建设与绿色发展理念背景下气候传播的战略定位与行动策略”气候传播项目申报工作。

3月24—26日，郑保卫教授应邀到百色靖西市考察。先后考察龙邦口岸、旧州古镇、鹅泉景区，感觉靖西风景秀丽、生态良好，印象深刻。

3月25日上午，郑保卫教授参加靖西市委市政府组织的座谈会。市委常委兼宣传部部长黄敬文主持，市委和市政府办公室，市发改委、环保局、卫生健康局、文体旅游局等单位负责人出席。黄部长谈欠发达地区处理经济发展与环境保护关系的做法和思考：做好功能规划；严格管控企业行为；加强企业转型升级；通过提高对环境保护的认识；加快战略性规划等。

郑保卫教授在发言中谈到，对欠发达地区来说，“发展是硬道理”，但是“环境是大事情”，因为它关系永续发展的大问题。要处理好两者关系最好的办法是以“绿色发展”为理念、目标和标准，在发展经济的同时注意做好环境保护和生态建设。因此关注环境和生态问题，做好气候与健康传播是一项重要任务。对该市北部工业区建设中铝矿开发污染问题，郑保卫教授提出要尽可能减少污染，及时做好生态修复，避免出现一些发达地区出现过的破坏生态、先污染后治理的问题。经商议双方达成合作意向：将靖西作为广西大学气候与健康传播研究中心的工作点，双方开展环境保护、生态、卫生、旅游等方面的合作。

9月21日，郑保卫教授应邀参加“2019中国（深圳）国际气候影视大会”开幕式，作题为“气候传播的使命与责任”的主旨演讲；杜祥琬、孙桢、张志强、詹安玲、鞠立新等到会；联合国有关机构、法国大使馆文化参赞等应邀出席。民营企业家陈素平经过几年努力，把这一项目不断做大做强做出了影响，成为做好气候传播的典型。

9月28日，郑保卫教授获批的气候传播国家社科基金重点项目“生态文明建设和绿色发展理念背景下气候传播的战略定位与行动策略”在广西大学举行开题会。课题组组长为清华大学李希光教授，成员有潘进军、李鹏、詹安玲、荆卉、龙斌、罗桂香。郑保卫教授介绍了气候传播项目十年成果及重点项目立项过程，项目组成员徐红报告了项目的主要内容及研究规划，之后专家组成员就项目进行了论证，提出了建议意见。专家们认为该项目在生态文明建设和绿色发展理念引领下，站在“人类命运共同体”建设、“气候变化全球治理”等国家战略的高度，研究我国气候传播对内对外的总体战略定位，同时研究政府、媒体、NGO、企业、公众和智库等传播主体的气候传播话语体系与行动策略，站位高、价值大，框架合理、研究对象明确，研究方法得当、项目可行性强，建议多增加典型案例研究、多开展学科交叉研究、多为国家相关部门提供科研成果要报等。到会课题组成员有黄浩明、付敬、徐红、李晓喻、杨柳、覃哲、祁晓霞、杨建宇等。

11月3日，第二届气候与健康传播研讨会在中南民族大学举行，郑保卫教授致辞，并作题为“气候传播的历史使命与时代担当——中国气候传播十年回望与思考”主题发言，回顾中国气候传播十年走过的路程，提出要不忘初心，牢记使命，继续前进，再创佳绩，为促进生态文明、绿色发展，推动美丽中国、健康中国建设，为实现气候变化全球治理目标，担负起我们的使命和责任，贡献出我们的智慧和力量。

12月7—13日郑保卫主任出席在马德里举行的第25届联合国气候大会。项目中心核心成员张志强、王彬彬，以及广西大学气候与健康传播研究中心主任吴海荣参加了此次大会。

12月9日上午，由中国气候传播项目中心、中国新闻社和国家气候战略中心共同主办的气候传播国际边会在马德里第25届联合国气候变化大会中国角举行。中国气候传播项目中心主任、广西大学新闻与传播学院院长、广西大学气候与健康传播研究中心名誉主任郑保卫教授出席边会并作主题演讲。边会由项目中心执行主任、国家气候战略中心综合部副主任张志强主持。

12月10日下午4时，由中国气候传播项目中心主任郑保卫率领的团队，在马德里联合国气候变化大会新闻发布厅举行了“中国气候传播十年新闻发布会”。郑保卫教授在发布会上回顾了中国气候传播十年工作历程，总结了取得的成绩和经验，表示今后将以习近平新时代生态文明建设思想为指导，以促进低碳绿色可持续发展和气候变化全球共治为目标，联合一切可以联合的力量，搭建起更多更好的学术交流平台，不断壮大研究团队，使我国的气候传播研究队伍更强、声音更响、成效更好、影响更大。让气候传播之花遍地开放，在中国，乃至在世界真正形成大气候，为促进美丽中国和健康中国建设，为实现气候变化全球共治的美好愿景，为保护我们共同的地球家园作出更大贡献！

中国气候传播项目中心团队核心成员、清华大学气候变化与可持续发展研究院项目主管王彬彬、国家气候战略中心综合部副主任张志强、广西大学气候与健康传播研究中心主任吴海荣，以及中国国际民间组织促进会副秘书长王香奕和深圳标新科普研究院理事长陈素平等参加了发布活动，他们分别从政府、高校、媒体、NGO、企业等不同角度介绍了气候传播的做法与经验。

编 后 语

中国气候传播研究已经走过了十年发展之路，适时总结其经验成果、探索其学理规律、展望其未来发展是我们的良好愿望，也是应该承担的责任。如今《从哥本哈根到马德里——中国气候传播研究十年》一书终于完稿付梓，作为书稿的主编，特别是作为我国气候传播研究的倡导者、参与者和见证者，我心里感到无比欣慰！

此书能够顺利出版，首先要感谢燕山大学出版社陈玉社长的精心策划，以及孙志强编辑的细致工作和各相关环节工作人员的共同努力；其次要感谢项目中心团队全体成员，特别是几位副主编的辛勤付出；再是要感谢为书稿提供各种资料和照片的朋友。

本书各章节写作分工如下：

第一章至第四章由王彬彬整理资料撰写初稿，郑保卫补充润色修改定稿。

第五章分别由中国传媒大学绿色低碳发展与品牌传播研究中心鞠立新、新乡学院中原气候传播研究所祁晓霞和广西大学气候与健康传播研究中心覃哲提供材料，郑保卫修改定稿。

第六章前三节收入的是郑保卫教授在中国人民大学新闻学院招收的三位博士生王彬彬、张志强和杨柳的博士学位论文节选，第四节是郑保卫教授2019年在广西大学获得立项的国家社会科学基金重点项目“生态文明建设和绿色发展理念背景下我国气候传播的战略定位和行动策略”的论证报告摘要，主要撰稿人为徐红、郑保卫、覃哲。

第七章和第八章由王彬彬作资料编辑，郑保卫编改定稿。

第九章由付敬和潘野蘅撰稿，郑保卫修改定稿。

张志强、李玉洁、李文竹、赵新宁参加了一些章节的资料收集工作。

书稿中的照片大多是由中国人民大学新闻与社会发展研究中心、中国人民大学新闻学院、乐施会及相关会议主办单位的老师和学生拍摄的，还有一些是深圳航都文化产业公司提供的，其中有关陈雨露校长的照片由中国人民大学档案馆提供，最后由郑保卫选定。

参与照片搜集工作的有张志强、王彬彬、付敬、李玉洁、李文竹、杨欣、李刚存、赵新宁，以及徐红（中南民族大学）、覃哲（广西大学）、祁晓霞（新乡学院）、陈素平（深圳航都）、张硕（中国气象局）等。

郑保卫撰写序言和编后语，并负责全书统稿定稿。

由于经验不足和水平所限，书稿中难免会存在疏漏与错误之处，敬请读者批评指正！

期待此书能为推进我国气候传播理论研究和社会推广工作，进而推动我国气候变化治理和生态文明建设，以及气候变化全球共治提供一些支持和帮助。

祝愿我国气候传播越做越好，越做越成气候！

郑保卫

2020 年 5 月 16 日

中国气候传播项目中心简介

中国气候传播项目中心成立于2010年4月，依托单位为教育部人文社会科学重点研究基地——中国人民大学新闻与社会发展研究中心和国际扶贫机构乐施会，是中国也是发展中国家第一个气候传播理论研究与实践推广的智库平台。项目中心致力于国际气候变化谈判中的传播理论与实践研究及政策咨询与学术支持，以及气候变化行动实施过程中的传播战略及策略研究。中心工作得到国家发改委、生态资源部、中国气象局、国家林业和草原局、中国社会科学院、中国农业科学院等相关部委和单位的指导与支持。

中心成员来自中国人民大学、清华大学、中国传媒大学、广西大学、中南民族大学、新乡学院、青岛大学等高校，以及《人民日报》、中新社、《中国日报》等媒体及相关科研院所。项目中心主任为中国人民大学新闻与社会发展研究中心主任郑保卫教授。核心成员有王彬彬、付敬、李玉洁、张志强、李文竹、杨柳、李晓喻、徐红、覃哲、祁晓霞、鞠立新、姜昕等。